John Stuart Mill / Harriet Taylor Mill / Helen Taylor

Die Hörigkeit der Frau

und andere Schriften zur Frauenemanzipation

Zu den Autoren: John Stuart Mill (1806–1873) ist bei uns vor allem als Philosoph (*System of Logic,* 1843) und Ökonom (*The Principals of Political Economy,* 1848) bekannt. Er und seine Frau Harriet Taylor Mill (1807–1858) haben sich jedoch fast 30 Jahre lang auch mit der Situation der Frauen auseinandergesetzt. Beide hatten erst nach 22jähriger Freundschaft, nach dem Tod von Harriets erstem Ehemann, der sich einer Trennung stets widersetzte, heiraten können. Auf Anregung seiner Stieftochter Helen ging Mill nach dem Tod seiner Frau daran, die gemeinsam entwickelten, in Flugschriften und Reden vertretenen Positionen einer Kritik an der „Hörigkeit der Frau" in vollständiger Form niederzulegen.

Zu diesen Buch: Mit Mills Essay *Die Hörigkeit der Frau* wird ein Klassiker der feministischen Literatur wieder zugänglich gemacht, der zwar unmittelbar nach der englischen Publikation (1869) ins Deutsche übersetzt wurde, aber seit nunmehr 85 Jahren nicht mehr greifbar ist. Dieser Essay, wie die anderen Texte des Bandes eine gemeinsame Produktion von Mill, seiner Frau und deren Tochter, hat seit den siebziger Jahren des vorigen Jahrhunderts für die Beförderung des amerikanischen und englischen *suffrage movement* eine wichtige Rolle gespielt. Die Bedeutung dieser Texte erschöpft sich keineswegs in der Dokumentation vergangener Kämpfe: Zwar sind einige der gestellten Forderungen formalrechtlich mittlerweile eingelöst, bestürzend aktuell ist Mills Essay jedoch geblieben in der Analyse der alltäglichen Bedingungen, unter denen Frauen leben. Hier hat sich noch kaum etwas verändert: die verinnerlichte Sklaverei besteht fort. Die Stärke dieser aufklärerisch-rationalistischen Position, die freilich noch an die Macht der Vernunft appellieren zu können glaubt, liegt darin, daß sie nicht bei einer Anklage gegen die äußeren Formen institutionalisierter Ungleichheit verharrt oder dem Kampf der Arbeiterbewegung, der dann die Emanzipation der Frauen gleichsam automatisch miterledigen soll, die Priorität gibt. Vielmehr verfolgt diese Analyse bis in die „innere Natur" der Menschen, bis in ihre vermeintlich natürlichen Charaktermerkmale und Verhaltenspotentiale hinein die (beide Geschlechter betreffende) identitätszerstörende Wirkung männlicher Herrschaft.

John Stuart Mill
Harriet Taylor Mill
Helen Taylor

Die Hörigkeit der Frau und andere Schriften zur Frauenemanzipation

Herausgegeben und eingeleitet
von Hannelore Schröder

Syndikat

Umschlag nach Entwürfen von Rambow, Lienemeyer und van de Sand
Motiv: J.S. Mill und Helen Taylor, ca. 1869
Produktion Greno GmbH, Heusenstamm
Printed in Germany
ISBN 3–8108–0009–0

Inhalt

Hannelore Schröder
Einleitung 7

John Stuart Mill und Harriet Taylor
Frühe Essays über Ehe und Scheidung 45

Harriet Taylor
Über Frauenemanzipation 71

Helen Taylor
Fünf Briefe zur Frauenfrage 109

John Stuart Mill, Harriet Taylor Mill, Helen Taylor
Die Hörigkeit der Frau 125

Hannelore Schröder
Einleitung

Bei der wissenschaftlichen Beschäftigung mit der Geschichte der Frauenbewegung wie auch bei Theorie-Diskussionen in den politischen Frauengruppen zeigt sich immer wieder die Schwierigkeit, an die Quellen und Schriften zur Frauenfrage aus früheren Epochen, ja selbst aus dem 19. Jahrhundert heranzukommen. Die vorliegende Ausgabe will einige für die politische Theorie und für die Geschichte der Frauenbewegung gleichermaßen wichtige Texte greifbar machen und zu kritischer Forschung anregen.

Im Mittelpunkt steht Mills klassischer Essay *The Subjection of Women*, der noch in seinem Erscheinungsjahr (1869) ins Deutsche übersetzt und in der Folge lebhaft diskutiert, dann aber vergessen bzw. verdrängt worden ist (in Deutschland seit nunmehr 85 Jahren nicht mehr neu aufgelegt). Dabei hat er an Interesse und Aktualität nichts verloren – schon deshalb nicht, weil wir an Mills Argumentation ermessen können, ob und welche Fortschritte in der politischen Diskussion in den letzten Jahren gemacht worden sind.

Kate Millett hat 1969 in ihrem Buch *Sexus und Herrschaft*[1] Mills rationale Argumentation in einem Vergleich mit dem irrationalen, reaktionären und „ritterlichen" Ruskin gewürdigt und die Aktualität seiner Kritik an der Natur-Ideologie der patriarchalen Gesellschaft aufgezeigt, die als ewige Natur des Weiblichen deklariert, was doch nur die gesellschaftlich-deformierte, zweite Natur der Frauen ist.

„Aufgrund des gesunden Menschenverstandes, und indem ich die Beschaffenheit des menschlichen Geistes in Betracht ziehe, leugne

[1] Kate Millett, *Sexus und Herrschaft*, München 1971, Kap. 3: „Die Sexualrevolution. Der polemische Gesichtspunkt. Mill gegen Ruskin", S. 107 ff.

ich, daß irgend jemand die Natur der beiden Geschlechter kennen kann, solange dieselben in ihren jetztigen Beziehungen zueinander verharren...
Was man aber jetzt die Natur der Frauen nennt, ist etwas durch und durch künstlich Erzeugtes – das Ergebnis erzwungener Niederhaltung nach der einen, unnatürlicher Anreizung nach der anderen Richtung. Bei keiner anderen Klasse von Abhängigen, das darf man dreist behaupten, ist der Charakter der Unterdrückten durch die Beziehungen zu ihren Gebietern so gänzlich seiner ursprünglichen Anlage entfremdet worden, wie dies bei den Frauen der Fall ist...
Bei den Frauen begnügte man sich nicht, unbequeme Eigenschaften zu zertreten, sondern man pflegte und zeitigte durch eine Treibhaus-Erziehung und künstliche Brutstätte diejenigen Seiten ihrer Natur, welche dem Wohlbehagen und Vergnügen ihrer Herren dienen sollten."

Der Verklärung der bestehenden patriarchalen Zustände durch Ruskin und andere Ideologen, denen ihr Dogma von der „Natur" der Frauen zur Aufrechterhaltung von deren Unterdrückung dient, setzt Mill also die historische Realität entgegen: das sogenannte Ewig-Weibliche ist ein soziales und kein natürliches Faktum. Über die platte Negation dieser Wahrheit ist die Reaktion bis in die Gegenwart nicht hinausgekommen.

Daß Mill schon vor mehr als hundert Jahren zu dieser, für seine Zeit außerordentlich radikalen Kritik fähig war, hat sicher einen wesentlichen Grund in der bisher kaum beachteten Tatsache, daß seine Frau Harriet Taylor und deren Tochter Helen Taylor entscheidend am Zustandekommen dieser Abhandlung beteiligt waren und daß sie das Produkt fast vierzigjähriger gemeinsamer Diskussion und Reflexion der Frauenfrage ist.

Die Hörigkeit der Frau war zweifellos der seinerzeit aufsehenerregendste, weltweit berühmt gewordene (und auch heute bekannteste), aber er war nicht der erste Text aus der Produktion der Taylor Mills, sondern der letzte, die Summe gemeinsamer Erfahrungen und Erkenntnisse. John Stuart Mill und Harriet Taylor hatten schon als junge Menschen bald nach 1830 ihre Reflexionen „Über Ehe und Scheidung" in zwei kleinen Essays niedergeschrieben, die jedoch erst 1951 durch F.A. Hayek im englischen Sprachraum veröffentlicht wurden. Der Text „Über Frauenemanzipation“ entstand vor dem Jahre 1851, in dem er zum ersten Mal und anonym erschien und Mill zugeschrieben wurde. Es steht inzwischen zweifelsfrei fest, daß es die Arbeit Harriet Taylors ist, geschrieben vor ihrer Heirat mit Mill. Er erregte zu jener Zeit großes Aufsehen, wurde mehrfach nachgedruckt, von S. Freud übersetzt und in die deutsche Ausgabe der *Gesammelten Werke* Mills unter seinem Namen aufgenommen. Dort ist er gleichsam verschüttet und wurde deshalb hier – nun unter dem Namen Harriet Taylors – mit aufgenommen.

Verschüttet sind auch die Briefe Helen Taylors, von denen nur wenige gesammelt und gedruckt worden sind, obwohl sie nicht nur im Leben des alten Mill und beim Zustandekommen seiner späten Schriften eine große Rolle gespielt haben, sondern auch in der englischen Frauenbewegung Mitte des vorigen Jahrhunderts. Einige ihrer Briefe fanden sich durch Zufall in einer zweibändigen Ausgabe Millscher Briefe aus dem Jahre 1910.[2] Eine Auswahl davon wird hier vorgelegt. Erst wenn ihre umfangreiche Korrespondenz, teilweise zusammen mit Mill oder für ihn geführt, gesammelt und veröffentlicht ist, werden Skeptiker bereit sein zu akzeptieren, daß sie auch einige Passagen für *Die Hörigkeit der Frau* geschrieben hat. Es ist die Aufgabe zukünftiger Forschung, die Verdienste von Helen Taylor nicht allein als Mitarbeiterin Mills, sondern als brillanter Persönlichkeit der englischen Frauen- und Arbeiterbewegung herauszuarbeiten.

Es sollte die selbstverständliche Pflicht eines jeden Herausgebers sein, die Wünsche der von ihm veröffentlichten Autoren zum wichtigsten Prinzip seiner Arbeit zu machen, ohne den eigenen Ressentiments und Vorurteilen Raum zu geben. Männliche Herausgeber der Millschen (und Taylorschen) Schriften haben aber das letztere getan und Mills

[2] *The Letters of John Stuart Mill*, edited, with an Introduction, by Hugh S.R. Elliot, vol. I & II, London 1910

Willen mißachtet, den er deutlich genug zum Ausdruck gebracht hatte:

„Wer immer, jetzt oder nach meinem Tode, an mich und mein Werk denkt, darf nie vergessen, daß es das Produkt nicht *eines* Intellekts und Gewissens ist, sondern das von dreien.“[3]

Es ist daher nicht nur legitim, sondern bedeutet die Wiederherstellung der historischen Wahrheit, wenn in dieser Ausgabe der Schriften zur Frauenemanzipation endlich die Namen der Frauen als Autorinnen und Mitautorinnen eingesetzt werden.
Mill selbst hat ein Verzeichnis seiner Veröffentlichungen aus den Jahren 1822 bis 1873 angelegt, in dem auch Zeitungs- und Zeitschriftenartikel sowie in Zeitungen veröffentlichte Briefe vermerkt sind (allerdings mit einigen Ausnahmen: *Die Hörigkeit der Frau* z.B. ist nicht aufgenommen).[4] Das Verzeichnis ist insofern interessant, als er darin sehr genaue Angaben über die Autorschaft macht: ob er oder Harriet Taylor der Autor ist, über den Anteil bzw. das Ausmaß der Kooperation etc. „Eine gemeinsame Arbeit mit meiner Frau“ und „Hieran bin ich hauptsächlich als Sekretär meiner Frau beteiligt“ sind seit 1848, dem Jahr des Erscheinens der *Politischen Ökonomie*, wiederkehrende Wendungen.[5]

[3]J.S. Mill, *Autobiography*, London 1873, S. 236/64. Dies ist die gekürzte und gereinigte Ausgabe. Die ungekürzte Ausgabe nach dem Originalmanuskript erschien erst 1924, hrsg. von John Jacob Coss (vgl. Anm. 6). Aber diese Willensbekundung, geschrieben etwa 1870, drei Jahre vor Mills Tod, war der Öffentlichkeit und zumal den Mill-Forschern und -Herausgebern stets bekannt, wurde also bewußt ignoriert.

[4]*Bibliography of the Published Writings of J.S. Mill*, edited from his manuscript with corrections and notes by Ney MacMinn, Evanston 1945

[5]Daß Mill öfter für Harriet Taylor Mill geschrieben hat, ist glaubwürdig, wenn man bedenkt, daß sie nicht allein wegen einer oft akuten Tuberkulose, sondern auch wegen einer Rückgratverletzung durch einen Unfall viel liegen mußte.

Gemeinsam schreiben sie Zeitungsartikel z.B. über das Problem der Vormundschaft über die Kinder. Nach dem damaligen englischen Recht hatte eine Mutter keinerlei Recht auf ihre Kinder, sie waren das Privateigentum des Vaters, der über sie verfügen konnte. Eine ganze Reihe von Artikeln sind Proteste gegen die Mißhandlung von Frauen und Kindern durch den Ehemann und Vater, aber auch am Arbeitsplatz, mit dem Ziel, die Notwendigkeit eines Reformgesetzes zum Schutze vor derartigen Grausamkeiten, das in jenen Jahren im Parlament behandelt wurde, zu unterstreichen. Aktuelle Anlässe gab es mehr als genug: der Selbstmord einer Mutter, der Mord an einer Ehefrau, Morddrohungen etc. Harriet Taylor ist die Autorin eines Pamphlets, das als Privatdruck kursierte: „Anmerkungen zu Mr. Fitzroy's Gesetzesvorlage betreffend die effektivere Verhinderung von Angriffen auf Frauen und Kinder". In einem öffentlichen Brief an die *Morning Post* (1854) protestierte Mill dagegen, daß ein Ehemann, verhaftet wegen Mißhandlung seiner Frau, bereits nach einer Woche entlassen wurde, obwohl er drohte, seiner Frau die Kehle durchzuschneiden. Die Frau war von dem Richter gewarnt worden, ihren Mann nicht zu provozieren. Mill fragt, ob das im Sinne der Bestrebungen des Gesetzgebers sei, Ehefrauen und Kinder besser zu schützen.

Diese Artikel zur Gewalt gegen Frauen sind heute noch aktuell und von mehr als nur historischem Interesse. Sie und etliche andere in Deutschland noch nicht veröffentlichte Schriften zur Frauenfrage sollen daraufhin geprüft werden, wieweit sich ihre Sammlung und Übersetzung in einem zweiten Band lohnt. Zu den noch unbekannten Schriften gehören mindestens zwei Reden Mills, eine Unterhaus-Rede aus dem Jahre 1867, mit ziemlicher Sicherheit die erste Rede überhaupt, die auf Parlamentsebene zugunsten des Frauenwahlrechts gehalten wurde, und eine zweite, die er in den letzten Jahren seines Lebens in Frauenwahlrechts-Versammlungen gehalten hat. Anscheinend auch in England nicht nachgedruckt und in Deutschland noch nie veröffentlicht wurde eine Art Plaidoyer von Helen Taylor, „Der Anspruch der englischen Frauen auf das Wahlrecht, verfassungsrechtlich betrachtet“, aus dem Jahre 1866. Schließlich gibt es wahrscheinlich einige tausend Briefe von Mill, Harriet Taylor Mill und Helen Taylor zur Frauenfrage in allen ihren Aspekten, aus denen die historisch und politisch relevantesten ausgewählt werden müßten.

Zur Genese und Autorschaft der Schriften

Die Entstehungsbedingungen der Millschen Werke, der Anteil von Harriet Taylor und später ihrer Tochter Helen, das Ausmaß ihrer Kooperation können nur verdeutlicht werden in einer kurzen biographischen Skizze; sie stützt sich auf Mills Selbstbiographie und die Briefe aller Beteiligten.
John Stuart Mill, geboren 1806, erhielt eine äußerst strenge Erziehung und Ausbildung durch seinen Vater James Mill, Freund Jeremy Benthams, Verfasser einer Geschichte Indiens und Assistent of the Examiner of India Correspondent im India House, dem Sitz der East India Company. Bereits mit drei Jahren mußte der Knabe Griechisch, mit acht Latein lernen, war es doch das Ziel des ehrgeizigen Vaters, durch frühen und strikten geistigen Drill einen Nachfolger für die eigene politische Richtung zu züchten.

„Mein Vater verlangte in seinem Unterricht nicht nur das Äußerste dessen, was ich leisten, sondern auch vieles, was ich unter gar keinen Umständen leisten konnte.“[6]

Da er „einer der ungeduldigsten Männer war“, beschimpfte und mißhandelte er seine Kinder, wenn sie etwas nicht wußten, so auch die Schwester Harriet Mill, die übrigens, wie die anderen jüngeren Geschwister, von ihrem Bruder John unter-

[6] J.S. Mill, *Autobiography*, published for the first time without alterations or omissions from the original manuscript in the possession of Columbia University by John Jacob Coss, New York 1924, S. 24 (im folgenden Coss-Ausgabe genannt)

richtet wurde.[7] Das Familienleben war nicht allein für die zahlreichen Kinder schwer erträglich, sondern auch für ihre Mutter. So schreibt Mills Schwester:

„Das Eheleben meiner armen Mutter muß von Anfang bis Ende schrecklich hart gewesen sein... Es war das Beispiel zweier Menschen, Ehemann und Frau, die unter dem gleichen Dach so weit entfernt voneinander lebten wie der Nord- vom Südpol; sicherlich nicht durch die 'Schuld' meiner armen Mutter, denn wie konnte eine Frau mit einer wachsenden Familie und sehr geringen finanziellen Mitteln (in den frühen Jahren der Ehe) irgend etwas anderes sein als eine 'deutsche Hausfrau'? Wie konnte sie 'intellektuell' einem Geist wie meinem Vater eine Gefährtin werden? Was ihm völlig fehlte, war 'Gemüt'...“[8]

Eiserne Disziplin, Rücksichtslosigkeit und Grausamkeit gegenüber seinen Kindern und die Unterdrückung jeglicher Gefühle kennzeichnen offensichtlich die väterliche Erziehung. „So wuchs ich auf im Mangel an Liebe und in ständiger Angst“, schrieb Mill in einem frühen Entwurf seiner Biographie.[9] Diese Erziehung hatte jedoch auch positive Seiten; sie war strikt atheistisch und erzog zu rationaler Argumentation:

„Verglichen mit meinen Zeitgenossen begann ich mit einem Vorsprung von einem Vierteljahrhundert.“

[7]Einem Briefwechsel zwischen James Mill und Bentham ist zu entnehmen, wie letzterer sich erbietet, „zu kommen und bei dir zu sitzen... und während der Waffenruhe deines Armes dir zu helfen, Mr. John Mill zu peitschen“. Worauf James Mill antwortet: „Ich nehme dein Angebot völlig ernst, vielleicht hinterlassen wir dann einen Nachfolger in ihm, der unserer wert ist.“ (*The Letters of John Stuart Mill*, a.a.O., Introduction S. xvi)

[8](Harriet J. Mill in einem Brief an Rev. J. Cromptom, 27.10.1873, in:) F.A. Hayek, *John Stuart Mill and Harriet Taylor: Their Correspondence and Subsequent Marriage*, London/Chicago/Toronto 1951, S. 286, Anm. 28

[9]Jack Stillinger (ed.), *The Early Draft of John Stuart Mill's Autobiography*, Urbana 1961, S. 183 f. (Das ist die dritte, genauer: die früheste Version der Selbstbiographie Mills, neben den beiden oben [Anm. 3] erwähnten Ausgaben.)

„Die erste intellektuelle Operation, in welcher ich es zu Fertigkeit brachte, war das Auseinandernehmen eines schlechten Arguments und das Auffinden des Teils, in welchem der Irrtum lag.“[10]

Nach einem Jahr in Frankreich wird der Siebzehnjährige Schreiber im India House, wo sein Vater auch sein Vorgesetzter ist, und Mitglied der Utilitarian Society, die ebenfalls sein Vater leitet: sein privates, berufliches und gesellschaftlich-politisches Leben ist geprägt durch die Allgegenwart des Vaters. Als James Mill seinen Essay on Government veröffentlicht, in welchem er alle Frauen vom Wahlrecht ausgeschlossen wissen will, protestiert John Stuart mit seinen jungen Freunden wahrscheinlich zum ersten Mal im Interesse der Frauen und gegen seinen Vater.[11] Sein Argument lautet:

„... daß die Interessen der Frauen genau in dem Maße in die der Männer wie die Interessen der Untertanen in die der Könige eingeschlossen sind, und daß jeder Grund, der dafür spricht, irgend jemandem das Wahlrecht zuzugestehen, verlangt, daß es den Frauen nicht vorenthalten wird.“[12]

Immerhin war sogar Mr. Bentham auf der Seite der jüngeren Männer. Was die Politik betraf, so vertraute man in diesem Kreis auf zwei Prinzipien: die repräsentative Regierung und die Freiheit der Diskussion.

Im Jahre 1830 begann, was Mill „die wertvollste Freundschaft meines Lebens“ nennt, die Beziehung zu Harriet Taylor, die trotz größter Schwierigkeiten über zwanzig Jahre währte, schließlich zu einer späten Ehe führte, die ihr Tod nach sieben Jahren beendete. Harriet Taylor, zum Zeitpunkt

[10] *Autobiography*, Coss-Ausgabe, S. 13

[11] Dieser Essay war auch einem anderen Autor Anlaß zu Protest: William Thompson, *Appeal of one Half of the Human Race, Women, Against the Pretensions of the Other Half, Men, to Retain them in Political and thence in Civil and Domestic Slavery*, London 1825

[12] *Autobiography*, Coss-Ausgabe, S. 73

ihrer Bekanntschaft 23 Jahre alt, war mit 18 auf Wunsch ihres harten und tyrannischen Vaters an den Kaufmann John Taylor verheiratet worden und hatte 1830 bereits zwei Söhne (im folgenden Jahr wird die Tochter Helen geboren). Als junges Mädchen ohne Zugang zu jeglicher Ausbildung, besaß sie an Kenntnissen und Fähigkeiten nur, was sie sich im Selbststudium erarbeiten konnte. Vor ihrer Bekanntschaft mit Mill hatte sie dennoch bereits einige Gedichte und einen Essay veröffentlicht. Ihr Mann teilte ihre literarischen Interessen nicht. Die Ehe war ihr verhaßt:

„... in dem gegenwärtigen System von Gewohnheiten und Meinungen treten Mädchen in das, was man einen Vertrag nennt, vollkommen unwissend über seine Bedingungen ein, und daß sie unwissend sind, wird als unerläßlich für ihre Eignung betrachtet.“[13]

Mill rühmt ihre „tiefen und starken Gefühle“, „ihre durchdringende und praktische Intelligenz“ und die „vollständige Emanzipation von jeder Art von Aberglauben“.

„... ihre Beredsamkeit hätte sie sicher zu einer großen Rednerin gemacht, und ihre profunden Kenntnisse der menschlichen Natur, ihr Scharfsinn und ihre Klugheit im praktischen Leben hätten sie in Zeiten, da Frauen eine solche Karriere offenstand, unter den Regierenden der Menschheit hervorragen lassen...
Ein leidenschaftliches Gerechtigkeitsgefühl kann als ihr stärkster Charakterzug betrachtet werden... Großzügigkeit, Bescheidenheit und Stolz und der äußerste Zorn über alles Gemeine und Feige sowie eine glühende Empörung über alles Tyrannische, Treulose und Unehrenhafte in Verhalten und Charakter...“[14]

Es beginnt eine enge freundschaftliche Zusammenarbeit, die für beide außergewöhnlich gewinnbringend ist. „Was ich ihr, auch nur intellektuell, schulde, ist im einzelnen fast grenzenlos“, schreibt Mill über sie. Die Diskussion utopisch-politischer Ziele und die praktische tägliche Arbeit an einer radi-

[13] Hayek, a.a.O., S. 26; der gleiche Gedanke findet sich in ihrem frühen Essay „Über Ehe und Scheidung“.

[14] *Autobiography,* Coss-Ausgabe, S. 130 f.

kalen Verbesserung der menschlichen Lebensbedingungen verbinden sie bis zum Ende ihres Lebens.

In den dreißiger Jahren schrieb Mill für die *London and Westminster Review* kleinere Beiträge, auch politisch noch unter der Vormundschaft seines Vaters, der 1836 starb. Mill konnte sich danach persönlich und politisch freier entfalten und sich vom Benthamismus lösen. Seit 1837 erarbeitete er sein *System of Logic*, setzte sich mit Comte auseinander, mit dem er in einen längeren Briefwechsel trat, dessen System des Despotismus im Staat und in der Familie jedoch zur völligen Entfremdung beider und zur Aufgabe der Korrespondenz führte. Gegen das Jahr 1841 beendete er die *Logik*, während deren Niederschrift er sich aus der vorherigen politischen Arbeit im Kreis der Liberal-Radikalen zurückgezogen hatte. Sein enges freundschaftliches Verhältnis mit Harriet Taylor hatte einerseits zu bösartigem Klatsch und zu gesellschaftlicher Isolierung, andererseits zu immer engerer und ausschließlicher Zusammenarbeit mit ihr geführt. Seit er in den Freundeskreis um Harriet eingeführt worden war, eine „unkonventionelle und entschieden feministische Gruppe“[15] junger Frauen und Männer, Literaten, Wissenschaftler, Autodidakten und politisch Interessierter, hatte sein Denken eine neue Richtung genommen. Harriet Taylors Anschauungen waren gekennzeichnet von einer

> „gewaltigen Revolte gegen die gesellschaftlichen Konventionen, die sie nicht nur zu einem Zeitpunkt ihres Lebens, als sie noch nicht verstand, was das bedeutete, in lebenslängliche Abhängigkeit von einem Mann gebracht hatten, einem Mann, den sie sich an Intellekt und allgemeiner Kultur unterlegen wußte, sondern von fast allen jenen Aktivitäten, für die sie sich begabt erachtete, ausgeschlossen hatten.“[16]

Die Lebensbedingungen der Frauen, ihre Bildung und ihre Situation in der Ehe waren daher schon früh ihr Hauptinteresse und der Ausgangspunkt für alle übrigen sozialen und po-

[15] Hayek, a.a.O., S. 28

[16] ebd., S. 25

litischen Reflexionen sowie ihre Revolte gegen die Tyrannei der öffentlichen Meinung. Ein Zeitgenosse, Hagberg, ist überzeugt,

„... daß es diese Frau war, die ihn (Mill) zu einem radikalen Rationalisten machte. Sie hat allen seinen größeren Werken den Stempel ihrer Persönlichkeit aufgedrückt: all ihren Auffassungen hat Mill die Form philosophischer Maximen gegeben."[17]

Zu Beginn ihrer Freundschaft und Liebe, 1830, schrieben sie die „Frühen Essays über Ehe und Scheidung", zweifellos entstanden aus der Reflexion ihrer ausweglosen Situation und der eigenen schmerzlichen Erfahrungen. *Die Hörigkeit der Frau,* niedergeschrieben 1861, veröffentlicht 1869, ist also das Produkt fast vierzigjähriger Diskussion und Erfahrung, der Erfahrung mit den eigenen väterlichen Familien, mit ihrer sehr schwierigen Situation während der über zwanzigjährigen Freundschaft bei formeller Beibehaltung der Taylorschen Ehe, mit dem verleumderischen Klatsch der bigotten viktorianischen Gesellschaft und allgemein mit der ökonomischen, sozialen, politischen Situation der Frauen. In einer Gesellschaft, in der „alles unsittlich ist, sowohl der Ehebruch wie die Ehe" (Brecht), war ein Verhältnis zwischen einer Frau und einem Mann als ein Verhältnis von Gleichen und auf der Basis gemeinsamer geistiger und politischer Arbeit eine noch größere Provokation und noch „unsittlicher" als Ehebruch. Mills unverbrüchliche Solidarität mit Harriet Taylor und seine vielfachen öffentlichen Hinweise auf ihre Intelligenz und ihre Bedeutung für die gemeinsame Arbeit war den Zeitgenossen generell und selbst Freunden – aber auch späteren Mill-Forschern und -Herausgebern – ein großes Ärgernis: sie versuchten, beide, vor allem jedoch Harriet Taylor, lächerlich zu machen, herabzusetzen und moralisch zu ächten. Die patriarchalen Moralvorstellungen, die Süffisanz und vorschnelle Verurteilung der Frau, die höhnischen Untertöne – „Mrs. Platonica

[17] ebd., S. 18

Taylor“ – werden besonders deutlich in den Briefen der Carlyles; sie vermitteln einen Eindruck von der geradezu terrorartigen sozialen Kontrolle.

Mill erleidet um das dreißigste Lebensjahr einen so schweren psychischen und physischen Zusammenbruch, daß man um sein Leben fürchtet. Harriet Taylor, ohnehin von schwacher Gesundheit, flieht, gejagt von Krankheit und Klatsch, von Ort zu Ort, zeitweise nach Frankreich. Wo immer sie hingehen, wo immer sie sich heimlich treffen: amüsiertes Hohngelächter, offene und versteckte Feindschaft folgen ihnen. „Die Liebe von zwei Gleichen“ (Harriet Taylor) wird nicht toleriert. Aus Angst, daß ein Brief in unbefugte Hände geraten und dem Skandal noch mehr Nahrung geben könnte, läßt Harriet Taylor ihre Briefe an Mill vernichten; nur ganz wenige sind deshalb erhalten geblieben.

Die *Prinzipien der politischen Ökonomie* (1848) sind das erste größere Werk, das Mill später als „gemeinsame Produktion“ bezeichnet. Es enthält umfassende Erörterungen der Arbeitssituation der Frau im Lohnverhältnis und in der patriarchalen Familie, unter anderem bereits eine Diskussion der Ursachen des niedrigeren Lohnes für Frauenarbeit. Die Teile, in welchen die soziale und ökonomische Situation der Frauen abgehandelt wird, sind sicher von Harriet Taylor entscheidend mitgetragen, denn das ist für sie

„die Sache, der ich viele Jahre meines Lebens und viele Bemühungen gewidmet habe: Gerechtigkeit für die Frauen. Der Fortschritt der Gattung *wartet* auf die Emanzipation der Frauen aus ihrer gegenwärtigen erniedrigenden sklavischen Abhängigkeit von dem Zwang zur Ehe oder von Möglichkeiten, ihren Lebensunterhalt zu verdienen, die (mit der alleinigen Ausnahme von Künstlerinnen) einzig aus armselig bezahlten und mühseligen Beschäftigungen bestehen, da alle Berufe, juristische, medizinische, kaufmännische und Tätigkeiten in Büros, ebenso wie alle Regierungsposten von Männern monopolisiert sind. Allein politische Gleichheit würde die Frauen in dieser Hinsicht auf eine Ebene mit anderen Menschen stellen... Die großen praktischen Fähigkeiten der Frauen, die jetzt an wertlose Kleinigkeiten verschwendet oder von den Torheiten die man *Liebe* nennt, aufgesogen werden, würden ihre höchst ‘produktive’ Wirkung im Geschäft des Lebens beweisen und zugleich den Charakter der Männer von den abtötenden und entwürdigenden Einflüssen eines in vertrautem Umgang mit Unterlegenen verbrachten Lebens befreien."[18]

Die *Politische Ökonomie* wurde in sehr kurzer Zeit geschrieben; aus Briefen geht eindeutig hervor, daß Harriet Taylor an der Erstschrift wie an den späteren erweiterten und verbesserten Auflagen entscheidenden Anteil hatte. Obwohl Mill ihre Mitarbeit bezeugt hat, wird von Mill-Forschern immer wieder in Frage gestellt, daß sie tatsächlich in nennenswertem Umfang stattgefunden hat. Damit bezweifeln sie notwendigerweise auch Mills eigene Urteilskraft.
Schon in den vorangegangenen Jahren hatten Harriet Taylor und Mill oft gemeinsam Zeitungsartikel geschrieben, die teils unter Mills Namen, teils anonym erschienen. Harriet Taylor konnte nicht über ihren Namen verfügen, da sie auf ihren Mann Rücksicht nehmen mußte; der war es auch, der sich aus Angst vor dem Gerede dagegen aussprach, daß die *Politische Ökonomie* mit einer Widmung an seine Frau erschien.[19] Wenn auch die späteren Auflagen und andere Schriften ohne Harriet Taylors Namen erschienen, so nicht nur mit Rücksicht auf ihren Ehemann, sondern auch im Hinblick auf eine frauenfeindliche Öffentlichkeit, die nur einen männlichen Autor ernst zu nehmen bereit war:

„... die Widmung war auf meinen besonderen Wunsch auf einige Exemplare für Freunde beschränkt, zur großen Enttäuschung, zum Bedauern und entgegen dem Wunsch und der Meinung des Autors; mein Grund war, daß unsere Auffassungen mehr Gewicht durch die Autorität allein seines Namens erhalten würden."[20]

[18] ebd., S. 122 f. (Brief an W.J. Fox, 10.5.1848)

[19] Einige Geschenk-Exemplare für den Freundeskreis erschienen mit dieser Widmung: "To Mrs. John Taylor as the most eminently qualified of all persons known to the author either to originate or to appreciate speculations on social improvement, this attempt to explain and diffuse ideas many of which were first learned from herself, is with the highest respect and regard dedicated." (Hayek, a.a.O., S. 122)

[20] Hayek, a.a.O., S. 124

Der Briefwechsel, wiewohl nur sehr fragmentarisch erhalten, gibt Zeugnis von ihrer anhaltenden Diskussion der Frauenfrage. Mill verwirft Comtes Gedanken dazu energisch, lobt an Fourier und den Anhängern Owens, daß sie in der Ehefrage nicht orthodox seien, und wünscht Proudhon den Tod. In einem Brief an H. Taylor (21.2.1849) erörtert er, was die „unsinnigen Vorurteile gegenüber den Frauen" erschüttern könnte. Er meint, unter anderem werde nichts so nötig gebraucht wie

„mehr und größere Beweise durch Beispiele dessen, was Frauen können. Ich glaube nicht, daß irgend etwas, das man schreiben könnte, annähernd soviel Gutes in diesem wichtigsten aller Probleme bewirken würde wie die Beendigung deines Pamphlets oder, besser, kleinen Buches, denn das sollte es werden. Ich hoffe sehr, du fährst damit fort – beendet und veröffentlicht werden *muß es*, und zwar in der nächsten Saison."[21]

Offensichtlich arbeitete Harriet Taylor 1849 schon seit einiger Zeit – häufig unterbrochen durch schwere Krankheit – an einem Essay zur Frauenfrage; zweifellos ist er verwertet in dem Artikel „Über Frauenemanzipation" und in *Die Hörigkeit der Frau.*

„... welche Veränderungen könnten in der Welt bewirkt werden von jemandem wie dir, mit den Möglichkeiten, wie sie Tausende von männlichen Schwachköpfen haben! Für mich aber bist du und würdest es für jeden sein, der dich kennte, das Sinnbild des Intellekts – denn du hast alle Fähigkeiten in gleicher Vollendung; du kannst beides, denken und die Gedanken anderen mitteilen, entscheiden, was getan werden muß, und es tun..."[22]

Als Mill das schrieb, kannten sich die beiden bereits zwanzig Jahre lang; es kann daher nicht als Übertreibung und Kompliment eines verliebten Mannes, der nicht ganz ernst zu nehmen ist, abgetan werden.

[21] ebd., S. 138

[22] ebd., S. 165 (J.S. Mill an H. Taylor, um 1850)

1849 starb Harriet Taylors Mann. Die über zwanzigjährige „Partnerschaft des Denkens, Fühlens und Schreibens" konnte zu einer „Partnerschaft unserer ganzen Existenz werden", so Mill in der Selbstbiographie. Beide heirateten zwar 1851, doch verzichtete Mill in einer schriftlichen Erklärung auf alle ehelichen Rechte, die ihm das feudal-patriarchale englische Eherecht des Common Law gab. Da dieses Dokument in überaus anschaulicher Weise belegt, wie politisch das angeblich Private ist, daß bereits Harriet Taylor und John S. Mill konsequent die ideologische Grenzziehung von Privatheit und Öffentlichkeit transzendierten, und daß hier ein Angehöriger der „Aristokratie des männlichen Geschlechts" freiwillig auf seine Privilegien verzichtet, soll es an dieser Stelle wiedergegeben werden.

„Im Begriffe, falls ich so glücklich bin, ihre Zustimmung zu erlangen, mit der einzigen Frau in den Stand der Ehe zu treten, die ich je gekannt habe und mit der ich in diesen Stand eintreten wollte; und da der ganze Charakter der ehelichen Beziehung gesetzlich dergestalt beschaffen ist, daß wir beide, sie und ich, unserem Gewissen folgend, ihn völlig mißbilligen, unter anderem aus diesen Grund: daß er der einen Partei des Kontraktes gesetzliche Macht und Kontrolle über die Person, das Eigentum und die Handlungen der anderen Partei, unabhängig von deren eigenen Wünschen und Willen, verleiht; betrachte ich es als meine Pflicht, da ich kein Mittel habe, mich auf gesetzlichem Wege dieser hassenswerten Macht zu entkleiden (was ich ganz gewiß tun würde, wenn eine Vereinbarung mit dieser Wirkung für mich gesetzlich verbindlich gemacht werden könnte), schriftlich einen grundsätzlichen Protest gegen das bestehende Eherecht, sofern es solche Macht verleiht, und ein feierliches Versprechen niederzulegen, sie in keinem Fall und unter gar keinen Umständen zu gebrauchen. Und für den Fall der Heirat von Mrs. Taylor und mir erkläre ich, daß es mein Wille und meine Absicht und die Bedingung unserer Verbindung ist, daß sie in jeder denkbaren Hinsicht die gleiche absolute Freiheit der Handlung und der Verfügung über sich selbst und all das, was ihr jetzt oder irgendwann gehören mag, behält, als ob keine solche Heirat stattgefunden hätte; und ich verwerfe und kündige uneingeschränkt jeden Anspruch, kraft einer solchen Eheschließung irgendwelche Rechte erlangt zu haben.

6. März 1851 J.S. Mill."[23]

[23] *The Letters of John Stuart Mill,* a.a.O., S. 158 f.

Doch auch die Heirat konnte ihrer beider guten Ruf nicht wieder herstellen: es kam zum Bruch mit Mills Geschwistern, und ordentliche Mitglieder der englischen Gesellschaft weigerten sich auch jetzt, in gesellschaftlichen Kontakt mit ihnen zu treten.

In den folgenden Jahren überarbeiteten beide gemeinsam die *Politische Ökonomie,* die sich in ihrer Tendenz beträchtlich zum Sozialismus hin entwickelte. Beide hatten fortwährend mit ihrer Krankheit – Tuberkulose, die sie in mehreren akuten Schüben erlitten – zu kämpfen. Um 1853 fühlen sie sich dem Tode nahe.

„Wir müssen das Beste von dem, was wir zu sagen haben, beenden, und nicht nur das, sondern es veröffentlichen, solange wir noch leben. Ich sehe nicht, welcher Zeitgenosse und Erbe unsere Gedanken bewahren könnte oder wer in dieser schwachen Generation, die jetzt heranwächst, auch nur fähig wäre, deine Gedanken gründlich zu meistern und sich anzueignen, geschweige denn, sie neu zu gebären – deshalb müssen wir sie schreiben und drucken, und dann sollen sie warten, bis es wieder Denker gibt. Aber ich bin nicht zufrieden, solange du nicht erlaubst, daß unser bestes Buch, das jetzt entsteht, unser *beider* Namen auf dem Titelblatt trägt. Das sollte so sein mit allem, was ich veröffentliche, denn die bessere Hälfte davon ist dein; das Buch aber, das unsere besten Gedanken enthält, sollte, wenn es nur einen Namen trägt, den deinen haben. Ich wünsche, daß jeder weiß, daß ich der Dumont bin und du der kreative Geist, der Bentham...“[24]

Zu dieser Zeit beschäftigt sie vor allem der Entwurf „Über die Freiheit“, und Mill schildert die Arbeit daran wie folgt:

„Die 'Freiheit' war direkter und buchstäblicher unsere gemeinsame Produktion als irgend etwas sonst, das meinen Namen trägt, denn darin ist nicht *ein* Satz, der nicht von uns gemeinsam mehrmals durchgegangen, hin- und hergewendet und sorgfältig auf Fehler, die wir darin entdecken könnten, sei es am Gedanken oder am Ausdruck, geprüft worden wäre.“[25]

[24] Hayek, a.a.O., S. 185 (J.S. Mill an H. Taylor Mill, 19.9.1853)

[25] *Autobiography,* Coss-Ausgabe, S. 176

Um 1854 etwa beginnt Mill mit der Niederschrift seiner Autobiographie, und sie erwägen gemeinsam, in welcher Weise sie ihre Beziehung darstellen, um, so Mill, „die Münder der Feinde hiernach zu stopfen". Er will öffentlich bezeugen, was er Harriet Taylor Mill für seine intellektuelle Entwicklung verdankt, aber auch zukünftiger Verleumdung und Verfälschung der Wahrheit zuvorkommen,

„um den Darstellungen der Feinde, wenn wir nicht mehr leben, von vornherein die Stirn zu bieten... So wie die Dinge liegen, muß Vorsorge getroffen werden, keine Waffen in die Hände der Feinde zu liefern."[26]

Einige gemeinsame oder getrennte Reisen wegen der Krankheit des einen oder des anderen von ihnen bestimmten diese letzten gemeinsamen Jahre. Sie hatten eine Liste der Themen aufgestellt, die sie noch bearbeiten wollten: „Unterschiede im Charakter (Nationen, Rassen, Alter, Geschlecht, Temperament), Liebe... Verleumdung, Grundlagen der Moral... Sozialismus, Freiheit... Familie..."[27] Mill hatte endlich den Dienst im India House quittiert, und sie wollten sich in einer warmen Gegend Europas niederlassen. Auf der Reise nach Südfrankreich starb Harriet Taylor Mill plötzlich am 3. November 1858 in Avignon. Mill schrieb einige Tage später:

„Meine Frau, die Gefährtin all meiner Gefühle, die mir alle meine besten Gedanken eingegeben, alle meine Taten geleitet hat, ist dahin!... Es ist zweifelhaft, ob ich jemals wieder zu irgend etwas fähig bin, öffentlich oder privat. Die Triebfeder meines Lebens ist zersprungen. Aber ich werde ihre Wünsche am besten erfüllen, wenn ich den Versuch nicht aufgebe, etwas Nützliches zu tun."[28]

[26] Hayek, a.a.O., S. 194 (J.S. Mill an H. Taylor Mill, 10.2.1854)

[27] ebd., S. 192 (J.S. Mill an H. Taylor Mill, 7.2.1854)

[28] ebd., S. 263 f. (J.S. Mill an W.T. Thornton, Nov. 1858)

Einige Wochen später:

„Sie ist begraben auf dem Friedhof der Stadt Avignon und mit ihr all unser irdisches Glück. Wir haben von jetzt an kein anderes Interesse am Leben, als ihre Wünsche zu erfüllen in allem, was wir vermögen, und immer wieder an ihr Grab zurückzukehren. Wir haben ein kleines Haus mit Garten nahe dem Friedhof gekauft, wohin wir im Frühjahr gehen, und beabsichtigen, viel von unserer Zeit hier zu verbringen, bis unsere Stunde kommt, da wir an ihrer Seite begraben werden.“[29]

Zweifellos war es für Mill, aber auch für Helen Taylor, die ein sehr enges Verhältnis zu ihrer Mutter gehabt hatte, eine große Hilfe, daß sie sich fortan im täglichen Leben und in der Arbeit unterstützten. Mill nennt sie „meine Leidensgefährtin und jetzt mein größter Trost“. Er vergrub sich in Arbeit und ließ schon im Februar 1859 das gemeinsame Werk *Über die Freiheit* erscheinen, dem die bekannte Widmung vorangestellt ist:

„Dem geliebten und beweinten Andenken derjenigen, welche alles, was das Beste in meinen Schriften ist, mir eingegeben und zum Teil es selbst geschaffen hat, – der Freundin und Gattin, deren hoher Sinn für Wahrheit und Recht mein stärkster Antrieb und deren Billigung mein bester Lohn war, widme ich diesen Band. Gleich allem, was ich seit vielen Jahren geschrieben habe, ist diese Schrift ebensosehr ihr Werk als das meinige; doch hat sie nur in sehr ungenügendem Maße den unschätzbaren Vorteil der Durchsicht von ihrer Hand genossen, da einige der wichtigsten Abschnitte einer nochmaligen sorgsamen Prüfung vorbehalten waren, die sie nun nimmermehr erfahren können. Vermöchte ich es nur, einen Teil der großen Gedanken und edlen Gefühle auszusprechen, die jetzt in ihrem Grabe ruhen, so würde ich der Welt wahrscheinlich einen besseren Dienst erweisen als durch alles, was ich sonst zu leisten vermag ohne die Stütze und und den Sporn ihrer fast unübertroffenen Weisheit.“[30]

1860/61 schrieb Mill zwei Abhandlungen, von denen nur die eine für die sofortige Publikation bestimmt war, die *Betrach-*

[29] ebd., S. 265 (J.S. Mill an Arthur Hardy, 5.12.1858)

[30] Zitiert nach: J.S. Mill, *Gesammelte Werke,* hrsg. von Th. Gomperz, Leipzig 1869

tungen über repräsentative Regierung. Das Kapitel über die Ausweitung des Wahlrechts enthält auch eine Begründung des Frauenwahlrechts. Die zweite Abhandlung war *Die Hörigkeit der Frau.*

„Sie wurde geschrieben auf Drängen meiner Tochter, damit in jedem Falle ein schriftlicher Entwurf meiner Auffassungen zu dieser Frage, so vollständig und überzeugend wie möglich, existiere. Es war geplant, ihn mit anderen unveröffentlichten Manuskripten aufzubewahren, ihn von Zeit zu Zeit, wenn ich dazu fähig wäre, zu verbessern und zu einem Zeitpunkt zu veröffentlichen, da es voraussichtlich am nützlichsten wäre.
So, wie die Abhandlung schließlich veröffentlich wurde, war sie mit einigen wichtigen Gedanken und schriftlichen Passagen meiner Tochter bereichert. Was hingegen meinen Teil betrifft, so gehört alles, was darin am eindrucksvollsten und fundiertesten ist, meiner Frau und kommt aus dem Fundus von Gedanken, den wir uns beide gemeinsam in unseren zahllosen Gesprächen und Diskussionen über diesen Gegenstand, der einen so großen Raum in unserem Denken einnahm, erarbeitet haben."[31]

Wie wichtig in diesen Jahren Helen Taylors Mitarbeit für Mill wird, beschreibt er selbst:

„Ich war nicht allein: sie (Harriet) hinterließ eine Tochter, meine Stieftochter Helen Taylor, die viel von ihrer Weisheit und ganz und gar ihren noblen Charakter geerbt hatte, deren wachsende und reifende Talente bis heute dem gleichen großen Ziel gewidmet sind und ihren Namen besser und weiter bekannt gemacht haben als den ihrer Mutter... Gewiß ist: niemand war je zuvor so glücklich, nach einem solchen Verlust wie dem meinigen noch einmal den großen Preis in

[31] *Autobiography*, Coss-Ausgabe, S. 186. Im selben Zusammenhang schreibt Mill: „Ich bin mir schmerzlich bewußt, daß es mir nicht gelungen ist, viele ihrer besten Gedanken zu diesem Gegenstand wiederzugeben, und wie sehr diese kleine Abhandlung Fragment ist im Vergleich zu dem, was sie hätte sein können, hätte sie alle ihre Gedanken zu dieser Frage zu Papier bringen können oder lange genug gelebt, um meine ungenügende Darlegung der Sache durchzusehen und zu verbessern, wie sie es sicherlich getan hätte." (A.a.O., S. 173, Anm.)
Mill erörtert hier den Anteil von Harriet Taylor an seinen Schriften in völlig sachlicher Weise. Er konstatiert ebenso wahrheitsgemäß seinen Anteil wie ihren. So schreibt er an der gleichen Stelle: „Das *System der Logik* verdankt ihr wenig, außer in kleineren Problemen des Aufbaus..."

der Lotterie des Lebens zu ziehen – eine zweite Gefährtin, Anregerin und Ratgeberin mit seltenen Fähigkeiten. Wer immer, sei es jetzt oder nach meinem Tode, an mich und mein Werk denkt, darf nie vergessen, daß es das Produkt nicht *eines* Intellekts und Gewissens ist, sondern das von dreien, wovon der am wenigsten bemerkenswerte, und vor allem der am wenigsten originelle, derjenige ist, dessen Name damit verknüpft wurde."[32]

Mills intellektuelle und menschliche Bescheidenheit und seine Dankbarkeit auch im Verhältnis zu den beiden Frauen, die Ehrlichkeit, mit welcher er öffentlich ihre Fähigkeiten und Verdienste bezeugt (bezeugen wollte, denn diese Textstelle wurde, wie auch andere, auf Drängen von Professor Bain gestrichen, weil er die Würdigung Helen Taylors – übrigens auch die ihrer Mutter – übertrieben und für Mill schädlich fand), sein Gerechtigkeitssinn und seine Fairness gegenüber Frauen, sei es persönlich oder politisch, sind wohl einmalig in der Geschichte des Patriarchats. Mill war nicht allein ein radikaldemokratischer feministischer Denker, er *lebte* seine Theorie.

In ähnlich radikaler Weise wie für die Frauenemanzipation, mit scharfem Verstand und leidenschaftlichen Gefühlen engagierte sich der alternde Mill in der Frage der Emanzipation der Sklaven in den USA sowie in der Arbeiterfrage. „Die Tyrannei von Menschen über Menschen" hatte in ihm einen kompromißlosen, ja geradezu halsstarrigen Gegner. Als im amerikanischen Bürgerkrieg die englische Ober- und Mittelklasse und sogar Liberale die Partei der Südstaaten ergreifen, betrachtet er es als seine politische Pflicht, gegen die pervertierte öffentliche Meinung zu protestieren; er tut es mit dem (ebenfalls auf Drängen Helen Taylors fertiggestellten) Artikel „Der Kampf in Amerika", erschienen 1862 in *Frazer's Magazine,* der die Liberalen in ihrem Widerstand gegen die Reaktionäre in der Frage des Bürgerkrieges ermutigte.

Aus dem umfangreichen Briefwechsel geht hervor, daß Mill und Helen Taylor die überall sich bildenden Komitees und

[32] *Autobiography,* Coss-Ausgabe, S. 185

Vereinigungen zur Durchsetzung des Wahlrechts für Frauen unterstützten, berieten und anregten. Helen Taylor gründete selbst eine „Gesellschaft für die Ausdehnung des Wahlrechts auf Frauen“.

„Die Existenz der Gesellschaft geht zurück auf die Initiative meiner Tochter; diese Einrichtung war ganz von ihr geplant, und sie war, während der ersten Jahre, die Seele der Bewegung, obwohl ihre schwache Gesundheit und das Übermaß an Arbeit sie zwangen, ihre Funktion im Executive Committee aufzugeben. Viele hervorragende Mitglieder des Parlaments, Professoren und andere, und einige der bekanntesten Frauen des Landes wurden Mitglied der Gesellschaft; ein großer Teil direkt oder indirekt durch den Einfluß meiner Tochter, die die größte Zahl der Briefe, und die besten, durch die die Zustimmung erlangt wurde, geschrieben hat, auch dann, wenn diese Briefe von mir unterschrieben waren. In zwei bemerkenswerten Fällen, dem von Miss Nightingale und Miss Mary Carpenter, wurde das anfängliche Zögern dieser Frauen, sich anzuschließen – es beruhte nicht auf einer Differenz der Meinung –, überwunden durch Apelle, geschrieben von meiner Tochter, aber unterschrieben von mir.“[33]

Als Mill 1865 eine Kandidatur für das Unterhaus angetragen wurde, erklärte er vorbehaltlos seine politischen Ziele und Auffassungen:

„... und da eines davon das Wahlrecht war, machte ich sie mit meiner Überzeugung bekannt, daß Frauen zu den gleichen Bedingungen wie Männer das Recht zur Repräsentation im Parlament haben (was ich tun mußte, da ich die Absicht hatte, im Falle meiner Wahl entsprechend zu handeln). Es war zweifellos das erste Mal, daß dem englischen Wähler eine solche Doktrin zu Ohren gekommen ist, und die Tatsache, daß ich gewählt wurde, obwohl ich das vorgeschlagen hatte, gab der Bewegung zugunsten des Frauenwahlrechts, die seitdem so stark geworden ist, einen guten Start.“[34]

Ein Zeitgenosse urteilte über Mill und seine Wahlchancen: „... der Allmächtige persönlich hätte keine Chance gehabt, mit einem solchen Programm gewählt zu werden“. Doch

[33] ebd., S. 214

[34] ebd., S. 198

Mills Offenheit und politische Redlichkeit hatten Erfolg. – Er war während dreier Sitzungsperioden Abgeordneter des Unterhauses, zu einer Zeit, da die Reform Bill, eingebracht von Gladstone, verabschiedet wurde. Diese Gesetzesvorlage war jahrelang diskutiert worden, beinhaltete sie doch eine Wahlrechtsreform, die einem größeren Kreis der Bevölkerung das Wahlrecht bringen sollte. Liberale und Vertreter der Arbeiter hatten für das „Allgemeine Wahlrecht" plädiert, das aber, keineswegs allgemein, nach wie vor alle Frauen ausschloß und daher von Mill als „Männlichkeits"-Wahlrecht bezeichnet und strikt abgelehnt wurde. Das Jahr 1866 brachte jedoch eine günstige Gelegenheit, dem Unterhaus erneut eine Petition für das Frauenwahlrecht, unterzeichnet von 1500 Frauen, zu präsentieren. (Die erste Petition in dieser Sache war bereits 1850 vorgelegt worden.) Vorbereitet war diese Petition gemeinsam von Helen Taylor und Mill, der es auch übernahm, sie dem Parlament vorzulegen. Dieser politische Akt war zu jener Zeit etwas ganz und gar Außergewöhnliches, wie aus einem langen Artikel in der *Westminster Review* hervorgeht.[35]
Im darauffolgenden Jahr hielt Mill im Unterhaus eine Rede über „Die Zulassung der Frauen zum Wahlrecht".[36] Er hat damit das historische Verdienst, als erster in einem Parlament seine Stimme zugunsten des Frauenwahlrechts erhoben zu haben. Dieser politisch revolutionäre Vorschlag wurde zu jener Zeit noch von vielen als sein persönliches Steckenpferd angesehen, war aber von großem Wert für die Beeinflussung der öffentlichen Meinung:

„... besonders der starke Widerhall auf das Verlangen nach dem Wahlrecht für Frauen, aus fast allen Teilen des Königreiches, rechtfertigte völlig den gewählten Zeitpunkt für jene Aktivitäten und machte das,

[35] Art. III (ohne Autor), "The Ladies Petition. Petition presented to the House of Commons by Mr. J. Stuart Mill, June 7th, 1866", *The Westminster Review*, London, Jan./April 1867, S. 63

[36] Art. V (ohne Autor), "The Future of Reform, 3.", *The Westminster Review*, London, Juli/Okt. 1867, S. 176

was als moralische und soziale Pflicht unternommen worden war, zu einem persönlichen Erfolg."[37]

Außerdem stellte er einen parlamentarischen Antrag, in der Reform Bill

„die Wörter zu streichen, die darauf zielen, das Wahlrecht auf Männer zu beschränken, und damit das Wahlrecht allen Frauen zuzubilligen, die als Haushaltungsvorstände oder in anderer Hinsicht die gleichen Voraussetzungen besitzen wie männliche Wähler."[38]

1868, nachdem das Reformgesetz verabschiedet war, wurde das Parlament aufgelöst, „und in der neuen Wahl für Westminster wurde ich hinausgeworfen; nicht zu meiner Überraschung..." Die reaktionären Kräfte hatten sich gesammelt, um seine Wiederwahl zu verhindern. Selbst die Liberale Partei wollte seine politische Radikalität und sein Engagement nicht unterstützen, und es dürfte sicher sein, daß sein Einsatz für das Frauenwahlrecht ein entscheidender Grund dafür war. Mill war allen politischen Richtungen ein Ärgernis und galt als „unmäßig und leidenschaftlich". Er zog sich wieder ins Privatleben zurück, teils in Avignon, teils in London lebend. Seine Biographie endet mit den Sätzen:

„... bei öffentlichen Anlässen habe ich eine kleine Zahl von Reden gehalten, besonders in Versammlungen der Frauenwahlrechts-Gesellschaft, habe *Die Hörigkeit der Frau*, geschrieben einige Jahre vorher, mit einigen Zusätzen von meiner Tochter und mir versehen herausgegeben..."[39]

Diskriminierende Praktiken von Herausgebern und Mill-Forschern

Obwohl Mill die Anweisung hinterlassen hatte, seine Selbstbiographie möge gleich nach seinem Tode unverändert und

[37] *Autobiography*, Coss-Ausgabe, S. 201

[38] ebd., S. 213

[39] ebd., S. 221

ungekürzt veröffentlicht werden, traten nun seine „Freunde" in Aktion und verhinderten es: aus den Schlußsätzen wurde der Satzteil „besonders in Versammlungen der Frauenwahlrechts-Gesellschaft" gestrichen, ebenso Hinweise auf Helen Taylors Autorschaft und Mitautorschaft, hier und an anderen Stellen. Mill sollte von seinem engagierten Feminismus gereinigt, die Verdienste der Frauen sollten eliminiert werden. Alexander Bain setzte Helen Taylor, die von Mill zur Alleinerbin und Verwalterin seines literarischen Nachlasses bestimmt war, so unter Druck – d.h. er gab ihr den „dringenden Rat", Textstellen, die sie selbst und die Frauenfrage betrafen, zu entfernen –, daß sie ihm nachgab.[40] Darüber hinaus versuchte er – allerdings ohne Erfolg –, sie dazu zu bewegen, Mills anerkennende Äußerungen über seine Frau zu streichen. Der Druck auf Helen Taylor muß erheblich gewesen sein, da sie, möglicherweise aus Bescheidenheit und um sich nicht dem ungerechten Vorwurf persönlicher Eitelkeit auszusetzen, Mills Anweisung für ihre Person nicht befolgte. Über 50 Jahre später erst wurde der ungekürzte Wortlaut der Selbstbiographie von J.J. Coss herausgegeben.

Noch im Jahre 1951 beurteilt F.A. Hayek die Passagen Mills über seine Frau als „übertrieben"; hingegen kritisiert er keineswegs, daß Mills Biographie entstellt worden ist.

Ein Amerikaner hatte schon 1870 nach einem Besuch bei Mill, in damals wie heute landläufigem Antifeminismus geschrieben:

„Ich zweifle daran, daß Mills Interesse am Frauenproblem ihm als Denker dienlich ist. Es hat die Tendenz, den sentimentalen Teil seiner Intelligenz zu entwickeln, welche von immenser Kraft ist und nur im Zaume gehalten wird durch seinen Respekt für seine eigene Vernunft. Dieser Respekt schwindet unter dem machtvollen Einfluß seiner Tochter, Miss Taylor, die zweifellos eine bewundernswerte Persönlichkeit ist, aber sie ist, was man entschieden eingebildet nennen würde, wäre sie von dem Geschlecht, das sie als unterlegen be-

[40] Alexander Bain an Helen Taylor, 13.9.1873; Hinweise bei Hayek, a.a.O., S. 313, Anm. 23, der den Brief Bains jedoch nicht abdruckt.

trachtet. Ihr Selbstvertrauen, das ihr Vertrauen in Mill einschließt, ist fürchterlich, und Mill ist überwältigt davon. Ihre Worte haben den Wert des Orakels für ihn – etwas mehr als das rechte Gewicht, und ihre unbewußte Schmeichelei, zusammen mit der sehr direkten Schmeichelei von vielen anderen prominenten Führern der weiblichen Armee, haben eine nicht unnatürliche Wirkung auf seine zarte, empfängliche und mitfühlende Natur..."[41]

Widersprüche, Verketzerungen, Ressentiments, Unterstellungen und die Angst des Antifeministen vor der gleichberechtigten Frau. Daß Mill von ihrer Dominanz erdrückt worden sei, ist völlig absurd. Wie seinen Briefen an Helen Taylor und an Dritte sowie Schilderungen vorurteilsfreier Berichterstatter zu entnehmen ist, macht er sich vielmehr Sorgen, daß er ihr Leben zu sehr bestimmen könnte:

„Es ist ein großes Glück für mich, dir eine Hilfe zu sein, wenn du deprimiert bist, aber es wäre mir sehr schmerzlich zu wissen, daß ich der einzige Mensch bin, weil ich eines Tages nicht mehr für dich da sein werde, und es wäre mir eine große Erleichterung, wenn du außer mir noch andere Unterstützung hättest, Menschen und Interessen..."[42]

Wie denn überhaupt die Briefe beider aus jenen Jahren anzeigen, wie groß ihre Gemeinsamkeit war, so groß, daß sich ihr Denken und Schreiben nicht mehr voneinander trennen ließ. Mill schreibt z.B. an Mary Carpenter in bezug auf einen Brief, der die Notwendigkeit der Forderung nach dem Frauenwahlrecht begründet (und den Helen Taylor entworfen hatte):

„Ich möchte nicht derjenige sein, mit dessen Namen er gedruckt wird, denn er ist (wie ein beträchtlicher Teil meiner Korrespondenz) von meiner Stieftochter Helen Taylor geschrieben. Ohne ihre Hilfe wäre

[41] Charles Eliot Norton an Chauncey Wright, 13.9.1870 (Hayek, a.a.O., S. 313, Anm. 24). Diese antifeministische Tirade wird auch von Dwight N. Lindley unkritisch weitergegeben, s. *Collected Works of John Stuart Mill,* Toronto 1965 ff. (nachfolgend Toronto-Ausgabe genannt), vol. XIV, Introduction.

[42] Toronto-Ausgabe, vol. XV, S. 677 (J.S. Mill an Helen Taylor, 14.2. 1860)

es mir unmöglich, eine so umfangreiche Korrespondenz zu führen, wie ich zur Zeit in der Lage bin, es zu tun, und wir sind so völlig einig in unseren Meinungen und Gefühlen, daß es kaum einen Unterschied macht, wer von uns sie in Worte faßt. Ich sehe oft mit Bedauern, daß mir eine Arbeit zugeschrieben wird, die ich für gut halte und die hauptsächlich die ihre ist. In diesem Falle (und das ist bei weitem kein Einzelfall) ist es völlig ihre Arbeit. Was sie schrieb, drückt alles, was ich hatte sagen wollen, so klar aus, daß ich es unverändert übernahm.“[43]

Dennoch wird sie noch im Jahre 1972 von Dwight N. Lindley[44] mehrfach als Mill „dominierend“ und manipulierend dargestellt, wobei es in seinen Augen besonders anstößig ist, daß Mill sie in ihren Aktivitäten für das Frauenwahlrecht entschieden unterstützt. Ein so befangener Forscher wie er kann ihr bestenfalls die traditionelle Musenrolle zugestehen: daß sie Mill in seinen letzten Jahren eine unersetzliche Stütze war und seinen Willen zum Weiterleben und zu weiteren politischen Aktivitäten stärkte. Im übrigen werden Vorurteile, böswillige oder dumme Unterstellungen fleißig tradiert. Es besteht kein Zweifel, daß Helen Taylor, Harriet Taylor und Mill selbst von ihren Zeitgenossen wie von späteren Herausgebern und Mill-Forschern aus antifeministischen Ressentiments wegen ihres politischen Engagements für die Frauenbewegung und die beiden Frauen speziell wegen ihrer intellektuellen Fähigkeiten diffamiert wurden und werden: als egozentrische, überhebliche, unfähige, unverantwortliche, eifersüchtige Frauen, d.h. mit der ganzen Skala der Negativklischees, mit welchen von jeher eigenständige, ungewöhnliche, die Normen traditioneller Weiblichkeit transzendierende Frauen verketzert worden sind.
Professor F.A. Hayek, Sammler von Mill-Briefen, verdächtigt Helen Taylor, sie scheine

„zunehmend mehr daran interessiert gewesen zu sein, andere vom Eingreifen in ihre Eigentumsrechte abzuhalten, als eigene Pläne für Ver-

[43] ebd., vol. XVI, S. 1359 (J.S. Mill an Mary Carpenter, 3.2.1868)

[44] ebd., vol. XIV, Introduction by Dwight N. Lindley

öffentlichungen voranzutreiben. Erst als das so eifersüchtig von ihr bewachte Material an Mrs. Mills Enkeltochter, Mary Taylor, überging, wurde ein Außenstehender gerufen, um einiges von der am leichtesten zugänglichen Korrespondenz zu veröffentlichen."[45]

Dabei hatte Helen Taylor sofort, wie Mill es gewünscht, die Selbstbiographie und andere druckfertige Manuskripte veröffentlicht. Wenn sie die Korrespondenz zurückhielt, so deshalb, weil sie das Privatleben der Mills vor Verleumdungen, unter denen sie schon zu ihren Lebzeiten gelitten hatten, schützen und nicht durch die Gewährung von Einblick in Mills Briefwechsel eine persönliche Beziehung dem Hohn und Spott der patriarchalen Gesellschaft des 19. Jahrhunderts preisgeben wollte – eine nicht nur legitime Absicht, sondern auch völlig im Einklang mit den Wünschen von Mill. Harriet Taylor und Mill waren sich klar darüber, daß ihre auf Anerkennung der Frau, gegenseitige Achtung und Solidarität beruhende Beziehung bestenfalls in hundert Jahren verstanden werden würde – eine sehr treffende und weitsichtige Einschätzung.

Helen Taylor lebte nach Mills Tod etwa dreißig Jahre lang in Avignon, wenn ihre politischen Aktivitäten sie nicht in London festhielten. Sie hatte 1873 über ihre Pläne geschrieben:

„Ich habe alle Briefe meines lieben Stiefvaters, sie werden aufbewahrt, von Zeit zu Zeit durchgesehen und sind geordnet und mit Anweisungen von ihm versehen, wörtlich und schriftlich, von mir aufgeschrieben. Sie besagen, daß ich mit ihnen nach meinem eigenen Urteil verfahren kann. Wenn die dringendere Aufgabe der Veröffentlichung seiner Manuskripte beendet ist, werde ich, wenn ich noch lebe, mich mit der Korrespondenz beschäftigen; wenn ich nicht so lange lebe, wird mein literarischer Nachlaßverwalter entscheiden, was damit geschehen soll."[46]

Dennoch zeiht Hayek sie der Unfähigkeit zur Verwaltung des Erbes, der eifersüchtigen Hütung, ja Vorenthaltung

[45] ebd., vol. XII, Introduction by F.A. Hayek, S. xv.

[46] ebd., S. xviii

der Mill-Briefe. Das ist nicht nur ungerecht, sondern auch böswillig, da die Herausgabe, d.h. unter anderem die Sichtung von mehreren tausend Briefen gar nicht von einem Menschen allein geleistet werden kann: an der Vorbereitung der *Gesammelten Werke*, angelegt auf mindestens 17 Bände, arbeiten seit etwa 1962, ohne daß die Arbeit abgeschlossen wäre, ganze Heerscharen von Professoren in einem Herausgeber-Komitee mit einem großen Aufgebot an finanziellen Mitteln und Hilfskräften, zu denen Hayek selbst zeitweise gehörte. Er geht schließlich so weit, die über siebzigjährige Helen Taylor als „scheinbar (!) etwas komisch und senil" zu diffamieren.

Die Verleumdung der Frauen trifft schließlich auch Mary Taylor, Helen Taylors Tochter, die 1907 auch in dieser Hinsicht das Erbe antritt. Da sie selbst plante, Briefe Mills herauszugeben, wird sie von Hayek schulmeisterlich verurteilt als „kaum befähigt, die Aufgabe auszuführen".[47] Sie übergab Hugh S.R. Elliot Briefe für eine zweibändige Sammlung (die 1910 in London erschien) und gewährte ihm Einblick in die persönliche Korrespondenz. Dieser bedankte sich für ihr Vertrauen und Entgegenkommen damit, daß er sie „eine Frau von sehr merkwürdigen Ideen und Gewohnheiten" nennt, womit sie jedoch nur die Tradition von Mutter und Großmutter fortsetzt, denn:

„Beim Lesen der privaten Briefe machte ich mir eine sehr ungünstige Meinung von beiden, Mrs. Mill und Miss Helen Taylor.
Mir schien, daß sie beide selbstsüchtige und etwas eingebildete Frauen waren und daß Mill (der ein sehr schlechter Beurteiler von Charakteren gewesen sein muß) in bezug auf sie sich bei weitem getäuscht hat."[48]

Über eine Einleitung Elliots mit abfälligen Anspielungen ist es offensichlich zwischen ihnen zu schweren Auseinandersetzungen gekommen. Mary Taylor schrieb eine zweite Einleitung neben der seinen. Dazu Elliot: „... dafür übernahm

[47] ebd., S. xv

[48] ebd., S. xx (Hugh S.R. Elliot an Lord Courtney, 8.5.1910)

ich nicht die Verantwortung. Ich war nicht erbaut über ihren Beitrag, aber es war ein notwendiger Kompromiß."[49] Eine andere, sachliche Briefquelle stellt die Kontroverse anders dar: Mary Taylor hatte Elliot, die gesamte Korrespondenz zur Verfügung gestellt und bei der Auswahl geholfen. Als diese getroffen war, verlangte Elliot, daß die übrigen Briefe (außer ganz privaten) vernichtet würden. Offenbar sollte niemand nach ihm weitere Briefe Mills publizieren können.
Glaubt man den Behauptungen der „Forscher" Elliot und Hayek, so waren Mutter, Tochter und Enkeltochter „merkwürdige", „geisteskranke", „senile", zumindest exaltierte, „eifersüchtige", besitzgierige, in jedem Fall aber weit überschätzte Frauen, die den eigentlich befähigten Herausgebern lediglich Schwierigkeiten machten.
Es ist ermüdend, muß aber festgestellt werden, daß selbst noch 1972 die Diffamierung der Frauen durch Herausgeber und Forscher fortgesetzt wird, so in der Einleitung von D.N. Lindley zu der vier Bände umfassenden Sammlung *The Later Letters 1849–1873* (innerhalb der Toronto-Ausgabe). Dieser fühlt sich bemüßigt, das Verhältnis von Harriet Taylor Mill zu John Stuart Mill als „Rätsel" darzustellen. Er behauptet, der „übertriebene Tribut", den Mill seiner Frau in der Selbstbiographie zollt, sei bei Erscheinen „allgemein mit amüsierter Skepsis begrüßt worden", weil ein zeitgenössischer Schreiberling höhnisch geschrieben hatte: „Mill hatte keinen großen Glauben an Gott. Er hatte grenzensloses Vertrauen in eine Göttin." Lindley selbst verurteilt Mill wegen „seiner höchst extremen Ansprüche für seine Frau" und ist der Meinung, „die meisten Leser der Selbstbiographie neigten dazu, das übertriebene Lob Harriets barmherzigerweise als harmlose Verirrung eines vor Liebe blinden Witwers zu betrachten".[50] Damit stellt er Mill als einen alten Narren hin, der den unmäßigen Wünschen seiner eitlen Frau nachkam, und er tut das,

[49] ebd.,

[50] ebd., vol. XIV, Introduction by Dwight N. Lindley, S. xxiii

obwohl ein Brief erhalten ist, in dem sie ausdrücklich wünscht, daß ihre Beziehung lediglich „in einem Dutzend Zeilen“ dargestellt wird, und zwar „in aufrichtiger Einfachheit und Wahrheit“. Lindley ist der Meinung, Mills Solidarität mit den Frauen, persönlich und politisch, schade seinem guten Ruf. Seine Verachtung für Frauen ist so groß, daß die Beziehung Mills zu seiner Frau als zu einer selbstverständlich Gleichen ihm als Glorifizierung erscheint: Frauen berühmter Männer müssen unter diesen stehen, das ist die Norm, die Mill, Harriet Taylor und Helen Taylor verletzt haben.

Wirft sich die eine Partei zum moralischen Richter über Harriet Taylor und Mill auf und verdächtigt sie des Ehebruchs, so höhnt die andere, wie Lindley es tut: „... es gab keine sexuelle Beziehung. Mrs. Taylor gelang es, sich beide, ihren Ehemann und ihren Liebhaber, vom Halse zu halten.“[51] Was immer der Fall gewesen sein mag, das verdammende Urteil ist sicher.

Lindley lädt Harriet Taylor die Schuld auf für die Isolierung, die die englische Gesellschaft über Mill und sie verhängte, er erklärt sie als unfähig zu Freundschaft, besonders mit andern Frauen (höchst absurd, da sie sich doch ihr Leben lang entschieden für die Frauen einsetzte) und für schuldig an dem Zerwürfnis Mills mit seiner Familie. Er hält sie für emotional, geldgierig und unbeliebt. Er möchte ihre Persönlichkeit auf die Funktion einer emotionalen Stütze und späteren Hausfrau für Mill reduzieren. Mills Äußerungen sind für ihn lediglich Schmeicheleien eines Liebhabers, die nicht, wie sonst üblich, ihrer Schönheit, sondern ihren intellektuellen Fähigkeiten gelten, auf die sie, wie Lindley meint, zu Unrecht stolz war. Folgt man ihm, so waren zwei Hörige aneinandergekettet: Mill war abhängig von ihrem praktischen Sinn im täglichen Leben, und sie von ihm in ihrem übertriebenen Bedürfnis nach Lob. Streng wird sie verurteilt, weil sie die „extreme Schmeichelei“ und das „Superlob“ nicht zurückgewiesen und verhindert habe. Lindley versteht auch nicht,

[51] ebd., S. xxvi

daß der „große" Mill sich in wichtigen und weniger wichtigen Fragen bei seiner Frau bzw. Tochter Rat holte, ihn ernst nahm und akzeptierte – die Respektierung der Frauen, Rücksicht auf ihre Meinungen und Wünsche, Bescheidenheit in der Einschätzung der eigenen Fähigkeiten und Erfahrungen, eine Menschenfreundlichkeit, die auch die Frauen selbstverständlich einbezieht: das sind allerdings Qualitäten, die nicht als Tugenden des bürgerlichen Patriarchen gelten.

Zur Geschichte der Verbreitung der Schriften über Frauenemanzipation

Es kann hier nicht im einzelnen die Verbreitungs- und Wirkungsgeschichte auch nur der einen Schrift *Die Hörigkeit der Frau* nachgezeichnet werden, obwohl diese sehr aufschlußreich ist, da sie politisch interessante Einschätzungen der Kräfte, die die Verbreitung verhinderten, und derjenigen, die sie trotz aller Schwierigkeiten immer wieder förderten, erlaubt: von Männern wurde sie mittels unwürdiger Manipulationen hintertrieben, von Frauen dagegen immer wieder gefördert.
1872 schrieb Jenny Hirsch in der Einleitung zur zweiten Auflage ihrer Übersetzung des Buches:

„Die Presse der ganzen gebildeten Welt hat in eingehender Weise davon Notiz genommen, es wurde feurig gelobt, hart getadelt und verurteilt, an mehr als einer Stelle entspann sich darüber in Wort und Schrift ein heftiger Streit."[52]

In England erschien die Schrift, wie aus einem Brief Mills an Theodor Gomperz hervorgeht, im Frühjahr 1869. Sie wurde offenbar außer in England selbst in Amerika, Frankreich und Deutschland von Frauen aus der Frauenbewegung sofort gelesen und in ihrer politischen Bedeutung erkannt. Mills Briefwechsel mit Frauen aus dem In- und Ausland beweist

[52] J.S. Mill, *Die Hörigkeit der Frau.* Aus dem Englischen von Jenny Hirsch, Berlin 1872 (2. Auflage), Einleitung, S.v.

es, und er selbst schrieb schon im Juni 1869, daß er mehrere Bitten um Übersetzung ins Deutsche erhalten habe.
Noch im gleichen Jahr schrieb die in der amerikanischen Frauenbewegung bekannte Elizabeth Cady Stanton an Mill:

„Ich lege das Buch aus der Hand in einem Frieden und einer Freude, die ich niemals zuvor gefühlt habe, denn es ist die erste Antwort von einem Mann überhaupt, die zeigt, daß er fähig ist, all die leisesten Schattierungen und Abstufungen des Unrechts an der Frau und den zentralen Punkt ihrer Schwachheit und Erniedrigung zu sehen und zu fühlen.“[53]

Es läßt sich schwer einschätzen, welche Verbreitung das Buch in den letzten 30 Jahren des 19. Jahrhunderts in Amerika gefunden hat; sicher ist lediglich, daß 1911 wiederum eine Frau aus der Frauenbewegung, Carrie Chapman Catt, die Initiative zu einer Neuauflage ergriff, mit der Begründung:

„Seit einigen Jahren ist das Buch vergriffen, und seine Seiten sind denjenigen unbekannt geworden, die sie am besten kennen sollten. Eine Neuausgabe ist ein glückliches Ereignis, und daß es für die Masse der Frauen wieder zugänglich ist, wird von allergrößtem Wert für die Frauenbewegung sein.“[54]

Tatsächlich sammelte die amerikanische Frauenbewegung in den darauf folgenden Jahren erneut ihre Kräfte für den langen erbitterten Kampf um die Verfassungsänderung und das Wahlrecht in allen Bundesstaaten, diesen heroischen Kampf gegen die patriarchalen, kapitalistischen und rassistischen Kräfte, in dem mit Sicherheit auch Erkenntnisse aus diesem Buch umgesetzt wurden.
Die Zeiten nach dem Ersten und Zweiten Weltkrieg waren auch in den USA Zeiten der Reaktion und auf seiten der Frauenbewegung eine Phase politischer Erschöpfung.

[53] Zitiert nach: *Essays on Sex Equality, John Stuart Mill and Harriet Taylor Mill,* edited and with an introductory essay by Alice S. Rossi, Chicago/London 1970, S. 62

[54] ebd.

Als Max Lerner 1961 eine Sammlung der wichtigsten Werke von J.S. Mill herausgab, betrachtete er *Die Hörigkeit der Frau* als unwichtig und schloß die Abhandlung aus.[55] Auch die seit 1965 verbreiteten, auf mindestens 17 Bände angelegten *Gesammelten Werke* Mills (Toronto-Ausgabe) enthalten bis zum gegenwärtigen Zeitpunkt (erschienen sind 13 Bände) nicht *Die Hörigkeit der Frau* und die anderen Schriften zur Frauenemanzipation. Bis jetzt sind sechs Bände mit Briefen von Mill erschienen, darunter Briefe von Helen Taylor, die aber nur in den Fußnoten als solche gekennzeichnet sind.

1970 endlich, kurz nach dem 100. Jahrestag des Erscheinens der Originalausgabe, wurde *Die Hörigkeit der Frau* zusammen mit den „Frühen Essays über Ehe und Scheidung" und dem Artikel „Über Frauenemanzipation" von Alice S. Rossi herausgegeben und eingeleitet. Alice Rossi ist eine Sozialwissenschaftlerin, die sich seit Beginn der sechziger Jahre, also im Zuge der erneut einsetzenden Frauenbewegung, eingehend mit der Analyse der Geschlechtsrollen, dem Status der Frau in der amerikanischen Gesellschaft und den Schriften Mills befaßt hat.

1969/70 ist auch der Zeitpunkt, zu welchem Kate Milletts Arbeit *Sexus und Herrschaft* mit ihrer Analyse und Würdigung der *Hörigkeit der Frau* erscheint und weltweite Verbreitung findet. Ich halte es für möglich, daß die vielbeachtete Untersuchung Kate Milletts eine Art Mill-Renaissance ausgelöst hat. 1973 wurde der Text in eine Anthologie feministischer Schriften aufgenommen[56], und die neueste Bibliographie verzeichnet zahlreiche Ausgaben von Harriet Taylors Essay „Über Frauenemanzipation".[57]

[55] ebd., S. 5

[56] James Cooper and Sheila Mc. Isaac Cooper, *The Roots of American Feminism,* Boston 1973

[57] Marie Barovic Rosenberg and Len V. Bergstrom (ed.), *Women and Society. A Critical Review of the Literature with a Selected Annotated Bibliography,* Beverly Hills/London 1975

Uns interessiert in diesem Zusammenhang besonders, in welcher Weise die Schriften von Mill und Taylor in Deutschland Verbreitung fanden. Mill hatte sehr bald nach Erscheinen der *Hörigkeit der Frau* an Professor Th. Gomperz in Wien, seinen langjährigen Übersetzer und Herausgeber im deutschsprachigen Raum, den folgenden Brief geschrieben:

„Ich hoffe, Sie haben pünktlich ein Exemplar des kleinen Buches *The Subjection of Women,* das ich gerade veröffentlicht habe, von meinem Verleger erhalten. Es ist mehrmals die Bitte um Übersetzung ins Deutsche an mich herangetragen worden, und ... es ist sehr wünschenswert, daß das sofort geschieht.“[58]

Gomperz, überzeugter Monarchist und Patriarch jüdischer Familientradition, ist diesem Wunsche Mills niemals nachgekommen. Noch 1911 sprach er sich gegen das Allgemeine Wahlrecht für Frauen und gegen ihre Zulassung zu Universitäten aus, weil er persönlich sich durch ihre Anwesenheit gestört fühlte[59] und weil er Frauen generell und unabänderlich für intellektuell minderwertig hielt. Im Jahre 1869 hatte er sich gerade mit einer 16 Jahre jüngeren Frau verlobt („ganz mein eigen“, Gomperz), hatte also aus politischen und persönlichen Gründen nicht das geringste Interesse an der Übersetzung und Verbreitung der *Hörigkeit der Frau.*[60] Selbst zehn Jahre später, 1880, als die zwölfbändige deutsche Ausgabe der Werke Mills abgeschlossen wurde, entschied sich Gomperz noch gegen die Aufnahme dieser Schrift, wiewohl er im Schlußwort behauptete,

[58] J.S. Mill an Th. Gomperz, 15.6.1869, in: Heinrich Gomperz, *Theodor Gomperz. Ein Gelehrtenleben im Bürgertum der Franz-Josephs-Zeit* hrsg. und eingeleitet von Robert A. Kann, Wien 1974, S. 45

[59] ebd., S. 462 ff. und 199 f. („Das Frauenstimmrecht. Eine Betrachtung von Theodor Gomperz, Mitglied des Herrenhauses“)

[60] Hinzu kommt möglicherweise ein Akt unbewußter, persönlicher Rache an Helen Taylor. Gomperz hatte ihr einen Heiratsantrag machen wollen und sich zu einem Besuch bei Mill und H. Taylor aufgedrängt. Ein sehr kühler Brief Mills und eine eindeutige, aber rücksichtsvolle Abweisung führten zu einem Nervenzusammenbruch und zu einer „viele Jahre anhaltenden Verletzung seines Selbstgefühls“ (R.A. Kann).

„sich nicht nur von seinem Urteil über den relativen Wert der einzelnen Stücke, sondern desgleichen von dem Wunsche leiten (zu lassen), ein möglichst vollständiges Gesamtbild von Mills geistiger Persönlichkeit zu liefern, gleichwie schließlich auch von der Rücksicht auf die mutmaßlichen eigenen Wünsche des Verfassers. Der zuletzt angeführte Grund allein hätte hingereicht, dem Aufsatz über Frauenemanzipation einen Platz in unserer Sammlung zu sichern."[61]

Trotz dieser schönen Worte ignorierte Gomperz den Wunsch Mills abermals, verfälschte das Bild seiner geistigen Persönlichkeit, indem er das Ergebnis über vierzigjähriger Reflexion und Diskussion der Frauenfrage aus der deutschen Ausgabe eliminierte (während politisch irrelevante literarische Aufsätze aufgenommen wurden), und traf im Hinblick auf den Wert dieser politischen Schrift ein in seinem Antifeminismus begründetes historisches Fehlurteil: „eine weitere Ausführung des in dem Aufsatz 'Über Frauenemanzipation' behandelten Themas" war von seinem patriarchalen Standpunkt aus gesehen überflüssig.
Noch aus einem andern Grunde ist das Nachwort bemerkenswert: es wird mitgeteilt, daß an die Stelle des bisherigen Mitarbeiters „bei der Übersetzung dieses Bandes Hr. Sigmund Freud getreten" ist. Der damals 23jährige Freud hatte unter anderen Texten auch den Aufsatz „Über Frauenemanzipation" übersetzt. Gedruckt wurde er, ohne daß statt Mills Name der von Harriet Taylor eingesetzt worden wäre, obwohl dem Herausgeber und Übersetzer bekannt sein mußte, daß Mill bei einem Wiederabdruck u.a. geschrieben hatte:

„... der folgende Essay ist der ihre in ganz besonderem Sinne; mein Anteil daran ist wenig mehr als der eines Herausgebers und Sekretärs. Ihre Autorschaft war zu jener Zeit bekannt und wurde ihr öffentlich zugeschrieben. Es ist jedoch angebracht festzuhalten, daß sie ihn niemals als vollständige Diskussion des behandelten Gegenstandes betrachtete... Die vorliegende Schrift wurde verfaßt, um eine Sache zu unterstützen, die ihr sehr am Herzen lag, und war, obwohl sie

[61] *J.S. Mills Gesammelte Werke,* Autorisierte Übersetzung unter Redaktion von Professor Dr. Theodor Gomperz, Zwölfter Band, Vermischte Schriften III, Leipzig 1880, Schlußwort

allein an die höchste Vernunft appellierte, für den gewöhnlichen Leser gedacht. Die Frage war, ihrer Meinung nach, in einem Stadium, in welchem keine andere Behandlung als die äußerst ruhig argumentierende nützlich sein konnte, während viele der stärksten Argumente notwendigerweise ausgelassen werden mußten, da sie für eine populäre Darstellung nicht geeignet waren. Hätte sie länger gelebt und all ihre Gedanken zu dieser großen Frage ausführen können, sie hätte etwas hervorgebracht, das den vorliegenden Essay an Tiefgründigkeit weit überträfe."[62]

Freud war also schon als junger Mensch mit den Gedanken Mills zur Frauenfrage bekannt geworden, und er hatte Gomperz, bei dem er zeitweise Altphilologie studierte, „die Bekanntschaft mit Mills Philosophie zu danken" (R.A. Kann). Es war ihm folglich bekannt, daß die „Frauenfrage" eine sozialrevolutionäre, politische Frage war und keine biologische und medizinische; aber borniert und arrogant amüsierte er sich sowohl über die theoretische Diskussion als auch über die Frauen selbst, wie es auch Gomperz tat, von dem sein Sohn berichtet:

„Gerne machte er sich über die Klage lustig, durch die lange Ausschließung der Frauen von gewissen Berufen seien ihre auf diese gerichteten Anlagen verkümmert oder doch unentwickelt geblieben..."[63]

Beide waren und blieben sich einig in der Auffassung, daß der einzige Lebenszweck der geistig von Natur aus minderwertigen Frauen das Gebären sei. Gomperz und Freud waren also die denkbar ungeeignetsten Verwalter der Taylor-Mill-Schriften.

Zum Glück für die deutsche Frauenbewegung der sechziger Jahre des 19. Jahrhunderts hatte eine Frau aus ihren Reihen, Jenny Hirsch, sofort die Initiative ergriffen, das Werk übersetzt und, noch im selben Jahr 1869, veröffentlicht. Zu diesem Zeitpunkt verkündete Heinrich von Treitschke, Professor der Geschichte, in seinen Berliner Vorlesungen wütenden

[62] *J.S. Mill, Dissertations and Discussions,* vol. II, London 1859, S. 411 f.

[63] Heinrich Gomperz, *Theodor Gomperz,* a.a.O., S. 200

Antifeminismus als „Wissenschaft" und wetterte „gegen die verrückte Emanzipationslehre" und die „Emanzipationsbestrebungen des weiblichen Geschlechts, die jetzt wieder überall so plump und anmaßend hervortreten" und vorgetragen werden „mit der Miene sozialpolitischer Weisheit; und gegen das Wort Sozialpolitik ist der Durchschnittsmensch von heute wehrlos".[64] Solchem „Radau-Antifeminismus" (Hedwig Dohm) setzte die Frauenbewegung die rationalen und humanen Argumente Mills entgegen.

1872 besorgte Jenny Hirsch die zweite Auflage der *Hörigkeit der Frau* und versah sie mit einer „Kurzen Übersicht über den gegenwärtigen Stand der Frauenfrage". Es vergingen fast zwanzig Jahre bis zur dritten Auflage dieser Übersetzung (1891), doch muß das Interesse groß gewesen sein, so daß noch eine zweite Übersetzung herauskam (von Ludwig Stöckmann, ebenfalls 1891 und bereits in der zweiten Auflage).[65] Seit dieser Zeit – also seit 85 Jahren – hat der Text keine Neuauflage mehr erlebt, auch nicht 1973 anläßlich des 100. Todestages von John Stuart Mill. In England wurde Mill anläßlich dieses Datums gewürdigt, gewürdigt auch wegen seiner Verdienste um die Frauenbewegung, und die Kooperation mit Harriet Taylor Mill wird nicht länger in Frage gestellt.[66] *The Subjection of Women* ist gleich in mehreren verschiedenen Ausgaben erhältlich. In Deutschland wurde in den letzten Jahren mehrfach der Versuch gemacht, einen Verleger für einen Neudruck des Buches zu interessieren – vergeblich. „... seine Seiten sind denjenigen unbekannt geworden, die sie am besten kennen sollten. Eine Neuausgabe ist ein glückliches Ereignis..."

[64] Zitiert nach Margrit Twellmann, *Die deutsche Frauenbewegung. Quellen,* Meisenheim am Glan 1972, S. 190

[65] Hans Sveistrup und Agnes von Zahn-Harnack (Hrsg.), *Die Frauenfrage in Deutschland. Strömungen und Gegenströmungen 1790–1930,* Burg b.M. 1934; hier sind außer den verschiedenen Ausgaben der *Hörigkeit der Frau* auch die anderen Schriften Mills angegeben, in denen er sich zur Frauenfrage äußert. Spätere Fortsetzungen der Bibliographie bis zum Jahre 1970 verzeichnen *Die Hörigkeit der Frau* nicht mehr.

[66] Richard Holmes, "John Stuart Mill", *The Times,* 28.7.1973

John Stuart Mill und Harriet Taylor
Frühe Essays über Ehe und Scheidung

Deutsch von Hans-Günter Holl

Der Essay von John Stuart Mill

Sie, der mein Leben gewidmet ist, hat mich gebeten, meine Ansichten zu dem Thema niederzuschreiben, das von allen Themen, die das Problem der menschlichen Einrichtungen betreffen, ihr Glück am meisten berührt. Soweit meine Darlegung ohne *ihre* Beratung und Entscheidung möglich ist, findet sie sich in diesen Seiten; aber auch sie hat sich bereit gefunden, für *mich* niederzuschreiben, was sie zu demselben Thema gedacht und empfunden hat, und *dort* werde ich vielleicht noch einmal dessen belehrt, was ich schon selbst herausgefunden habe, bestimmt aber von all dem unterrichtet, was mir entgangen ist. Bei der Erforschung der Wahrheit, wie auch bei allem sonst, „ist es nicht gut für den Menschen, wenn er allein ist". Und in der Beziehung zwischen Mann und Frau sollte gerade das Gesetz, das beide zu beachten haben, auch von beiden gemacht werden; und nicht, wie bisher, vom stärkeren Teil allein.

Wie leicht fiele es mir oder Dir, diese Frage nur für uns zu lösen. Ihre Schwierigkeiten – und Schwierigkeiten hat sie zweifellos – erschweren den Zugang zu allen großen Fragen, die für die Menschheit allgemein zu lösen sind, und daher nicht nur für Naturen, die einander ähneln, sondern für Naturen oder wenigstens Charaktere, die in alle Richtungen auf dem Kompaß der Moral versprengt sind. Alle öffentliche Moral ist, wie ich Dir einst sagte, ein Kompromiß zwischen widerstreitenden Naturen, von denen jede einen gewissen Teil von dem aufgibt, was ihre Bedürfnisse anstreben, um dem Unheil eines ewigen Kriegs mit all den anderen zu entgehen. Es muß also *die* öffentliche Moral die beste sein, die allgemeine Befriedung mit dem geringsten Glücksverzicht der höheren Naturen verbindet; sie sind die größten und wirklich einzig Leidtragenden unter dem Kompromiß; denn von ihnen wird verlangt, das aufzugeben, was sie allein glücklich machen könnte, während die anderen gewöhnlich nur die Bedürfnisse einschränken müssen, deren Befriedigung sie ohnehin nicht wirklich glücklich machen würde. Zudem zählen die höheren Naturen bei der Ausgestaltung des Kompromisses nur ihrer eigenen Anzahl nach – die verschwindend klein ist! – und nach der Anzahl derer, auf die sie Einfluß nehmen; und das, obwohl die Bedingungen des Kompromisses bei ihrer höheren Glücksfähigkeit und deren natürlicher Folge, ihrem feineren Sinn für Wunscherfüllung und Enttäuschung, schwerer auf ihnen lasten müssen, wenn ihnen der Grad an Glück, den sie als ihre Bestimmung kennen, durch widrige Umstände vorenthalten wird.

Mit den höheren Naturen meine ich die Charaktere, die durch Verbindung natürlicher und erworbener Begabungen die größte Fähigkeit besitzen, Glück zu empfinden und zu schenken. Sie schenken es auf zweierlei Art: als schön Anzuschauende und daher als natürliche Quellen von Bewunderung und Liebe; und darüber hinaus als durch ihre Geistes- und Herzensgaben geeignet und bestimmt, mit ihren Handlungen und allem, was ihrem Willen gehorcht, das größtmögliche Glück all derer zu beflügeln, die ihrem Einfluß unterliegen.

Wären alle Menschen wie sie oder zumindest von ihnen beeinflußt, so wäre die Moral ganz anders, als sie jetzt ist; oder es gäbe sie nicht einmal als Moral, da Moral und Neigung dasselbe wären. Wären alle wie Du, meine liebliche Freundin, es wäre wohl eitel, ihnen Regeln zu geben. Folgten sie ihren eigenen Impulsen, geleitet von eigenen Urteilen, so fänden sie mehr Glück und würden sich besser verstehen als durch alle Moralprinzipien und Maximen; denn diese können vorab unmöglich allen besonderen Umständen angemessen werden, die ein gründlicher und kräftiger Geist erdenkt, der von einem starken Willen beherrscht und von dem geleitet ist, was Carlyle „ein offenes und liebendes Herz“ nennt. Wo ein ursprünglicher und starker Wunsch besteht, das zu tun, was zum Glück aller gereicht, sind allgemeine Regeln nur Vorsichtsmaßnahmen bei der Wahl der

Mittel und nicht bleibende Verpflichtungen. Wenn nur die Wünsche richtig sind, die „Phantasie edel und lauter", und wenn man allen falschen Schein verachtet, dann ist „dem Reinen alles rein".

Es ist nicht schwer, die moralischen Auswirkungen unserer Frage auf solche Charaktere zu übertragen. Natürlich sind die höchsten Naturen leidenschaftliche Naturen. Für sie ist die Ehe nichts als ein fortgesetzter Akt der Selbstaufopferung, der kein starkes Gefühl zuläßt. Daher ist jede Bindung, die sie daran hindert, frei zu leben und sich mit einem Menschen zu vereinigen, den sie grenzenlos lieben können, ein Joch, in das man sie nicht ohne Unterdrückung einspannt; und bei einem solchen Menschen würden sie es, wenn sie ihn gefunden haben, verachten, sich, abgesehen von der natürlichen Vergötterung, auf andere Weise zu binden als durch freie und selbstgetroffene Wahl. Wenn diese Naturen auch sonst gesund entwickelt sind, werden sie alle anderen guten und wertvollen Gefühle haben, stark genug, sie davor zu bewahren, ihr Glück auf Kosten größerer Leiden anderer zu genießen; darin liegt die Grenze der Nachsicht, die sich die Moral in solchen Fällen auferlegen sollte.

Wird aber die Moral, die den höheren Naturen entspricht, auch für alle niedrigeren die beste sein? Nach meiner Überzeugung wird sie es sein, aber das kann nur auf einem glücklichen Zufall beruhen. Alle Schwierigkeiten einer jeden Moral erwachsen aus dem Widerstreit, der immer wieder neu entsteht zwischen der höchsten Moral und noch der besten öffentlichen Moral, die der Entwicklungsstand der allgemein menschlichen Natur zuläßt.

Wären alle oder nur die meisten Menschen in der Wahl eines Begleiters des anderen Geschlechts von wirklichem Streben nach dem Glück – oder im Sinne des Glücks – geleitet, das eine solche Verbindung in ihrer höchsten Form den besten Naturen geben kann, so hätte nie ein Grund bestanden, warum Gesetz oder Meinung der uneingeschränkten Freiheit der Bindung und Trennung Schranken hätten auferlegen sollen; auch ist nicht anzunehmen, daß die öffentliche Moral in einem zivilisierten oder hochentwickelten Volk diese Freiheit jemals eingeschränkt hätte. Wie ich Dir aber einst sagte, ist das geltende Ehegesetz von Sensualisten gemacht worden, für Sensualisten und um Sensualisten zu binden. Ziel und Zweck dieses Gesetzes ist entweder, die Sinne, und damit auch die Seele, zu binden, oder nur die Sinne zu binden, weil man an die Seele gar nicht denkt. Solche Ziele hätten niemals ins Bewußtsein derer gelangen können, denen die Natur eine Seele gegeben hat, die höheren Glücks fähig ist; noch hätte dieses Gesetz jemals unter anderen Menschen gelten können als denen, deren Natur es in gewisser Weise angemessen ist und für die es daher geeigneter sein muß, als die zunächst vermuten können, deren Naturen im Grunde verschieden sind.

Es kann, wie ich meine, keinen Zweifel daran geben, daß die Unlösbarkeit der Ehe während langer Zeit mächtigen Einfluß auf die Verbesserung der gesellschaftlichen Stellung der Frau hatte. Dann aber führte sie fast allerorten zu einem Zustand, in dem die Möglichkeit, die Ehe zu mißachten, nur für den einen Teil bestand: der Stärkere konnte den Schwächeren fallen lassen, aber der Schwächere konnte dem Stärkeren nicht entfliehen. Für eine leidenschaftliche Frau hat der Unterschied zwischen dem damaligen Zustand und dem heutigen kaum einen Wert, denn ihr wäre es lieber, verstoßen zu werden, als nur deshalb geduldet zu sein, weil man sich ihrer nicht entledigen konnte. Die meisten Frauen streben aber nicht so hoch; sie würden lieber an einer Bindung festhalten, die sie schon immer mit einem Mann hatten, dem sie keinen anderen vorziehen und für den sie nur das niedrige Gefühl empfinden, das die Gewohnheit der Intimität häufig aufkommen läßt. Wenn wir nun annehmen, was von der größeren Zahl der Männer anzunehmen ist, daß sie von Frauen nur sinnlich oder bestenfalls durch vergänglichen Reiz angezogen sind, so ist nicht zu leugnen, daß das unwiderrufliche Treueversprechen den Frauen hier einen dauernden Anspruch auf einen Mann gegeben hat, der sie sonst hinausgeworfen hätte, sobald der flüchtige Genuß vergangen wäre. Etwas oder vieles von einer Interessengemeinschaft hat sich nur aufgrund der Tatsache herausgebildet, daß man unlösbar verbunden ist: der Ehemann hatte ein Interesse an der Frau als *seiner* Frau, wo nicht aus besseren Gefühlen. Es wurde für sein Ansehen wesentlich, daß auch seine Frau Ansehen genoß; und gewöhnlich konnte es die bloße Tatsache des Zusammenlebens, nachdem der erste, durch Überdruß ausgelöste Gefühlsumschwung verklungen war, nicht verfehlen, ein Gefühl der Achtung und Verbundenheit entstehen zu lassen, wenn nur die Frau etwas Liebenswertes hatte und der Mann nicht ganz gefühllos war. Sie bekam auch, was oft weit wichtiger noch ist, die Gewißheit, nicht von den Kindern getrennt zu werden.

Wenn das aber alles ist, was das Leben der Frau zu bieten hat, dann ist es herzlich wenig; und jede Frau, die sich zu großem Glück berufen fühlt und deren Wünsche nicht künstlich unterdrückt sind, wird nach Höherem streben und nichts verlangen, als davon befreit zu werden. Aber Frauen sind, wie ich schon erwähnte, im allgemeinen leichter zufriedenzustellen; und das ist, wie ich glaube, der Grund für ihre allgemeine Abneigung gegen die Idee, die Scheidung zu erleichtern. Sie glauben gewöhnlich, daß ihre Macht über die Männer vorwiegend auf deren Sinnlichkeit beruht und daß diese ihre Sinnlichkeit anderswo befriedigen würden, wenn sie nicht mehr durch Gesetz und Meinung eingeschränkt wären. Sie selbst suchen in der Ehe meistens Geborgenheit und die Stellung oder den Stand einer verheirateten Frau und zusätzlich, je nachdem, einen glänzenden Haushalt etc. etc. Wenn das erreicht ist, gibt ihnen die Unlösbarkeit der Ehe die Sicherheit, bleiben zu können. Und die meisten Frauen haben – entweder weil sie daraus alles Glück beziehen, dessen sie fähig sind, oder wegen der künstlichen Sperren, die all ihre spontanen Regungen, nach größerem Glück zu streben, einschränken – im allgemeinen zuviel Angst, das Gut, das sie besitzen, zu gefährden, als daß sie es wagen würden, sich auf die Suche nach einem größeren zu machen. Sie meinen, daß sie die ihnen einmal eingeräumte Stellung nicht behalten könnten, wenn die Ehe auflösbar wäre; übrigens nicht ohne die Aufmerksamkeit der Männer mit Mitteln auf sich zu ziehen, die für jede einfache Frau höchst widerwärtig sind, mit denen aber eine gewitzte Hausfrau manchmal ihre überlegene Stellung erringt und beibehält.

Diese Erwägungen bedeuten einem leidenschaftlichen Charakter nichts; aber sie haben einen Reiz für die Charaktere, von denen sie ausgehen – oder ist es nicht so? Die einzige Schlußfolgerung jedoch, die aus ihnen gezogen werden kann, ist eine, für die es weitreichende Gründe gäbe, selbst wenn das geltende Ehegesetz vollkommen wäre. Diese Schlußfolgerung lautet, daß ein Zustand der Gesellschaft und der Meinung, in dem die gesellschaftliche Stellung der Frau ganz davon abhängt, ob sie verheiratet ist oder nicht, nur absurd und amoralisch sein kann. Denn es ist gewiß in jeder Hinsicht und nach jeder moralischen Auffassung, selbst der gewöhnlichen, falsch, wenn es Motive für die Ehe gibt, die nicht in dem Glück liegen, das zwei sich liebende Menschen empfinden, indem sie ihre Leben verbinden.

Das Mittel, mit dem die Lebensbedingungen verheirateter Frauen künstlich erstrebenswert gemacht werden, ist nicht etwa eine rechtliche Privilegierung, denn in dieser Hinsicht haben vor allem die unverheirateten Frauen mit Vermögen einen Vorteil: es sind gerade die verheirateten Frauen, denen die bürgerlichen Rechte am weitgehendsten versagt werden. Nicht das Gesetz, sondern Erziehung und Sitte machen den Unterschied aus. Die Frauen werden so erzogen, daß sie ohne einen Mann, der sie ernährt, nicht einmal physisch überleben können; sie werden so erzogen, daß sie ohne einen Mann, auf dessen Schutz sie einen besonderen Anspruch haben, nicht in der Lage sind, sich gegen Kränkung und Entehrung zur Wehr zu setzen. Sie werden so erzogen, daß sie keine besondere Berufung oder Aufgabe in der Welt sehen, solange sie allein sind. Alle Frauen, die man darauf hin erzieht, verheiratet zu *werden* – und wie wenig lehrt man sie, was wirklich nützlich ist –, haben nur im Blickfeld, was bei normalem Verlauf der Dinge nutzlos ist, solange sie nicht verheiratet sind. Eine unverheiratete Frau wird daher von sich selbst wie auch von anderen als eine Art Auswuchs an der Oberfläche der Gesellschaft empfunden, der dort weder Nutzen noch Funktion oder Aufgabe hat. Sie ist zwar nicht wirklich von nützlichen oder ehrbaren Aufgaben ausgeschlossen, aber bei einer verheirateten Frau *geht man*, solange nicht das Gegenteil bewiesen ist, *davon aus*, daß sie ein nützliches Glied der Gesellschaft ist. Eine unverheiratete Frau jedoch muß etwas durchsetzen, das nur wenigen Männern oder Frauen je gelingt: einen *individuellen* Anspruch.

All das erwächst, obwohl es unter der Herrschaft des geltenden Ehegesetzes nicht im geringsten wirklich absurd oder amoralisch ist, offensichtlich aus diesem Gesetz und fügt sich in den allgemeinen Zustand der Gesellschaft ein, von der es einen Teil bildet. Dieser Zustand könnte nicht fortdauern, wenn das Gesetz geändert würde und die Ehe entweder kein Vertrag mehr wäre oder ein leicht zu lösender: die Unlösbarkeit der Ehe ist die wichtigste Stütze des gegenwärtigen Schicksals der Frau, und das Ganze bricht zusammen und muß neu aufgebaut werden, wenn diese Stütze beseitigt wird.

Auch kann die Frage der Ehe in Wahrheit für sich genommen nicht sinnvoll betrachtet werden. Die Frage ist nämlich nicht, was die Ehe sein sollte, sondern, viel weitgehender, was die Frau sein sollte. Löst man diese, so wird sich die andere von selbst beantworten. Man bestimme, ob die Ehe eine Beziehung zwischen zwei gleichen Wesen sein soll oder zwischen einem Über- und einem Untergeordneten, einem Beschützer und einem Abhängigen; und alle Zweifel werden sich von selbst zerstreuen.

Aber in dieser Frage liegt bestimmt keine Schwierigkeit. Es gibt keine natürliche Ungleichheit der Geschlechter, außer vielleicht an körperlicher Stärke; und selbst das unterliegt dem Zweifel. Wenn körperliche Stärke der Maßstab der Überlegenheit sein soll, dann sind die Menschen nicht besser als Wilde. Jede Stufe im Fortschritt der Zivilisation hat zu einer Verringerung der Achtung gegenüber körperlicher Stärke geführt; bis zu unserer Zeit, in der diese Qualität kaum noch andere Vorteile hat als die natürlichen: der starke Mensch hat nur geringe oder keine Macht, seine Stärke als ein Mittel zu gebrauchen, das ihm gegenüber dem Schwächeren irgendwelche weiteren Vorteile einbringt. Jede Stufe im Fortschritt der Zivilisation ist also auch durch eine stärkere Annäherung an die Gleichheit der Geschlechter gekennzeichnet; und wenn wir noch immer weit von der Gleichheit entfernt sind, dann liegt das Hindernis jetzt nicht mehr in der unterschiedlichen physischen Stärke, sondern in künstlichen Empfindungen und Vorurteilen.

Wenn die Natur Mann und Frau nicht ungleich gemacht hat, so sollte es das Gesetz erst recht nicht tun. Es kann nämlich als eine der Voraussetzungen angesehen werden, die durch den lächerlichen Versuch, sie zu beweisen, nur schwächer werden: daß Männer und Frauen vollkommen ebenbürtig sein sollten; daß eine Frau nicht mehr von einem Mann abhängig sein sollte als ein Mann von einer Frau, außer wenn sie durch ihre Gefühle abhängig wird, durch freiwillige Hingabe, die sich in jedem Augenblick durch freie und spontane Wahl erneuert und erneuert wird.

Aber die vollständige Unabhängigkeit in allem, außer der Liebe, kann nicht gelingen, solange es wirtschaftliche Abhängigkeit gibt; eine Abhängigkeit, die in der Großzahl der Fälle bestehen muß, wenn sich die Frau nicht, genauso wie der Mann, selbst ernähren kann.

Der erste und unausweichliche Schritt zur Befreiung der Frau liegt also darin, sie so zu erziehen, daß sie unabhängig von ihrem Vater oder ihrem Ehemann überleben kann. Unabhängig von einer Stellung also, in der sie in neun von zehn Fällen entweder zum Spielzeug oder zum Sklaven des Mannes wird, der sie ernährt, und im zehnten Fall nur zu seiner demütigen Freundin. Man sage nur nicht, daß sie ja einen entsprechenden und ausgleichenden Vorteil durch die Tatsache erlangt, nicht arbeiten zu müssen. Männer finden es verächtlich und sklavisch an ihresgleichen, Nahrung als Lohn für Abhängigkeit hinzunehmen; und warum meinen sie das nicht auch bezüglich der Frauen? Einzig weil sie nicht wünschen, daß diese ihnen gleichgestellt sind. Wo starke Liebe herrscht, ist Abhängigkeit der einzige Lohn; aber es muß freiwillige Abhängigkeit sein, und je freiwilliger sie ist, je ausschließlicher jeder alles der Liebe des anderen und sonst nichts verdankt, desto größer ist das Glück. Wo aber keine Liebe herrscht, offenbart die Frau, die sich dem Lebensunterhalt zuliebe in Abhängigkeit begibt, eine ebenso niedrige Gesinnung wie der Mann in dem entsprechenden Fall; oder sie würde eine solche Gesinnung offenbaren, wäre diese Quelle nicht allzuoft die einzige, die ihr die Erziehung geöffnet hat, und hätte die Erziehung sie nicht auch gelehrt, das Wesen der Prostitution, den Akt der Selbstaufgabe für Brot, nicht als Erniedrigung anzusehen.

Daraus, daß eine Frau fähig sein sollte, sich selbst zu ernähren, folgt sicher nicht, daß sie es auch wirklich tun sollte; bei natürlichem Verlauf der Dinge wird sie es nicht tun. Einmal ist es nicht wünschenswert, den Arbeitsmarkt mit der doppelten Zahl von Konkurrenten zu belasten. Zudem wäre der Ehemann bei einem gesunden Zustand der Dinge fähig, aus eigener Kraft alles zu verdienen, was für beide nötig ist; und dann wäre es überflüssig, wenn die Frau mithelfen würde, das zum Leben Notwendige zu beschaffen. Es wird zum Glück beider gereichen, wenn ihre Aufgabe vielmehr darin liegt, dem Leben Glanz und Schönheit zu verleihen. Außer bei der Klasse wirklicher Tagelöhner wird das ihre natürliche Aufgabe sein – wenn man wirklich eine Aufgabe nennen kann, was in so großem Maße eher durch *Sein* als durch *Tun* zu besorgen ist.

Wir alle kennen die herkömmliche Ansicht, wonach die eigentliche Beschäftigung der Frau in der Haushaltsführung und Kindererziehung liegt. Was die Haushaltsführung angeht, so ist sie keine Arbeit, wenn damit nur gemeint ist zu überwachen, ob die Diener ihre Pflicht tun. Jede Frau, die das überhaupt kann, braucht dafür nicht mehr als eine halbe Stunde täglich. Es ist nicht wie bei der Pflicht eines Bürovorstehers, dem die Untergebenen ihre erledigten Arbeiten zur Kontrolle vorlegen: die Fehler bei der Erfüllung der häuslichen Pflichten bieten sich *von selbst* der Kontrolle dar. Geschicklichkeit bei der Überwachung besteht darin zu wissen, wie man einen Fehler bemerkt, wenn er entsteht, und vernünftigen Rat und Anweisung zu geben, wie er zu vermeiden ist; und sie beruht vielmehr darauf, zunächst ein gutes System auszuarbeiten, als sich fortwährend in eifriger Wachsamkeit zu üben. Wenn man aber meint, daß die Hausherrin einer Familie selbst die Arbeit der Diener tun soll, so ist das gut und wird natürlich in der Schicht, in der nicht die Mittel für die Einstellung von Dienern vorhanden sind, auch so gehandhabt – sonst aber nirgendwo.

Sodann die Kindererziehung; wenn man darunter die Ausbildung in einzelnen Künsten und Wissensgebieten versteht, ist es widersinnig, das den Müttern aufzutragen, und zwar in zweierlei Hinsicht: es ist widersinnig, eine Hälfte der erwachsenen Menschheit, jeden in seinem winzigen Bereich, verrichten zu lassen, was eine viel kleinere Zahl von Lehrern, die sich ausschließlich damit befassen, für alle besorgen würde; und es ist widersinnig, die Mütter mit dem zu beschäftigen, wofür einige Personen geeigneter sein müssen als andere und wofür eine normale Mutter unmöglich so geeignet sein kann wie die Personen, die für diesen Beruf ausgebildet sind. Auch hier ist die Mutter nur dann die natürliche Lehrerin, wenn die Mittel fehlen, einen Lehrer einzustellen. Aber für diesen Fall muß keine besondere Vorkehrung getroffen werden: ob sie tatsächlich unterrichten muß oder nicht, es wäre jedenfalls gut, wenn sie es könnte; denn Wissen ist an sich selbst erstrebenswert, wegen seines Nutzens, des Vergnügens, das es bereitet, und wegen seines verschönernden Einflusses, solange es nicht so übertrieben gepflegt wird, daß andere Gaben vernachlässigt werden müssen. Was sie weiß, wird sie dann auch an die Kinder weitergeben können, aber dieses Lehren zu ihren Aufgaben zu erheben, ist widersinnig, ob sie sich nun besser selbst beschäftigen kann oder nicht.

Die Erziehung aber, die wirklich den Müttern obliegt und die nur selten ganz gelingt, wenn man sie nicht von ihnen erfährt, ist die Ausbildung der Gefühle; und über die Gefühle die Ausbildung des Bewußtseins und des ganzen moralischen Seins. Aber dieser wertvollste und unerläßlichste Teil der Erziehung nimmt keine Zeit in Anspruch; er ist keine Beschäftigung, keine Aufgabe, und eine Mutter füllt ihn nicht aus, wenn sie sich mit ihrem Kind für ein, zwei oder drei Stunden zu einer Arbeit niederläßt. Sie besorgt ihn dadurch, daß sie mit dem Kind zusammen ist, es glücklich macht und daher mit allem versöhnt; dadurch, daß sie schlechte Gewohnheiten von Anfang an unterdrückt, das Kind liebt und es von ihr lernt, sie zu lieben. Nicht durch besondere Maßnahmen, sondern unmerklich und unbewußt läßt sie ihren Charakter in das Kind übergehen; sie läßt das Kind lernen zu lieben, was sie liebt, zu bewundern, was sie bewundert, und ihrem Beispiel zu folgen, soweit es dem Kind möglich ist. Diese Dinge können ihr nicht von einem bezahlten Lehrer abgenommen werden; sie sind besser und bedeutender als alles andere. Aber Müttern aufzutragen, was bezahlte Lehrer tun können, ist reine Verschwendung des herrlichen Daseins einer Frau, die der höchsten Bestimmung einer Frau würdig ist. Hinsichtlich dieser Dinge ist ihre Aufgabe nur, darauf zu achten, daß sie richtig getan werden, nicht aber, sie selbst zu tun.

Es sollte die große Aufgabe der Frau sein, das Leben schön zu machen: ihr selbst und denen zuliebe, die sie umgeben, alle geistigen, seelischen und körperlichen Gaben zu pflegen, auch all ihre Fähigkeiten zu genießen und Genuß zu schenken; und überall Schönheit, Eleganz und Anmut zu verbreiten. Wenn die Tatkraft ihrer Natur darüber hinaus noch eine nachdrücklichere und entschiedenere Beschäftigung verlangt, so ist daran in der Welt kein Mangel: Liebt sie, so wird es ihr natürlicher Drang sein, ihr Leben mit dem zu teilen, den sie liebt, und an seinen Aufgaben teilzuhaben; an denen sie, wenn er sie liebt (mit dem Gefühl der Gleichheit, das allein Liebe genannt zu werden verdient), natürlich ein ebenso starkes Interesse haben wird und in die sie so gründlich eingeweiht sein wird, wie es sein vollkommenstes Vertrauen zuläßt.

Dies werden naturgemäß die Aufgaben einer Frau sein, die vollbracht hat, was man wohl als das Ziel ihres Daseins ansehen muß, und erreicht, was wirklich sein glücklichster Zustand ist, indem sie sich mit einem Mann verbunden hat, den sie liebt. Aber Frauen werden nie, ob sie in einer solchen Verbindung leben oder nicht, das sein, was sie sein sollten, noch wird ihre gesellschaftliche Stellung sein, wie sie sollte, solange ihnen nicht im gleichen Maße wie den Männern die Möglichkeit gegeben ist, ihren Lebensunterhalt selbst zu bestreiten; bis also die Eltern eines jeden Mädchens sie entweder mit unabhängigen Unterhaltsmitteln ausstatten oder ihr eine Ausbildung mitgeben, die es ihr erlaubt, sich diese Mittel selbst zu verdienen. Der einzige Unterschied zwischen den Berufen der Frauen und der Männer wird darin bestehen, daß die Berufe, die im höchsten Maß am Schönen teilhaben und eher Feinheit und Geschmack als Muskelstärke verlangen, natürlich den Frauen zufallen werden: das sind insbesondere alle Zweige der schönen Künste.

Erwägt man nun, welches das beste Ehegesetz wäre, so hat man davon auszugehen, daß die Frauen schon sind, was sie in der bestmöglichen Gesellschaft sein könnten; nämlich nicht weniger fähig, unabhängig und achtbar ohne Mann zu leben, als die Männer ohne Frau. Die Ehe wäre, worauf man sie auch immer stützen mag, allein eine Sache der Wahl und nicht, wie gegenwärtig für die Frauen, eher eine Frage der Notwendigkeit; oder zumindest etwas, das eine Frau unter sehr künstlichen Motiven anstreben muß

und das, wenn sie es nicht erreicht, ihr Leben als gescheitert erscheinen läßt.
Wenn man von diesen Annahmen ausgeht und wenn es für die Frau kein Vorteil mehr ist, verheiratet zu sein, nur um verheiratet zu sein: warum sollte sich dann irgendeine Frau an die Unlösbarkeit der Ehe klammern, als könnte es zum Wohle einer Partei gereichen, die Ehe fortzusetzen, wenn die andere Partei wünscht, daß sie gelöst wird?
Niemand leugnet, daß es zahlreiche Fälle gibt, in denen eine Auflösung der Ehe das Glück beider Parteien sehr fördern würde. Wir wollen hinzufügen, daß, sobald die gesellschaftliche Stellung der Geschlechter ganz gleichberechtigt sein wird, eine Scheidung, die eine Partei glücklich machen würde, dem Glück beider diente. Nur ein Sensualist könnte es wünschen, eine bloß körperliche Beziehung zu einer Person aufrechtzuerhalten, von der er nicht sicher weiß, ob sie ihn allen anderen Menschen auf der Welt vorzieht. Diese Gewißheit kann aber unter dem jetzt geltenden Ehegesetz nie ganz vollkommen sein; sie wäre jedoch fast absolut, wenn die Bindung nur freiwillig bestünde.
Es gibt unzählige Fälle, und es ist vergeblich zu hoffen, daß es sie nicht immer geben wird, in denen die erste Bindung, die man eingeht, so beschaffen ist, daß die Auflösung, wenn sie möglich wäre, auch zustande käme und zustande kommen sollte: Man hat schon vor langer Zeit bemerkt, daß es unter den ernsteren Lebenshandlungen des Menschen keine gibt, die gewöhnlich mit so geringer Vorsicht und Überlegung vorgenommen werden wie die unwiderruflichen, die bei schlechtem Ausgang mehr Übel enthalten als jede andere Entscheidung des ganzen Lebens; und das ist gar nicht so verwunderlich, wie es scheint: Solange der Vertrag nicht gelöst werden kann, ist es schon unvorsichtig, überhaupt zu heiraten. Wer dennoch heiratet, zeigt durch ängstliche und sorgfältige Überlegung vorderhand nur geringe Klugheit; die Ehe ist wirklich, wie man sie zuweilen nennt, ein Glücksspiel, und wer immer sich in einem Geisteszustand befindet, in dem er die Chancen ruhig abwägen und richtig ein-

schätzen kann, ist keineswegs bereit, ein Los zu kaufen. Diejenigen, die heiraten, nachdem ihnen die Angelegenheit viel Kopfzerbrechen bereitet hat, kaufen ihre Enttäuschung im allgemeinen nur teurer ein. Denn Ehen können scheitern, wie jeder erste Versuch: die Parteien sind unerfahren und haben noch kein sicheres Urteil. Es scheint auch nicht, als könne man diesem Mißstand abhelfen. Eine Frau darf sich in einem Alter fürs Leben weggeben, in dem es ihr noch nicht einmal erlaubt ist, über das geringste Grundvermögen zu verfügen – was dann? Wenn die Menschen nicht heiraten sollen, bevor sie vorsichtig geworden sind, dürfen sie wohl selten vor dreißig heiraten; kann man das abwarten, oder muß man es fordern? Um das unreife Urteil zu lenken, gibt es Eltern und Beschützer, eine wertvolle Sicherheit! Wenn es aber noch etwas Schlimmeres für ein junges Mädchen gibt, als sich selbst zuliebe zu heiraten, so ist es, einem anderen zuliebe zu heiraten. Wie paradox es auch immer in den Ohren derer klingen mag, die den Ruf haben, weise geworden zu sein, wie der Wein gut wird, nämlich durch Aufbewahrung: es ist dennoch wahr, daß ein Durchschnittsmensch A besser weiß, was ihn glücklich macht, als ein Durchschnittsmensch B wissen kann, was A glücklich machen wird. Wie die Welt nun einmal beschaffen ist, urteilen Väter und Mütter nicht besser als Söhne und Töchter – sie urteilen nur anders. Und wenn die Urteile beider von der gewöhnlichen Stärke – oder besser: Schwäche – sind, hat das eigene Ich eines Menschen den Vorteil einer weit größeren Zahl von Informationen, aufgrund deren es urteilen kann, und außerdem den eines größeren Eigeninteresses. Dummköpfe werden sagen, daß es ein Nachteil ist, an einem anderen Menschen interessiert zu sein; es befremdet, daß sie zweierlei nicht zu unterscheiden vermögen: an einem Rechtsgegenstand interessiert zu sein, wie eine Partei vor dem Richter, d.h. daran interessiert, in einer Richtung zu entscheiden, richtig oder falsch – oder wie eine Person an der Verwaltung ihres Eigentums, die nur daran interessiert ist, richtig zu entscheiden.

Die Parteien selbst sind ausschließlich daran interessiert zu tun, was für ihr Glück das beste ist; ihre Verwandten aber können alle möglichen selbstsüchtigen Interessen haben, die sie verfolgen, indem sie zum Heiraten raten oder davor warnen.

Die erste Wahl wird demnach unter sehr komplizierten Nachteilen getroffen. Durch die Tatsache, daß sie die erste ist, müssen die Parteien gerade in dieser Angelegenheit unerfahren sein. Sie sind meistens jung (besonders die Partei, die am stärksten von einem Fehler bedroht ist) und haben im allgemeinen weder Menschenkenntnis, noch kennen sie sich selbst, und schließlich hatten sie nie die Gelegenheit, sich wirklich kennenzulernen, da sie in neun von zehn Fällen noch nie ganz zwanglos oder ohne bewußt oder unbewußt eine Rolle zu spielen, zusammen sein konnten.

Die Chancen stehen daher viele zu eins gegen die Annahme, daß eine Person, die nach großem Glück strebt oder zu großem Glück fähig ist, dieses Glück in der ersten Wahl finden wird; und in der Großzahl der Fälle kann diese erste Wahl nicht rückgängig gemacht werden und verbittert daher nur das Leben. Es sprechen also alle Gründe dafür, eine spätere Änderung zuzulassen.

Was, ohne allen Aberglauben, für die Unlösbarkeit der Ehe vorzubringen ist, erschöpft sich darin, daß es höchst wünschenswert wäre, wenn Änderungen nicht so häufig vorkämen, und wünschenswert, wenn die erste Wahl, zwar nicht zwangsläufig, aber im allgemeinen doch Bestand hätte; daß wir uns also in dem Maße davor hüten sollten, die Rücknahme einer schlechten Wahl zu erleichtern, wie wir damit, stärker als gegenwärtig, dazu ermutigen würden, eine solche Wahl zu treffen, weil sie ja vermutlich zurückgenommen werden kann.

Es ist angebracht, die Argumente, die für diese Ansicht sprechen, so stark wie möglich hervorzuheben.

Wiederholte Versuche, glücklich zu werden, und wiederkehrende Fehlschläge üben auf alle Geister einen schädlichen Einfluß aus. Die zarteren Seelen werden gebrochen und ekeln sich an allem; ihre Empfindsamkeit wird abgetötet oder in eine Quelle der Verbitterung umgewandelt, und sie büßen die Fähigkeit ein, jemals zufrieden zu werden. Die Auswirkungen auf die gemeineren Naturen sind nicht weniger beklagenswert. Nicht nur ihre Glücksfähigkeit erschöpft sich, sie werden auch der Moral beraubt; alle Feinheit und Zartheit ihres Charakters wird erstickt; aller Sinn für die besonderen Pflichten und das besonders Heilige, die der Beziehung zwischen den Geschlechtern zukommen, wird ihnen genommen; und solche Verbindungen werden bald mit genau denselben Gefühlen betrachtet, die jetzt mit einer vergänglichen Liebschaft verbunden sind.

Soweit, was die Parteien selbst angeht; aber neben den Parteien muß man auch an ihre Kinder denken: Wesen, die in ihrem Glück und Wohlergehen ganz von den Eltern abhängen; und die, außer in extremen Fällen wirklicher Schändlichkeit oder dauernder Streitigkeiten und Diskussionen, immer unter beiden Aspekten besser versorgt sein *müssen,* wenn die Eltern zusammen bleiben.

Diese letzte Erwägung ist von sehr großer Bedeutung; und ich bin überzeugt, daß zwei vernünftige Personen verschiedenen Geschlechts, die ihre Geschicke vereinigen, es im allgemeinen, auch wenn die Ehe leicht lösbar wäre, für ihre Pflicht halten würden, keine Kinder zu bekommen, bis sie eine gewisse Zeit zusammen gelebt und aneinander ein Glück gefunden haben werden, das ihrem Verlangen angemessen ist. Würde dieses Moralprinzip befolgt, so lösten sich viele der hier betrachteten Schwierigkeiten von selbst auf. Gemeinsam die Eltern eines menschlichen Wesens zu sein, sollte das allerletzte Gelöbnis der tiefsten, heiligsten und erstrebenswertesten Liebe sein; denn das ist eine Bindung, die, abgesehen von aller Konvention, wirklich unlösbar ist: eine zusätzliche, äußere Bindung, die höchst wertvoll ist, wo die Seelen schon unlösbar verbunden sind, aber ganz einfach lästig, wenn es beiden als möglich erscheint, sich jemals wieder trennen zu wollen.

Man kann jedoch kaum erwarten, daß eine solche Entwicklung von anderen befolgt wird als denen, die größte Erhabenheit und Feinheit des Gefühls mit der Kraft bewußtester Reflexion verbinden. Wo die Gefühle stumpf sind, kann die Stärke dieser Erwägung nicht empfunden werden; und wenn das Urteil aufgrund eines inneren Mangels oder wegen Unerfahrenheit schwach oder übereilt ist, werden die Menschen ihr ganzes Leben lang glauben, in ein vollkommenes Wesen verliebt zu sein, auch wenn die Sache ganz anders liegt. Sie werden annehmen, daß sie nichts riskieren, wenn sie eine neue Beziehung zu dem Wesen herstellen, aus der sie nicht mehr heraus können. Wenn also Umstände eintreten, die die Eltern veranlassen, sich zu trennen, werden gewöhnlich Kinder da sein, die unter dieser Trennung zu leiden haben; und ich sehe auch nicht, wie diese Schwierigkeit vollkommen überwunden werden kann, solange die gesellschaftlichen Gewohnheiten nicht eine geregelte Lebensgemeinschaft intim bekannter Personen zulassen, die die Notwendigkeit einer vollständigen Trennung der Eltern verhindern würde, auch wenn diese nur noch durch gegenseitiges Wohlwollen und das gemeinsame Interesse an ihren Kindern verbunden wären.

Es gibt noch ein weiteres Argument, das gegen die Erleichterung der Scheidung eingewandt werden kann, und zwar das folgende: Die meisten Menschen verfügen nur über eine sehr bescheidene Glücksfähigkeit, aber das merkt niemand ohne, selten jemand mit Erfahrung; und sie bringen diese innere Unzufriedenheit fortwährend mit äußeren Dingen in Verbindung. Sie erwarten daher von der Ehe mehr Glück, als sie gewöhnlich erleben. Indem sie nun nicht wissen, daß der Fehler in ihrer eigenen kümmerlichen Glücksfähigkeit liegt, stellen sie sich vor, sie hätten mit einem anderen Menschen glücklicher werden können; so lasten sie ihre Enttäuschung bei allen möglichen Gelegenheiten dem Wesen an, in das sie so viele Hoffnungen gesetzt hatten, lieben sich eine Zeitlang nicht und würden sich während dieser Zeit gerne trennen. Wenn sie aber zusammen bleiben, verschwindet das Gefühl der Enttäuschung nach einer gewissen Zeit, und dann verbringen sie ihr Leben gemeinsam genauso glücklich, wie sie allein oder in einer anderen Verbindung gewesen wären, ohne wiederholt unter mißglückten Versuchen gelitten zu haben.

Das sind die Argumente dafür, der Unlösbarkeit des Vertrags zuzustimmen; und hinsichtlich der Charaktere, die den größten Teil der menschlichen Art bilden, kann man nicht leugnen, daß diesen Argumenten ein beträchtliches Gewicht zukommt.

Dieses Gewicht ist jedoch nicht so groß, wie es jetzt den Anschein haben mag. In allen vorausgegangenen Argumenten wird stillschweigend angenommen, daß man sich zwischen einem absoluten Verbot der Scheidung und einem Zustand zu entscheiden habe, in dem sich die Parteien aufgrund des sehr vergänglichen Gefühls der Unzufriedenheit trennen würden. Nun ist das nicht wirklich die Alternative. Wäre die Scheidung noch so frei, man würde sich ihrer in demselben Sinn moralischer Verantwortung und unter denselben Beschränkungen der Meinung bedienen wie jeder anderen Maßnahme unseres Lebens. In jedem gesellschaftlichen Zustand, außer in einem, in dem die Meinungen den fast promiskuösen Verkehr befürworten (und in dem daher selbst die unlösbare Bindung praktisch nicht beachtet wird), wäre es unehrenhaft für beide Parteien, besonders aber die Frauen, oft und leichtfertig zu wechseln. Meiner Überzeugung nach wäre die erste Wahl in einem erträglichen gesellschaftlichen Zustand fast immer verbindlich, insbesondere wenn Kinder aus ihr hervorgegangen sind, ausgenommen in einem Fall der Fehlentscheidung, der es für beide Teile positiv unmöglich macht, zusammen zu bleiben, oder wenn eine der Parteien eine große Leidenschaft für eine dritte Person empfindet. In diesen Fällen kann mich kein Argument davon überzeugen, daß die erste Bindung jedenfalls aufrechterhalten werden muß.

Ich sehe nicht, warum die Meinung in dieser Frage nicht mit gleich großer Wirksamkeit die wahren moralischen Regeln zur Geltung bringen sollte wie die falschen. Robert Owens

Definitionen von Keuschheit und Prostitution sind genauso einfach und lassen sich genauso gut merken wie die gewöhnlichen, die die Ideen von Tugend und Laster mit der Ausübung oder Nicht-Ausübung eines willkürlichen Zeremoniells in Verbindung bringen.

Daher sind die Argumente für die Unlösbarkeit der Ehe so nichtig, verglichen mit den viel stärkeren Argumenten dafür, es hier genauso zu halten wie bei den anderen menschlichen Beziehungen, die freiwillig vertraglich geregelt sind und deren Fortsetzung allein auf dem Willen der Vertragsparteien beruht. Das stärkste von all diesen Argumenten ist, daß die Lebensbedingungen und der Charakter der Frau auf keine andere Weise so werden können, wie sie sein sollten.

Als Frauen bloß Sklavinnen waren, war es ein erster Schritt in ihrer Entwicklung, ihnen einen Anspruch auf ihren Herrn zu geben. Dieser Schritt ist nun getan, und im Fortschritt der Zivilisation ist jetzt der Zeitpunkt gekommen, wo die Frauen mehr verlangen können, als nur einen Beschützer zu finden. Die Stellung der unverheirateten Frau hat aufgehört, gefährlich und unsicher zu sein; und das Gesetz sowie die allgemeine Meinung reichen aus, sie unter normalen Umständen vor Entehrung und Belästigung zu schützen. Die Frau wird bald nicht mehr bloß Eigentum, sondern eine Person sein, die um ihrer selbst willen geschätzt wird und nicht wegen ihres Ehemanns oder Vaters. Sie ist jetzt reif für die Gleichberechtigung. Es ist aber widersinnig, von Gleichberechtigung zu sprechen, solange die Ehe eine unlösbare Bindung ist. Gegenüber einem Zustand, in dem alle Verpflichtungen auf seiten des Schwächeren und alle Rechte auf seiten des physisch Stärkeren lagen, war das eine große Verbesserung, selbst zu den gegenwärtigen Bedingungen, in denen die Verpflichtungen nominell für beide gleich sind. Aber diese nominelle Gleichheit ist keine wirkliche. Der Stärkere ist immer noch in der Lage, sich den Verpflichtungen, die ihm lästig sind, ganz oder weitgehend zu entziehen; der Schwächere kann das nicht. Der Ehemann kann seine Frau mißhandeln, sie vernachlässigen und sich andere Frauen suchen. Vielleicht nicht ganz ungestraft; aber was sind die Strafen, die ihm die Meinung auferlegt, verglichen mit denen, die eine Frau treffen, wenn sie sich mit denselben Provokationen an ihrem Manne rächt? Es ist vielleicht wahr, daß die Meinung, auch wenn die Scheidung erlaubt wäre, die Frau, die zu diesem Mittel griffe, noch genauso ungerecht härter bestrafen würde als den Mann. Aber das wäre weniger folgenschwer: Einmal getrennt, wäre die Frau vergleichsweise unabhängig von der Meinung; solange sie aber gewaltsam mit einem von denen verbunden ist, die die Meinung *machen,* muß sie in einem hohen Maße seine Sklavin sein.

Der Essay von Harriet Taylor

Könnte ich eine Zeitlang die göttliche Vorsehung der Welt sein, eigens zu dem Zweck, die Bedingungen der Frauen zu verbessern, ich käme zu Dir, die *Mittel* zu erfragen – der *Zweck* wäre, jeden Eingriff in Gefühle und in alles, was Gefühle zeigt oder zeigen kann, zu beseitigen. Bei der gegenwärtigen Verfassung des weiblichen Geistes, der vollkommen unausgebildet ist und bei aller Ängstlichkeit und Abhängigkeit, die für Frauen natürlich sind, noch tausendfach verstärkt durch ihre Gewöhnung an äußerste Unterdrückung, wäre es wohl schädlich, sofort alle Beschränkungen aufzuheben; denn damit würden sie ihre Beschützer nur teurer erkaufen als bisher – und ohne ihr Wesen auch im geringsten nur zu ändern. Mir scheint, man müßte in den Frauen nur einmal das Bedürfnis wecken, ihre gesellschaftlichen Bedingungen zu verbessern, und sie würden eine Macht erlangen, die bei der gegenwärtigen Verfassung der Zivilisation und des männlichen Charakters gewaltige Auswirkungen haben könnte. Ob die Natur einen Unterschied zwischen dem männlichen und dem weiblichen Wesen angelegt hat oder nicht, es sieht jetzt so aus, als seien alle Männer, mit Ausnahme einiger fein Gesonnener, mehr oder weniger Sensualisten – während die Frauen, ganz im Gegensatz dazu, diesen Charakterzug nicht aufweisen, auch wenn es in einigen Fällen anders erscheinen mag. Daß es so sein soll, befremdet, außer wenn es in halbzivilisierten Stadien, wie dem gegenwärtigen, als Machtquelle beabsichtigt war; wenn es sich aber nicht so verhält, kann es auch nur darauf beruhen, daß die Gewohnheiten der Freiheit und geringen Verzärtelung, unter denen die Jungen aufwachsen, und die entgegengesetzte Vorstellung dessen, was man bei Mädchen unter Reinheit versteht, den Schein von unterschiedlichen Wesen der beiden Geschlechter hat entstehen lassen. Aber es ist auch genauso gewiß, daß gegenwärtig in nichts Gleichheit besteht – wo allen Vergnügen die der Männer und alle Unannehmlichkeiten und Schmerzen die der Frauen sind, anstatt daß jegliches Vergnügen der Art und dem Grade nach durch die vollkommene Gleichheit der Geschlechter unendlich erhöht würde. Frauen werden auf ein einziges Ziel hin erzogen, ihren Lebensunterhalt durch Heirat zu verdienen – (einige arme Seelen erreichen es ohne Kirchgang. Das ist dasselbe: sie scheinen kein bißchen schlechter zu sein als ihre ehrbaren Schwestern). Verheiratet zu sein ist ihr Lebensziel, und wenn sie es erreicht haben, hören sie im wahrsten Sinne auf, für etwas zu leben, das es wert wäre, Leben oder sinnvoller Zweck genannt zu werden. Man findet nur sehr wenige Ehen, in denen es wirklich Sympathie, Freude und Kameradschaft zwischen den Parteien gibt. Die Frau weiß, worin ihre Macht liegt, und erreicht damit, was ihr in der Erziehung als 'das Richtige' für ihre Stellung eingegeben wurde. Aber die Frau, die hierdurch Macht gewinnen würde, ist der Macht unfähig; nichtsdestoweniger verlieren sie diese Macht für armselige Vorteile, und ich wundere mich, warum sie es sich nie vorgenommen haben, ein großes Ziel zu erreichen. Aber ihr Geist ist durch die Gewohnheiten der Unterdrükkung degeneriert. Ich glaube, daß in fünfhundert Jahren keine Unsinnigkeit der Vorfahren so bestaunt und geringgeschätzt werden wird wie die gesetzlichen Beschränkungen von Gefühlsangelegenheiten – oder besser: des Ausdrucks von Gefühlen. Wenn das Gesetz schon vorschreibt, welche Gefühlsäußerungen zu welchen Gefühlen gehören, dann scheint es auch ganz folgerichtig, dies nicht *allgemein* zu regeln, sondern auch zu bestimmen, wie viele gehört und wie viele gesehen werden dürfen und welche Art und welches Maß an Gefühlen das Händeschütteln erlaubt. Folgerichtig ist allein die Regelung bei den Türken. Ich habe keine Zweifel, daß die geltenden Ehegesetze, selbst wenn sie fortbestünden, gänzlich unbeachtet blieben, wenn die ganze Bevölkerung wirklich erzogen würde, da es dann niemandem mehr einfiele zu heiraten. Das klügste und vielleicht auch schnellstwirkende Mittel, seine Übel abzuschaffen, liegt in der Förderung der Erziehung – die das Mittel alles Guten ist –, aber bis dahin wäre es schmerzlich, wenn diejenigen, die am meisten unter seinen Übeln leiden und die immer noch die besten Menschen sind, ohne Rechtsbehelf bleiben müßten. Wäre nicht der beste Vorschlag eine Scheidung, die jeder *ohne Angabe von Gründen* und zu geringen Kosten erwirken könnte, die aber endgültig erst nach einer langen Frist ausgesprochen würde? Nicht weniger als zwei Jahre sollten zwischen Scheidungsantrag und der Erlaubnis liegen, einen neuen Vertrag einzugehen; aber wie die Entscheidung ausfallen wird, muß im Augenblick der Beantragung feststehen, wenn der Antrag nicht in dieser Zeit zurückgezogen wird.

(Ich komme mir vor wie ein Anwalt, indem ich nur darüber schreibe. Oh, wie sinnlos und kleinlich das alles ist!)

Im gegenwärtigen System von Gewohnheiten und Meinungen treten die Mädchen ahnungslos über seine Bedingungen in das ein, was man einen Vertrag nennt, und daß sie so sind, wird als absolut wesentlich für ihre Eignung angesehen.

Aber nach alledem ist das einzige Argument in dieser Angelegenheit, das, wie ich glaube, hohe und niedrige Naturen überzeugen wird, folgendes: Wer will die Person ohne Zuneigung haben? Wer immer einen Vorteil aus einem Scheidungsgesetz haben wird, es werden die sein, deren Neigung dahin geht, sich zu trennen; und wer auf Erden wollte es einem anderen wünschen, gegen seine Neigung gebunden zu bleiben? Ich glaube, niemand. Die Menschen komplizieren die Angelegenheit und wollen nicht glauben, daß man „*wirklich gerne gehen würde*“. Angenommen, man würde es anstatt Scheidungsgesetz „Gefühlsprüfung“ nennen – dann würde es ihnen besser gefallen.

Welcher Schaden könnte daraus erwachsen, wenn man in der jetzigen Zeit erstens die Frau in allen bürgerlichen und politischen Rechten und Privilegien gleichstellen und, zweitens, die Ehegesetze abschaffen würde? Wenn eine Frau dann Kinder hätte, müßte sie auch für diese sorgen, so daß keine Frau

Kinder haben könnte, ohne zu überlegen, wie sie sie ernähren will. Die Frauen hätten keinen Grund mehr, ihre Person gegen Brot oder irgend etwas anderes, worüber die Männer verfügen, einzutauschen. Öffentliche Ämter wären auch ihnen offen, alle Beschäftigungen würden zwischen den Geschlechtern nach ihren natürlichen Vorlieben aufgeteilt. Väter würden für den Lebensunterhalt ihrer Töchter genauso wie für den ihrer Söhne sorgen.

Alle Schwierigkeiten der Scheidung scheinen in der Rücksicht auf die Kinder zu liegen, aber diesbezüglich läge es im Interesse der Frau, keine Kinder zu bekommen; jetzt denkt man noch, es sei das Interesse der Frau, Kinder zu haben, die sie doch so sehr an den Mann fesseln, der sie ernährt.

Liebe, in ihrer wahrhaftigsten und feinsten Bedeutung, scheint die Weise zu sein, in der sich alles ausdrückt, was in der menschlichen Natur das Höchste, Beste und Schönste ist; aber nur die Dichter haben sich der Schönheit der materiellen – und gar erst der geistigen – Welt genähert, und bisher gab es nie einen Dichter ohne die Inspiration durch *Einsicht* und durch das Gefühl, das die Wahrnehmung des Schönen in all seinen Formen und mit all den uns gegebenen Mitteln ist. Werden wir nicht mit unseren *fünf* Sinnen geboren, die nichts als eine Grundlage sind für die weiteren, die wir daraus entwickeln? und wer diese materiellen Sinne zum Höchsten – zum Unendlichen – erweitert und verfeinert, erfüllt am besten das Ziel der Schöpfung: daß, *wer am meisten genießt,* am tugendhaftesten ist. Es ist an *Dir,* dem würdigsten Verkünder der höchsten Tugenden, zu lehren, wie gelehrt werden kann: daß je höher die Art des Genusses, desto größer auch das Maß; vielleicht gibt es nur eine Klasse, die das gelehrt werden kann. Es ist an Dir, der dichterischen Natur, die gegen den Aberglauben kämpft: Du bist fähig, uns davon zu erlösen.

Harriet Taylor
Über Frauenemanzipation

Deutsch von Sigmund Freud

Die meisten unserer Leser dürften aus diesen Blättern zum ersten Mal erfahren, daß in den Vereinigten Staaten, und zwar in ihren zivilisiertesten und aufgeklärtesten Teilen, eine planmäßige Agitation in betreff einer neuen Frage entstanden ist, – einer Frage, welche zwar für Denker nicht neu ist und für alle jene, welche die Grundsätze freier und volkstümlicher Staatseinrichtungen nicht bloß anerkannt, sondern in sich aufgenommen haben, welche aber neu und selbst unerhört ist als Gegenstand öffentlicher Versammlungen und praktischer politischer Tätigkeit. Diese Frage ist die Emanzipation der Frauen, ihre gesetzliche und tatsächliche Gleichstellung in allen politischen, bürgerlichen und sozialen Rechten mit den männlichen Mitgliedern des Gemeinwesens.
Es wird die Überraschung, mit welcher viele diese Nachricht vernehmen werden, noch erhöhen, wenn wir hinzufügen, daß diese junge Bewegung nicht darin besteht, daß männliche Schriftsteller und Redner für die Frauen eintreten, während jene, zu deren Gunsten die Agitation stattfindet, ihr mit Gleichgültigkeit oder unverhohlener Feindseligkeit begegnen. Es ist vielmehr eine politische Bewegung, welche praktische Ziele anstrebt und in einer Weise geführt wird, welche die Absicht auszuharren erkennen läßt; und es ist nicht nur eine Bewegung *für*, sondern auch *von* Frauen. Ihre erste öffentliche Betätigung scheint eine Frauenversammlung gewesen zu sein, die im Staate Ohio im Frühling 1850 stattfand. Es ist uns kein Bericht über diese Zusammenkunft zu Gesicht gekommen. Am 23. und 24. Oktober des letzten Jahres wurde eine Reihe von öffentlichen Versammlungen zu Worcester in Massachusetts abgehalten unter dem Namen von „Versammlungen für die Rechte der Frauen“, deren Leiter, gleichwie beinahe alle bedeutenden Redner, Frauen waren. Doch hatten sich auch Männer in großer Zahl ihnen angeschlossen, darunter einige der hervorragendsten Führer in der verwandten Sache der Negeremanzipation. Es wurden dort ein allgemeines und vier spezielle Komitees eingesetzt, um die Angelegenheit bis zur nächsten Jahresversammlung fortzuführen.

Nach dem Bericht der *New-York Tribune* waren über tausend Personen die ganze Zeit hindurch zugegen, und „wenn ein größerer Raum zur Verfügung gestanden wäre, hätten noch viele Tausende der Versammlung beigewohnt". Der Raum war „von Anfang an überfüllt von aufmerksamen und teilnehmenden Zuhörern". Was die Qualität des Gesprochenen betrifft, so haben die Vorgänge in dieser Versammlung den Vergleich mit keiner anderen uns bekannten Volksbewegung zu scheuen, die in England oder Amerika stattgefunden hat. Nur sehr selten ist der Anteil, welchen Phrase und Schönrednerei an den Kundgebungen in öffentlichen Versammlungen haben, so gering, der Anteil der ruhigen Einsicht und Vernunft so beträchtlich ausgefallen. Der Erfolg der Versammlung war in jeder Hinsicht ermutigend für die, welche sie einberufen hatten, und dieselbe ist wahrscheinlich bestimmt, eine der folgenreichsten unter den politischen und sozialen Reformbewegungen einzuleiten, welche das verheißungsvollste Merkmal unserer Zeit sind.

Daß die Urheber dieser neuen Bewegung sich auf den Boden von Prinzipien stellen und sich nicht scheuen, dieselben in ihrem weitesten Umfange ohne Achselträgerei oder Kompromißsucht zu bekennen, geht aus den Resolutionen hervor, welche die Versammlung angenommen hat und welche wir zum Teil hier folgen lassen. Sie lauten dahin:

„Daß jedes menschliche Wesen im reifen Alter und seit einer entsprechenden Zahl von Jahren im Lande ansäßig, welches den Gesetzen zu gehorchen verpflichtet ist, auch auf eine Stimme bei deren Erlaß ein Recht hat; daß jede solche Person, deren Eigentum oder deren Arbeit besteuert wird zum Zwecke der Erhaltung der Regierung, auch auf einen direkten Anteil an derselben Anspruch hat; daß mithin die Frauen Anspruch haben auf das Stimmrecht und auf die Wählbarkeit zu Ämtern... und daß jede Partei, welche sich rühmt, die Humanität, die Zivilisation und den Fortschritt des Zeitalters zu vertreten, verpflichtet ist, Gleichheit vor dem Gesetz ohne Unterschied des Geschlechtes oder der Farbe auf ihre

Fahnen zu schreiben; ferner daß bürgerliche und politische Rechte keinen Geschlechtsunterschied kennen und daß daher das Wort 'männlich' aus allen Verfassungsurkunden zu tilgen ist. Desgleichen: da die Aussicht auf ehrenvolle und nützliche Verwendung im späteren Leben der beste Sporn ist, sich die Vorteile der Erziehung anzueignen, und da die beste Erziehung diejenige ist, welche wir uns in den Kämpfen, Beschäftigungen und in der Schule des Lebens selbst geben, ist es unmöglich, daß Frauen aus dem ihnen schon jetzt gewährten Unterricht den vollen Nutzen ziehen oder daß ihre Laufbahn ihren Fähigkeiten vollauf entspreche, solange ihnen nicht die Wege zu den mannigfaltigen bürgerlichen und berufsmäßigen Stellungen geöffnet sind. Daraus ergibt sich: daß jeder Versuch, die Frauen heranzubilden, ohne ihnen ihre Rechte zuzugestehen und ohne durch das Gewicht ihrer Verantwortlichkeit ihr Pflichtbewußtsein zu wecken, vergeblich ist und eine Vergeudung von Arbeit bedeutet. Weiter: daß die Gesetze des ehelichen Güterrechtes einer gründlichen Umstaltung bedürfen, damit volle Rechtsgleichheit zwischen den Ehegatten bestehe; daß das Weib während des Lebens gleiches Verfügungsrecht über das durch gemeinsame Anstrengung und Opfer erworbene Eigentum besitzen und ihren Mann in genau demselben Maße wie er sie beerben soll, und daß sie berechtigt sein soll, bei ihrem Tode über einen ebenso großen Teil des gemeinsamen Vermögens letztwillig zu verfügen wie er."

Folgendes ist eine kurze Zusammenfassung der wichtigsten Forderungen:

1. *Erziehung* in elementaren und hohen Schulen, Universitäten, medizinischen, rechtswissenschaftlichen und theologischen Anstalten.
2. *Teilnehmerschaft* an den Arbeiten und am Ertrag, an den Gefahren und Belohnungen der produktiven Erwerbstätigkeit.
3. Ein *gleicher Anteil* an der Feststellung und Handhabung von Gesetzen – der Gemeinde, des Einzelstaa-

tes und der Nation – in gesetzgebenden Versammlungen, Gerichtshöfen und Exekutivbehörden.

Es würde schwerfallen, soviel Vernunft, Wahrheit und Gerechtigkeit in eine so wenig bestechende Form zu kleiden, als bei einigen dieser Resolutionen der Fall ist. Allein, was man auch gegen einzelne Ausdrücke einwenden mag, nichts läßt sich nach unserer Ansicht gegen die Forderungen selbst einwenden. Als eine Frage der Gerechtigkeit scheint uns die Sache zu klar, um einer Erörterung zu bedürfen; als eine Frage der Nützlichkeit wird sie sich desto stärker erweisen, je gründlicher sie untersucht wird.

Daß die Frauen vom Standpunkte des persönlichen Rechtes einen ebenso guten Anspruch auf das Stimmrecht oder auf einen Platz in der Geschworenenbank haben wie die Männer, wird kaum jemand zu leugnen vermögen. Die Vereinigten Staaten von Nordamerika können dies sicherlich als eine Nation oder Staatsgemeinschaft nicht bestreiten. Denn ihre demokratischen Institutionen beruhen eingestandenermaßen auf dem jeder Person eigentümlichen Anrecht auf eine Stimme in der Regierung. Ihre Unabhängigkeitserklärung, welche von Männern abgefaßt wurde, die noch jetzt ihre großen Autoritäten in Fragen des Verfassungsrechtes sind – jenes Schriftstück, welches von Anfang an die anerkannte Grundlage ihres öffentlichen Lebens war und immer noch ist, beginnt mit folgender ausdrücklicher Feststellung:

„Wir halten diese Wahrheiten für von selbst einleuchtend: daß alle Menschen (*all men*) gleich geschaffen worden sind; daß sie ihr Schöpfer mit gewissen unveränderlichen Rechten ausgestattet hat, daß zu diesen Leben, Freiheit und das Streben nach Glückseligkeit gehören; daß, um diese Rechte zu schützen, Regierungen unter den Menschen eingesetzt worden sind, deren rechtmäßige Gewalt auf der Zustimmung der Regierten beruht."

Wir glauben nicht, daß ein amerikanischer Demokrat die Tragweite dieser Worte durch die der Unredlichkeit oder Unwissenheit entspringende Ausflucht wird abschwächen wollen, daß “men” in diesem denkwürdigen Schriftstücke nicht „menschliche Wesen“, sondern bloß das eine Geschlecht bezeichne, daß „Freiheit, Leben und das Streben nach Glückseligkeit“ nur der einen Hälfte der menschlichen Gattung als unveräußerliche Rechte zukommen und daß die Regierten, deren Einwilligung für die einzige Quelle rechtmäßiger Gewalt erklärt wird, nur jene Hälfte der Menschheit bedeuten, welche bisher in ihren Beziehungen zur anderen die Rolle der herrschenden gespielt hat. Der Widerspruch zwischen Prinzip und Praxis läßt sich nicht wegdeuteln. Eine gleiche Untreue gegen die obersten Grundsätze ihres politischen Glaubensbekenntnisses haben sich die Amerikaner in dem offenkundigen Falle der Negersklaverei zuschulden kommen lassen, und sie lernen jetzt endlich einsehen, wie schmachvoll dieser Abfall war. Nach einem Kampfe, welcher in manchem Betrachte den Namen eines heldenmütigen verdient, sind nunmehr die Abolitionisten so stark an Zahl und Einfluß geworden, daß sie gegenwärtig unter den Parteien in den Vereinigten Staaten den Ausschlag geben. Und es ziemte sich, daß die Männer, deren Name mit der Vertilgung der Aristokratie der Farbe vom demokratischen Boden Amerikas verknüpft bleiben wird, zu den Urhebern der ersten allgemeinen Auflehnung – in Amerika und der übrigen Welt – gegen die Aristokratie des Geschlechts gehören sollten, welcher Unterschied ebenso zufällig als der der Farbe und genauso gleichgültig für alle Fragen des Staatslebens ist.

Nicht nur an die Demokratie Amerikas wendet sich der Ruf der Frauen nach bürgerlicher und politischer Gleichheit mit unwiderstehlicher Gewalt, sondern auch an jene Radikalen und Chartisten auf den Britischen Inseln und an jene Demokraten des Kontinents, welche das sogenannte allgemeine Stimmrecht als ein angeborenes Recht, das ihnen in widerrechtlicher und tyrannischer Weise vorenthalten wird, beanspruchen. Denn in welchem vernünftigen Sinn kann man ein Stimmrecht allgemein nennen, von dem die Hälfte der menschlichen Gattung ausgeschlossen bleibt? Erklären, daß eine Stimme an der Regierung das Recht aller ist, und sie nur für einen Teil verlangen – nämlich für den Teil, zu dem der Fordernde selbst gehört –, das heißt doch, selbst auf den Schein eines Prinzips verzichten. Der Chartist, welcher den Frauen das Stimmrecht abspricht, ist nur darum Chartist, weil er kein Lord ist; er ist einer von jenen Nivellierern, welche nur bis zu sich selbst herab nivellieren möchten.

Selbst diejenigen, welche eine Stimme in der Regierung nicht als ein persönliches Recht ansehen und die sich nicht zu Grundsätzen bekennen, welche die Ausdehnung des Stimmrechtes auf alle fordern, halten gewöhnlich an althergebrachten Maximen der politischen Gerechtigkeit fest, mit denen die Ausschließung aller Frauen von den gewöhnlichen Bürgerrechten unvereinbar ist. Es ist ein Axiom der englischen Freiheit, daß die Besteuerung und die politische Vertretung Hand in Hand gehen sollen. Doch gibt es selbst unter der Herrschaft der Gesetze, die das Eigentum des Weibes dem Manne zusprechen, viele unverheiratete Frauen, welche Steuern zahlen. Es ist eine der fundamentalen Vorschriften der britischen Verfassung, daß alle Personen von ihresgleichen gerichtet werden sollen. Doch werden Frauen jedesmal von männlichen Richtern und einer männlichen Jury gerichtet. Fremden gesteht das Gesetz das Vorrecht zu, zu verlangen, daß die Jury zur Hälfte von Fremden gebildet werde; nicht so den Frauen. Allein, sehen wir von solchen speziellen Forderungen ab, die mehr auf gewisse Orte oder Nationen beschränkte als allgemeine Ideen darstellen. Es ist ein anerkanntes Gebot der Gerechtigkeit, ohne Notwendigkeit keine verletzende Unterscheidung zu machen. In allen Dingen sollte die Voraussetzung zugunsten der Gleichheit sein. Es muß erst ein Grund dafür angegeben werden, warum ein Ding einer Person erlaubt und der anderen untersagt sein soll. Aber wenn die Ausschließung sich fast auf alles erstreckt, was diejenigen, die nicht von ihr betroffen sind, am höchsten schätzen und dessen Entziehung sie als die größte Beleidigung empfinden; wenn nicht nur die politische Freiheit, sondern auch die persönliche Freiheit des Handelns das Vorrecht einer Kaste ist; wenn selbst in der Erwerbstätigkeit fast alle Beschäftigungen, welche die höheren Fähigkeiten auf irgendeinem wichtigen Gebiete in Anspruch nehmen, welche zu Auszeichnung, Reichtum oder auch nur zu materieller Unabhängigkeit führen, als das ausschließliche Eigentum der herrschenden Klasse allseitig umfriedet gehalten werden, während der abhängigen Klasse beinahe keine anderen Türen offen bleiben als solche, denen alle, welche anderswo eintreten können, verächtlich den Rücken kehren – dann sind die armseligen Zweckmäßigkeitsgründe, welche als Entschuldigung für eine so ungeheuerlich parteiische Verteilung vorgebracht werden, selbst wenn sie nicht völlig unhaltbar wären, nicht imstande, ihr den Charakter einer schreienden Ungerechtigkeit zu nehmen. Indessen sind wir der festen Überzeugung, daß die Teilung der Menschheit in zwei Kasten, die eine durch die Geburt dazu bestimmt, die andere zu beherrschen, in diesem Falle wie in jedem anderen nichts weniger als zweckdienlich, sondern ganz und gar vom Übel ist, – eine Quelle der Verderbnis und sittlichen Entartung sowohl für die begünstigte Klasse als für die, auf deren Kosten sie bevorzugt ist; daß sie nichts von dem Guten hervorbringt, das man ihr gewöhnlich zuschreibt; und daß sie – solange sie besteht – ein fast unüberwindliches Hindernis jeder wirklich eingreifenden Verbesserung, sei es in den Charaktereigenschaften, sei es in den sozialen Zuständen des Menschengeschlechtes, bildet.

Es ist nun unsere Absicht, diese Behauptung zu erweisen; aber ehe wir damit beginnen, möchten wir uns bemühen, die vorläufigen Einwendungen zu zerstreuen, welche bei Personen, denen dieser Gegenstand neu ist, eine ernstliche und gewissenhafte Prüfung desselben zu behindern pflegen. Das vornehmste dieser Hindernisse ist die ungeheure Macht der Gewohnheit. Die Frauen haben niemals gleiche Rechte wie die Männer besessen. Ihre Ansprüche auf die gemeinsamen

Menschenrechte gelten für beseitigt durch den allgemeinen Brauch. Zwar hat dieses stärkste aller Vorurteile, das Vorurteil gegen das Neue und Unbekannte, in einem Zeitalter der Neuerungen wie dem unsrigen viel von seiner Stärke verloren; wäre dem nicht so, so bliebe wenig Hoffnung, etwas gegen dasselbe auszurichten. In drei Vierteilen der bewohnbaren Welt macht die Antwort: es ist immer so gewesen, noch heute jeder Erörterung ein Ende. Aber es ist der Stolz der modernen Europäer und ihrer amerikanischen Vettern, daß sie viele Dinge kennen und tun, welche ihre Vorfahren weder kannten noch taten; und unser Zeitalter ist vielleicht in keinem anderen Punkte früheren Epochen so unzweifelhaft überlegen als darin, daß die Gewohnheit nicht mehr dieselbe tyrannische Herrschaft über Meinungen und Handlungsweise ausübt wie vordem und daß die Verehrung des Althergebrachten ein in Abnahme begriffener Kultus ist. Ein ungewohnter Gedanke über einen Gegenstand, der die wichtigeren Interessen des Lebens berührt, wirkt bei seinem ersten Auftreten noch immer befremdend und beunruhigend; wenn es jedoch gelingt, ihn so lange lebendig zu erhalten, bis der Eindruck des Fremdartigen schwindet, findet er Gehör und eine so vernunftgemäße Würdigung, als der Geist des Zuhörers irgendeinem anderen Gegenstande zu widmen gewohnt ist.

Im vorliegenden Falle steht das Vorurteil der Gewohnheit ohne Zweifel auf der Seite des Unrechts. Zwar haben, außer einigen der hervorragendsten Männer der Gegenwart, zu allen Zeiten große Denker, von Platon bis auf Condorcet, in der nachdrücklichsten Weise zugunsten der Gleichheit der Frauen ihre Stimme erhoben, und es hat freiwillige Vereinigungen, geistliche wie weltliche, unter denen die Gemeinschaft der Quäker die bekannteste ist, gegeben, welche diesen Grundsatz anerkannten. Aber es hat keine politische Gemeinschaft oder Nation gegeben, in der sich nicht die Frauen durch Gesetz und Sitte in einer politisch wie bürgerlich untergeordneten Stellung befunden hätten. In der Alten Welt wurde dieselbe Tatsache mit demselben Recht zugunsten der Sklaverei angeführt. Sie hätte im ganzen Mittelalter zugunsten jener gemilderten Form der Sklaverei, welche Hörigkeit hieß, angeführt werden können. Sie wurde gegen die Gewerbefreiheit, gegen die Gewissensfreiheit, gegen die Pressefreiheit angerufen; keine von diesen Freiheiten wurde mit einem wohlgeordneten Staatswesen für verträglich gehalten, bis ihr wirkliches Vorhandensein ihre Möglichkeit dartat. Daß eine Einrichtung oder ein Brauch von Alters her besteht, ist kein Beweis für seine Güte, wenn ein anderer zureichender Grund für sein Dasein angegeben werden kann. Es ist gar nicht schwer zu verstehen, warum die Knechtschaft der Frauen ein Herkommen geworden ist; es bedarf dafür keines anderen Erklärungsgrundes als der physischen Stärke. Daß diejenigen, welche physisch schwächer sind, sich auch im Zustande rechtlicher Inferiorität befinden, entspricht ganz dem Geist, in dem die Welt regiert worden ist. Bis vor ganz kurzer Zeit war die Herrschaft der physischen Kraft das allgemeine Gesetz der Menschheit. Durch die ganze historische Zeit haben die Nationen, Rassen oder Klassen, welche durch Muskelkraft, durch Reichtum oder durch militärische Schulung die stärksten waren, die übrigen unterworfen und in Untertänigkeit erhalten. Wenn bei den vorgeschrittensten Völkern das Gesetz des Schwertes endlich als unwürdig verworfen wurde, so ist dies nur die Frucht des vielverleumdeten achtzehnten Jahrhunderts. Die Eroberungskriege haben erst aufgehört, seitdem die demokratischen Revolutionen begonnen haben. Die Welt ist noch sehr jung und hat eben erst angefangen, sich von der Ungerechtigkeit frei zu machen. Sie entledigt sich erst jetzt der Sklaverei der Neger, sie entledigt sich erst jetzt des Despotismus der Alleinherrscher, sie entledigt sich erst jetzt des erblichen Feudaladels, sie entledigt sich erst jetzt der Rechtsungleichheit aufgrund der Religionsverschiedenheit. Sie beginnt eben erst, irgendwelche *Männer* außer den Reichen und einen begünstigten Teil der Mittelklasse als Bürger zu behandeln. Dürfen wir uns wundern, daß sie für die Frauen noch nicht soviel getan hat? Wie die Gesellschaft bis auf die wenigen letzten Gene-

rationen bestellt war, war die Ungleichheit ganz eigentlich ihre Grundlage; irgendeine auf gleiche Rechte begründete Vereinigung bestand damals kaum; Gleichheit bedeutete soviel als Feindschaft; zwei Personen konnten kaum gemeinsam an irgend etwas arbeiten oder in irgendein freundliches Verhältnis zueinander treten, ohne daß das Gesetz den einen zum Vorgesetzten des anderen bestellte. Die Menschheit ist nun diesem Zustand entwachsen, und alles zielt dahin, an die Stelle der Herrschaft des Stärkeren eine gerechte Gleichheit als das allgemeine Prinzip der menschlichen Beziehungen zu setzen. Von allen Verhältnissen aber mußte das zwischen Männern und Frauen, da es das nächste und innigste und mit der größten Anzahl intensiver Gefühle verknüpft ist, notwendig das letzte sein, bei dem die alte Richtschnur außer Übung und die neue in Aufnahme kommt; denn im Verhältnis zur Stärke eines Gefühls steht die Hartnäckigkeit, womit es an den Formen und Umständen festhält, mit welchen es auch nur zufällig verkettet worden ist.
Wenn ein Vorurteil, das irgendwie mit dem Gefühlsleben verwachsen ist, sich in die unangenehme Notwendigkeit versetzt sieht, Gründe anzugeben, so glaubt es genug getan zu haben, wenn es in Redensarten, welche sich auf das vorhandene Gefühl berufen, eben den bestrittenen Punkt als Behauptung hinstellt. So glauben viele Personen, die Einschränkungen, welche der Tätigkeit der Frauen auferlegt sind, hinreichend gerechtfertigt zu haben, wenn sie sagen, daß die Beschäftigungen, von denen die Frauen ausgeschlossen werden, *unweibliche* sind und daß der *angemessene Wirkungskreis* der Frauen nicht Politik oder die Öffentlichkeit, sondern das häusliche und Privatleben ist. Wir bestreiten es, daß irgendein Teil der Gattung oder ein Individuum das Recht hat, für einen anderen Teil oder für ein anderes Individuum zu entscheiden, was und was nicht sein angemessener Wirkungskreis ist. Der angemessene Wirkungskreis aller menschlichen Wesen ist der höchste und weiteste, zu dem sie sich erheben können. Welches dieser ist, kann

ohne vollständige Freiheit der Wahl nicht entschieden werden. Die Redner bei der Versammlung in Amerika haben daher recht und weise gehandelt, als sie es ablehnten, auf die Frage nach den Frauen oder Männern besonders eigentümlichen Fähigkeiten und den Grenzen einzugehen, innerhalb welcher diese oder jene Beschäftigung für das eine oder das andere Geschlecht geeigneter erscheinen mag. Sie behaupten ganz richtig, daß diese Fragen nur durch die volle Freiheit beantwortet werden können. Stellt jedem jede Beschäftigung frei, ohne irgendwelche Gunst oder Ungunst, und die Berufsarten werden in die Hände jener Männer oder Frauen geraten, welche sich durch die Erfahrung am fähigsten erweisen, sie würdig auszuüben. Man braucht nicht zu fürchten, daß die Frauen den Männern irgendwelche Beschäftigungen entreißen werden, welche diese besser als jene betreiben. Jedes Individuum wird seine oder ihre Befähigung auf dem einzigen Wege erweisen, auf dem sich Befähigung erweisen läßt, nämlich durch den Versuch, und die Welt wird aus den besten Fähigkeiten aller ihrer Bewohner Vorteil ziehen. Aber im voraus mit einer willkürlichen Beschränkung einzugreifen und zu erklären, daß, wie groß immer das Genie oder Talent, die Energie oder Geisteskraft eines Wesens aus einem gewissen Geschlecht oder Kreise sein mögen, diese Gaben nicht gebraucht werden oder doch nur in einigen wenigen von den vielen Weisen gebraucht werden dürfen, welche anderen für ihre Fähigkeiten offenstehen, – das ist nicht nur eine Ungerechtigkeit gegen den einzelnen und eine Schädigung der Gesellschaft, welche dadurch verliert, was sie nur schwer entbehren kann, sondern es ist auch der sicherste Weg, um in dem also niedergehaltenen Geschlechte oder Kreise die Eigenschaften zu ertöten, deren Gebrauch man nicht gestatten will.

Wir werden dem sehr löblichen Beispiel der Versammlung folgen, indem wir nicht in die Fragen nach den angeblichen Unterschieden in physischen oder geistigen Eigenschaften zwischen beiden Geschlechtern eingehen, nicht etwa weil wir darüber nichts, sondern weil wir zuviel zu sagen haben; diesen Punkt angemessen zu erörtern, würde all den Raum in Anspruch nehmen, den wir für den ganzen Gegenstand zur Verfügung haben.* Aber wenn diejenigen, welche versichern, daß der angemessene Wirkungskreis der Frauen die Häuslichkeit sei, damit sagen wollen, daß sie keine Fähigkeiten für irgendeinen anderen gezeigt haben, dann beweist diese Behauptung große Unkenntnis des Lebens und der Geschichte. Die Frauen haben Tauglichkeit für die höchsten Stellungen der Gesellschaft genau in dem Verhältnis bewiesen, als sie dazu zugelassen wurden. Durch eine seltsame Inkonsequenz werden sie, die nicht zur niedrigsten Würde im Staate wählbar sind, in einigen Ländern zur höchsten, zur königlichen Würde zugelassen; und wenn es einen Beruf gibt, zu dem sie entschiedene Befähigung gezeigt haben, so ist es der der Herrscherin. Wir brauchen hier nicht auf die alte Geschichte zurückzugreifen; wir sehen uns vergebens nach tüchtigeren oder standhafteren Herrschern um als Elisabeth, Isabella von Kastilien, Maria Theresia, Katharina von Rußland, als

*Wir können es uns nicht versagen, aus einem Aufsatz von Sydney Smith in der *Edingburgh Review* eine vortreffliche Stelle über diesen Teil des Gegenstandes hieherzusetzen: „Es ist viel von einer ursprünglichen Verschiedenheit der geistigen Anlage bei Frauen und Männern geredet worden: daß die Frauen eine raschere Auffassung, die Männer ein sichreres Urteil besitzen, daß die Frauen sich mehr durch Feinheit der Gedankenverbindung, die Männer mehr durch Fähigkeit, Gedanken festzuhalten, auszeichnen. Ich gestehe, daß mir das alles sehr phantastisch vorkommt. Daß zwischen den Geistesgaben der Männer und der Frauen, denen wir alle Tage begegnen, ein Unterschied besteht, muß, glauben wir, jedermann bemerken; aber es ist gewiß kein solcher, der nicht durch die Verschiedenheit der Verhältnisse, in welche sie gebracht worden sind, zur Genüge erklärt werden kann, ohne daß man eine Verschiedenheit der ursprünglichen Geistesanlage anzunehmen brauchte. Solange Knaben und Mädchen sich im Straßenkot herumtummeln und zusammen Reifen rollen, sind sie einander völlig gleich. Wenn man dann die eine Hälfte dieser Geschöpfe einfängt und sie für eine besondere Reihe von Meinungen und Handlungen abrichtet und die andere Hälfte für eine genau entgegengesetzte, dann wird natürlich ihr Geist sich verschieden gestaltet haben, da die eine oder die andere Art von Beschäftigung diese oder jene Fähigkeit wachgerufen hat. Es ist gewiß kein Grund vorhanden, sich in irgendwelche tieferen oder abstruseren Spekulationen einzulassen, um eine so überaus einfache Erscheinung zu erklären."

Blanche, die Mutter von Ludwig IX. von Frankreich und Jeanne d'Albret, die Mutter von Heinrich IV. Die Überlieferung kennt wenige Könige, welche mit schwierigeren Verhältnissen gerungen und sie so siegreich überwunden haben. Selbst im halbbarbarischen Asien haben Fürstinnen, welche sich nie den Männern außer denen ihrer eigenen Familie gezeigt und niemals mit ihnen außer hinter einem Vorhang verkehrt hatten, während der Minderjährigkeit ihrer Söhne viele der glänzendsten Beispiele einer starken und gerechten Regierung gegeben. Im Mittelalter, wo der Abstand zwischen den höheren und niederen Ständen größer war als selbst der zwischen Männern und Frauen und wo die Frauen der bevorzugten Klasse, obwohl der Willkür der Männer derselben Klasse unterworfen, ihnen doch näher standen als irgendwer anderer und sie oftmals während ihrer Abwesenheit in ihrer Tätigkeit und ihrer Autorität vertraten, haben viele heldenhafte Burgfrauen wie Jeanne von Montfort oder die große Gräfin Derby selbst in so später Zeit wie der von Karl I. sich nicht nur durch politische, sondern auch durch kriegerische Tüchtigkeit hervorgetan. In den Jahrhunderten unmittelbar vor und nach der Reformation standen Damen von königlichem Geblüt als Diplomatinnen, als Statthalterinnen von ganzen Provinzen oder als vertrauliche Ratgeberinnen von Fürsten nicht hinter den ersten Staatsmännern ihrer Zeit zurück, und der Vertrag von Cambray, welcher Europa den Frieden wiedergab, wurde in Konferenzen, denen kein Dritter beiwohnte, von der Tante des Kaisers Karl V. und der Mutter Franz' I. abgeschlossen.

Was also die Eignung der Frauen für das öffentliche Leben betrifft, so kann darüber keine Frage sein; aber der Streit wird sich wahrscheinlich mehr um die Eignung des öffentlichen Lebens für die Frauen drehen. Wenn man die Gründe, welche für die Ausschließung der Frauen vom tätigen Leben in all seinen wichtigeren Gebieten angeführt werden, ihres deklamatorischen Aufputzes entkleidet und sie auf den einfachen Ausdruck eines Gedankens zurückführt, so scheinen ihrer hauptsächlich drei zu sein: fürs erste die Unverträglichkeit des tätigen Lebens mit den Mutterpflichten und mit der Besorgung eines Haushaltes, zweitens dessen angeblich verhärtender Einfluß auf den Charakter und drittens die Unzweckmäßigkeit einer Steigerung des ohnehin schon übermäßigen Druckes der Konkurrenz in jedem Zweige des Berufs- oder Erwerbslebens.

Das erste Argument, das der Mutterpflichten, wird gewöhnlich besonders betont, obwohl – es ist fast unnötig, das zu sagen – dieser Grund, wenn er einer ist, sich nur auf Mütter beziehen kann. Es ist aber weder notwendig noch gerecht, die Frauen in die Zwangslage zu versetzen, daß sie entweder Mütter oder gar nichts sein müssen, oder daß sie, wenn sie einmal Mütter gewesen sind, ihr ganzes übriges Leben nichts anderes sein dürfen. Weder für Frauen noch für Männer bedarf es eines Gesetzes, um sie von einer Beschäftigung auszuschließen, wenn sie sich einer anderen zugewendet haben, welche damit unvereinbar ist. Niemand schlägt vor, das männliche Geschlecht vom Parlament auszuschließen, weil ein Mann ein Soldat oder Matrose im aktiven Dienst sein kann, oder ein Kaufmann, dessen Geschäft all seine Zeit und Tatkraft in Anspruch nimmt. Neun Zehntel der Männer sind *de facto* durch ihre Beschäftigung ebenso wirksam vom öffentlichen Leben ausgeschlossen, als ob das Gesetz sie davon ausschlösse; aber das ist kein Grund dafür, Gesetze zu erlassen, um diese neun Zehntel, geschweige denn um das noch übrige Zehntel auszuschließen. Für die Frauen gilt hier genau dasselbe wie für die Männer. Es ist nicht notwendig, durch ein Gesetz Vorsorge zu treffen, daß eine Frau nicht in eigener Person die Geschäfte eines Haushaltes besorgen oder die Erziehung von Kindern leiten und gleichzeitig ein Arzt oder Anwalt sein oder ins Parlament gewählt werden dürfe. Wo die Unvereinbarkeit eine wirkliche ist, wird sie selbst für sich zu sorgen wissen; aber es ist eine grobe Ungerechtigkeit, diese Unvereinbarkeit zum Vorwand der Ausschließung derjenigen zu machen, bei denen sie nicht besteht. Und von solchen würde sich eine sehr große Anzahl finden, wenn man ihnen freie Wahl ließe. Das Mutterpflichten-

Argument läßt seine Vertreter im Stiche im Falle von ledigen Frauen, eine große und rasch zunehmende Klasse der Bevölkerung, welche Tatsache – es ist nicht überflüssig, dieses zu bemerken – dadurch, daß sie die übermäßige Konkurrenz der Massen verhindert, dazu angetan ist, das Wohl aller erheblich zu fördern. Es gibt keinen in der Sache selbst liegenden Grund und keine Notwendigkeit, warum alle Frauen sich freiwillig dafür entscheiden sollten, ihr Leben *einer* animalischen Funktion und ihren Folgen zu widmen. Zahlreiche Frauen werden nur darum Gattinnen und Mütter, weil ihnen keine andere Laufbahn offensteht, kein anderer Spielraum für ihre Gefühle oder ihre Tätigkeit. Jede Verbesserung ihrer Erziehung und jede Erweiterung ihrer Fähigkeiten, alles, was sie für irgendeine andere Lebensweise tauglich macht, vergrößert die Zahl derjenigen, denen durch die Entziehung der freien Wahl ein schweres Unrecht widerfährt. Sagen, daß die Frauen vom tätigen Leben ausgeschlossen werden müssen, weil die Mutterpflichten sie dazu untauglich machen, das heißt in Wahrheit sagen, daß ihnen jeder andere Lebensweg verschlossen sein soll, damit der Stand der Mutter ihre einzige Zuflucht bleibe.

Aber zweitens, so behauptet man, würden die Frauen, wenn ihnen dieselbe Freiheit in der Wahl der Beschäftigungen wie den Männern gewährt würde, jene Überzahl von Konkurrenten noch vermehren helfen, welche bereits die Zugänge zu fast allen Berufsarten sperrt und deren Ertrag vermindert. Dieses Argument hat – wohlgemerkt – nichts mit der politischen Frage zu tun. Es entschuldigt nicht, daß den Frauen die Bürgerrechte vorenthalten werden. Auf das Stimmrecht, auf die Zulassung zur Geschworenenbank, zum Parlament und zu öffentlichen Ämtern hat es keinen Bezug. Es erstreckt sich einzig und allein auf die industrielle Seite der Frage. Wenn wir somit diesem wirtschaftlichen Argument seine volle Bedeutung zuerkennen, wenn wir einräumen, daß die Zulassung der Frauen zu den Beschäftigungen, welche jetzt ausschließlich Männer innehaben, gleich der Aufhebung von anderen Monopolen dahin abzielen würde, die Einträglichkeit dieser Beschäftigungen zu vermindern – dann liegt es uns ob, zu erwägen, wie groß der daraus entspringende Nachteil ist und was demselben gegenübersteht. Das Schlimmste, was jemals behauptet wurde, weit mehr, als irgendwie eintreffen dürfte, ist dies: daß, wenn die Frauen mit den Männern in Konkurrenz träten, ein Mann und eine Frau zusammen nicht mehr erwerben könnten, als was jetzt ein Mann allein erwirbt. Nehmen wir diese Voraussetzung, die ungünstigste, die überhaupt möglich ist, an; das vereinigte Einkommen beider würde dann dasselbe sein wie früher, während die Frau aus der Stellung einer Dienerin zu der einer Mitarbeiterin erhoben wäre. Selbst wenn bei dem jetzigen Stand der Dinge keine Frau eines männlichen Ernährers entbehrte, wie unendlich besser wäre es doch, daß ein Teil des Einkommens der Erwerb der Frau sei, auch wenn der Gesamtbetrag dadurch nur um wenig vermehrt wird, anstatt daß sie genötigt ist zurückzustehen, damit der Mann der einzige Erwerber und der einzige Verwalter des Erworbenen sei. Selbst unter den gegenwärtigen Gesetzen über das Eigentum der Frauen kann ein Weib, das zur Erhaltung der Familie wesentlich beiträgt, nicht in derselben verächtlichen und tyrannischen Weise behandelt werden wie eines, dessen Lebensunterhalt gänzlich vom Manne abhängt, so schwer auch die Mühsal der häuslichen Arbeit auf ihr lasten mag.* Gegen die Herabsetzung der Löhne infolge der Vermehrung der Konkurrenz werden sich seiner Zeit wohl Mittel finden lassen. Palliativ-Maßregeln könnten sofort angewendet werden, zum Beispiel eine strengere Ausschließung der Kinder von industrieller Tätigkeit während der Jahre, in denen sie keine andere Arbeit leisten sollten als

*Die wahrhaft schrecklichen Folgen des gegenwärtigen Zustandes der Gesetze bei dem untersten Teil der arbeitenden Bevölkerung zeigen sich in jenen Fällen von gräßlicher Mißhandlung der Frauen durch ihre Männer, mit denen jedes Zeitungsblatt, jeder Polizeibericht überfüllt ist. Elende, die nicht verdienen, die geringste Autorität über irgendein lebendes Wesen zu besitzen, haben ein hilfloses Weib zu ihrer Hausklavin. Solche Ausschreitungen könnten nicht vorkommen, wenn die Frauen einen Teil des Einkommens der Familie sowohl erwerben würden als zu besitzen das Recht hätten.

jene, welche ihren Körper und Geist für das spätere Leben erstarken macht. Kinder sind notwendigerweise abhängig und unter der Gewalt anderer, und ihre Arbeit, die nicht ihnen selbst, sondern ihren Eltern Gewinn bringt, ist ein geeigneter Gegenstand gesetzlicher Regelung. Was die Zukunft anbelangt, so glauben wir, daß weder die gedankenlose Vermehrung und die daraus folgende übermäßige Schwierigkeit, einen Unterhalt zu finden, immer andauern wird, noch daß die Teilung der Menschen in Kapitalisten und gemietete Arbeiter und die Regulierung der Entlohnung der Arbeiter hauptsächlich durch Nachfrage und Angebot für immer oder auch nur lange Zeit noch in Kraft bleiben wird. Aber solange die Konkurrenz das allgemeine Gesetz des menschlichen Lebens bleibt, ist es Tyrannei, die eine Hälfte der Mitbewerber auszuschließen. Alle, die das Alter der Selbständigkeit erreicht haben, haben das gleiche Recht, jede Art von nützlicher Arbeit, deren sie fähig sind, zum Preise, den sie einträgt, zu verkaufen.

Der dritte Einwand gegen die Zulassung der Frauen zum öffentlichen Leben oder zur Erwerbstätigkeit, deren angeblich verhärtender Einfluß, gehört einer vergangenen Zeit an und ist für unsere Zeitgenossen kaum mehr verständlich. Es gibt aber immer noch Personen, welche sagen, daß die Welt und ihr Getriebe die Menschen selbstisch und gefühllos werden läßt, daß die Kämpfe, Rivalitäten und Kollisionen des geschäftlichen und politischen Lebens sie rauh und unliebenswürdig machen und daß, wenn die eine Hälfte der Gattung sich unvermeidlich diesen Dingen hingeben muß, es um so notwendiger ist, daß die andere Hälfte davon ferngehalten werde; daß es die Frauen vor den schlechten Einflüssen der Welt zu bewahren gilt, damit die Männer denselben nicht gänzlich verfallen.

Dieses Argument hätte etwas Annehmbares, wenn sich die Welt noch im Zeitalter des Faustrechts befände, als das Leben reich war an physischen Kämpfen und jeder Mann das gegen ihn oder gegen andere verübte Unrecht mit dem Schwerte oder mit der Stärke seines Armes abwehren mußte.

Die Frauen, und desgleichen die Priester, mögen dadurch, daß sie von solchen Verpflichtungen und teilweise von den sie begleitenden Gefahren befreit waren, damals imstande gewesen sein, einen wohltätigen Einfluß auszuüben. Allein, bei der gegenwärtigen Gestaltung des menschlichen Lebens wüßten wir jene verhärtenden Einflüsse nicht aufzufinden, denen die Männer unterworfen und von denen die Frauen unberührt sein sollen. Die einzelnen kommen heutzutage nur selten in die Lage, Mann gegen Mann auch nur mit friedlichen Waffen zu kämpfen; persönliche Feindschaft und Rivalität spielen keine große Rolle im Weltgetriebe; der allgemeine Druck der Verhältnisse, nicht das Übelwollen einzelner ist das Hindernis, gegen welches sich die Menschen heute zu wehren haben. Wenn dieser Druck übermäßig wird, knickt er den Lebensmut und verengt und verbittert das Gemüt, jedoch das der Frauen nicht weniger als das der Männer, da jene gewiß nicht weniger als diese unter seinen Übeln leiden. Es gibt zwar noch immer Zwist und Gehässigkeit, aber ihre Quellen sind andere geworden. Einst fand der Feudalherr seinen bittersten Feind in seinem mächtigen Nachbarn, der Minister oder Höfling in jenem, der ihm seine Stellung streitig machte; aber der Gegensatz der Interessen im tätigen Leben wirkt jetzt nicht mehr als Ursache persönlicher Feindschaft; die Feindschaften von heutzutage entspringen mehr aus kleinen Veranlassungen als aus großen, mehr aus dem, was die Leute übereinander sagen, als was sie gegeneinander tun, und wenn auch noch Haß, Bosheit und jede Art des Übelwollens zu finden ist, so sind sie es doch unter Frauen ganz in demselben Maße wie unter Männern. Im gegenwärtigen Zustande der Zivilisation könnte die Absicht, die Frauen vor den verhärtenden Einflüssen der Welt zu bewahren, nur so verwirklicht werden, daß man sie vollständig von der Gesellschaft fernhielte. Die gewöhnlichen Pflichten des gewöhnlichen Lebens, wie es jetzt bestellt ist, sind mit jeder anderen Weichheit der Frauen als mit ihrer Schwäche unverträglich. Und ein schwacher Geist in einem schwachen Körper wird sicherlich nicht mehr lange für anziehend oder liebenswürdig auch nur gehalten werden.

Aber in Wahrheit berühren alle diese Argumente und Erwägungen in keiner Weise die Grundlagen des Gegenstandes. Die wirkliche Frage geht dahin, ob es recht und ersprießlich ist, daß die eine Hälfte der menschlichen Gattung ihr Leben in einem Zustande erzwungener Unterordnung unter die andere Hälfte zubringen soll. Wenn es der beste Zustand der menschlichen Gesellschaft ist, in zwei Teile zu zerfallen, von denen der eine aus Personen mit Willen und selbständiger Existenz, der andere aus demütigen Gefährten dieser Personen besteht, jede einem von den ersteren beigegeben, um *seine* Kinder zu erziehen und *sein* Haus ihm angenehm zu machen, wenn das die Stellung ist, die den Frauen zukommt: dann ist es nur ein Gebot der Menschlichkeit, sie dazu zu erziehen, ihnen den Glauben beizubringen, daß ihnen kein größeres Glück widerfahren kann, als von irgendeinem Mann zu solchen Zwecken erwählt zu werden, und daß jede andere Laufbahn, welche der Welt für glücklich oder ehrenvoll gilt, ihnen durch die Bestimmung – nicht sozialer Einrichtungen, sondern der Natur und des Schicksals verschlossen ist.

Wenn wir jedoch fragen, warum das Dasein der einen Hälfte der Menschheit nur ein Mittel für die Zwecke der anderen sein soll und jede Frau ein bloßes Anhängsel eines Mannes, dem seine eigenen Interessen erlaubt sind, damit sich in ihrem Geist kein Widerstreit gegen seine Interessen und sein Belieben rege, so ist die einzige Auskunft, die wir erhalten können, die, daß die Männer es so haben wollen. Es ist ihnen angenehm, daß sie um ihrer selbst willen, die Frauen um der Männer willen leben, und die Herrscher wissen es dahin zu bringen, daß die Eigenschaften und das Betragen, das ihnen an ihren Untertanen wohlgefällt, diesen selbst lange Zeit hindurch als ihre spezifische Untertanen-Tugend gelte. Helvetius ist oft wegen seiner Behauptung geschmäht worden, daß die Menschen unter Tugenden gemeiniglich diejenigen Eigenschaften verstehen, welche ihnen selbst nützlich oder bequem sind. Wie sehr das von der Menschheit im allgemeinen gilt und in wie wunderbarer Weise die Tugendbegriffe, welche die Mächtigen ausstreuen, von ihren Untergebenen aufgefangen und eingesogen werden, dafür ist die Art und Weise ein gutes Beispiel, wie einst die Welt überzeugt war, daß die oberste Tugend der Untertanen die Ergebenheit gegen ihre Könige sei, und wie sie noch jetzt überzeugt ist, daß die vornehmste Tugend der Frauenwelt die Ergebenheit gegen die Männer ist. Während dem Namen nach derselbe Moralkodex für beide Geschlechter gilt, bilden in Wirklichkeit Eigenwille und Selbstbehauptung den Typus der für männlich geltenden Tugenden, während Selbstentäußerung, Geduld, Entsagung und Unterwerfung unter die Gewalt, außer wenn der Widerstand durch andere als die eigenen Interessen geboten ist, durch allgemeine Übereinstimmung zu recht eigentlich weiblichen Pflichten und Reizen gestempelt worden sind. Der Sinn davon ist bloß der, daß sich die Gewalt zum Mittelpunkt der moralischen Verpflichtungen macht und daß ein Mann seinen eigenen Willen zu haben wünscht, aber nicht wünscht, daß seine Gefährtin einen von dem seinigen verschiedenen Willen habe. Wir sind weit entfernt zu behaupten, daß in modernen und zivilisierten Zeiten keine Gegenseitigkeit der Verpflichtungen von seiten des Stärkeren anerkannt wird. Eine solche Behauptung würde sich von der Wahrheit weit entfernen. Aber auch diese Gegenseitigkeit, welche wenigstens bei den höheren und mittleren Klassen die Tyrannei ihrer häßlichsten Züge beraubte, hat in Verbindung mit dem ursprünglichen Übel der Abhängigkeit der Frauen ihrerseits wieder ernsthafte Nachteile hervorgerufen.

Im Anbeginn und bei Stämmen, die sich noch auf einer primitiven Kulturstufe befinden, waren und sind die Frauen die Sklavinnen der Männer zu Zwecken der Arbeit. Alle schweren körperlichen Arbeiten fallen ihnen zu. Der australische Wilde geht müßig, während die Weiber mühsam die Wurzeln ausgraben, von denen er sich nährt. Ein

Indianer, der ein Wild erlegt hat, läßt es liegen und schickt eine Frau danach aus, um es heimzutragen. Auf einer etwas vorgerückteren Stufe, wie in Asien, waren und sind die Frauen die Sklavinnen der Männer zu Zwecken der Sinnlichkeit. In Europa ist daraus frühzeitig eine dritte, mildere Weise der Herrschaft gefolgt, die nicht durch Schläge oder durch Schlösser und Riegel, sondern durch eine sorgfältige Geistesdrillung gesichert wurde. Auch mischen sich immer mehr Gefühle von Wohlwollen und Vorstellungen von Pflichten, wie sie ein Vorgesetzter seinen Schützlingen schuldet, in dies Verhältnis. Aber es wurde viele Jahrhunderte hindurch kein Verhältnis von Genossen, selbst nicht von ungleichen, daraus. Das Weib war ein Stück der Ausstattung des Hauses, des Ruheplatzes, an den sich der Mann vom Geschäft oder vom Vergnügen zurückzog. Männer waren damals wie heute die Genossen seiner Arbeit, und ebenso waren es zumeist Männer, seinesgleichen, die seine Vergnügungen und Zerstreuungen teilten. Innerhalb der vier Wände war er ein Patriarch und Alleinherrscher, und die unverantwortliche Macht übte ihre Wirkung, indem sie ihn, je nach seiner Gemütsart, mehr oder weniger herrschsüchtig, anspruchsvoll und selbstvergötternd, wenn nicht gar zum launenhaften oder rohen Tyrannen machte. Aber wenn seine moralischen Eigenschaften dabei Schaden litten, so war dies nicht notwendig in demselben Maße mit seinen geistigen oder schöpferischen Fähigkeiten der Fall. Er mochte soviel Geisteskraft oder Charakterstärke besitzen, als seine Natur und die Verhältnisse seiner Zeit zuließen. Er mochte das „Verlorene Paradies" dichten oder die Schlacht von Marengo gewinnen. Dies war der Zustand der Römer und Griechen und der Neueren bis vor kurzer Zeit. Ihre Beziehungen zu ihren häuslichen Untertanen nahmen nur einen Winkel, wenn auch einen liebevoll gepflegten, in ihrem Leben ein. Ihre Erziehung als Männer, die Entwicklung ihres Charakters und ihrer Fähigkeiten hing wesentlich von einer anderen Reihe von Einflüssen ab.

Das ist jetzt anders geworden. Die fortschreitende Veredlung hat bei allen Machthabern, und darunter auch bei den Machthabern des Hauses, ein gesteigertes und immer noch sich steigerndes Bewußtsein ihrer Gegenverpflichtungen wachgerufen. Kein Mann meint heute, daß er seiner Frau nur soviel Rücksicht zu schenken braucht, als ihm beliebt. Alle Männer von irgendwelcher Gewissenhaftigkeit glauben, daß die Pflichten gegen ihre Frauen zu den verbindlichsten unter ihren Verpflichtungen gehören. Auch wird darunter nicht allein Schutz verstanden, welchen die Frauen beim gegenwärtigen Zustand der Zivilisation beinahe nicht mehr benötigen, sondern Sorge für ihr Glück und Berücksichtigung ihrer Wünsche, denen die Männer nicht selten ihre eigenen opfern. Die Gewalt der Ehemänner hat jetzt das Stadium erreicht, in dem sich die Gewalt der Könige befand, als die allgemeine Meinung zwar die Berechtigung der Willkürherrschaft noch nicht in Frage zog, aber in der Theorie und in gewissem Maße auch in der Praxis deren selbstische Ausübung verurteilte. Dieser Fortschritt in den moralischen Gefühlen der Menschheit und diese gesteigerte Empfänglichkeit für die Rücksichten, welche ein Mann denen schuldet, die auf ihn allein angewiesen sind, haben dahin gewirkt, das Haus immer mehr zum Mittelpunkt der Interessen zu machen und den häuslichen Verhältnissen und der häuslichen Geselligkeit einen immer größeren Anteil an den Bestrebungen und Vergnügungen des Lebens zuzuwenden. Diese Einflüsse wurden durch die Wandlung in den Sitten und Neigungen verstärkt, welche die letzten zwei oder drei Menschenalter in so bemerkenswerter Weise ausgezeichnet hat. Es ist noch nicht gar lange her, daß die Männer an gewaltsamen Leibesübungen, geräuschvoller Lustbarkeit und Zechgelagen Geschmack fanden und damit ihre Zeit ausfüllten. Sie haben jetzt in allen außer den ärmsten Klassen die Neigung für diese Dinge und für die roheren Vergnügungen überhaupt verloren und zeigen kaum irgendwelche Geschmacksrichtung, die ihnen nicht mit den Frauen gemeinsam wäre; zum ersten Male in der Welt sind Mann und Weib wirklich

Gefährten. Es wäre dies ein sehr heilsamer Umschwung, wenn die Gefährten einander gleich stünden; da sie aber ungleich sind, so folgt daraus (und gute Beobachter haben die Tatsache wahrgenommen, ohne ihre Ursache zu erkennen) eine fortschreitende Verschlechterung der Männer in all dem, was man bisher für männliche Vorzüge gehalten hat. Diejenigen, welche so ängstlich zu verhüten suchen, daß die Frauen Männer werden, merken nicht, daß die Männer das werden, wozu sie die Frauen bestimmt haben, daß sie jener Schwäche verfallen, welche sie so lange an ihren Genossinnen gepflegt haben. Die Gemeinschaft des Lebens hat die Neigung, die Menschen einander ähnlich zu machen. Bei der jetzt zwischen den beiden Geschlechtern bestehenden innigen Lebensgemeinschaft können die Männer männliche Tugenden nur dann bewahren, wenn die Frauen sie erwerben.

Es gibt kaum eine Lage, welche der Erhaltung des Charakteradels oder der Geisteskraft so abträglich wäre, als wenn man in der Gesellschaft von geistig tiefer Stehenden lebt und sich mit Vorliebe um ihren Beifall bewirbt. Warum sehen wir so oft im Leben auf vielversprechende Anfänge so ungenügende – geistige und sittliche – Leistungen folgen? Aus keinem anderen Grunde, als weil der Strebende sich nur mit solchen verglichen hat, die unter ihm stehen, und nicht Vervollkommnung oder Anregung gesucht hat, indem er sich mit seinesgleichen oder mit Überlegenen maß. Im gegenwärtigen Zustand des sozialen Lebens wird dies immer mehr das allgemeine Schicksal der Männer. Immer weniger streben sie nach anderen Freundschaften, und immer weniger unterliegen sie anderen persönlichen Einflüssen als denjenigen, welche sie unter dem häuslichen Dache finden. Um hier nicht mißverstanden zu werden, ist es notwendig, ausdrücklich der Annahme zu widersprechen, daß selbst jetzt die Frauen den Männern geistig untergeordnet sind. Es gibt Frauen, welche sich an Geistesstärke allen Männern, die jemals gelebt haben, an die Seite stellen können, und wenn man gewöhnliche Frauen mit gewöhnlichen Männern vergleicht, muß man sagen, daß die verschiedenartigen, obwohl geringfügigen Angelegenheiten, welche die Beschäftigung der meisten Frauen bilden, vielleicht ebensoviel geistige Fähigkeiten wachrufen als die gleichförmige Routine der Berufsarten, welche die tägliche Beschäftigung der großen Mehrheit der Männer ausmachen. Es liegt nicht an den Fähigkeiten selber, sondern an den kleinlichen Gegenständen und Interessen, denen sie allein zugewendet sind, daß der Verkehr mit Frauen, wie sie infolge ihrer gegenwärtigen Stellung beschaffen sind, auf hohe Fähigkeiten und Bestrebungen der Männer so oft zersetzend einwirkt. Wenn die Frau für die großen Ziele und Gedanken, welche dem Leben seinen Wert verleihen, kein Verständnis besitzt oder von dessen praktischen Zwecken nichts schätzt außer den persönlichen Interessen und persönlichen Eitelkeiten, dann wird, seltene Fälle ausgenommen, ihr absichtlich und noch mehr ihr unabsichtlich geübter Einfluß im Geist des Mannes jene Interessen, die sie nicht teilt oder nicht teilen kann, zu minderer Bedeutung herabdrücken, wenn nicht gar völlig vernichten.

Unsere Beweisführung bringt uns hier in Widerstreit mit denen, welche man die gemäßigten Verbesserer der weiblichen Erziehung nennen kann, – eine Art von Personen, welche den Pfad der Reform in allen großen Fragen kreuzen, diejenigen nämlich, welche die alten schlechten Prinzipien aufrechterhalten, aber ihre Wirkung mildern wollen. Diese Leute sagen, daß die Frauen nicht die Sklavinnen oder Dienerinnen, sondern die Lebensgefährtinnen der Männer sein sollen, und daß man sie auch zu diesem Beruf erziehen soll. (Sie sagen nicht, daß man die Männer dazu erziehen soll, die Gefährten der Frauen zu sein.) Aber da ungebildete Frauen keine passenden Gefährtinnen für gebildete Männer sind und ein Mann, der an Dingen über und außerhalb des Familienkreises Anteil nimmt, wünscht, daß seine Gefährtin dieses Interesse mit ihm teile, so mögen, sagen sie, die Frauen ihren Verstand und ihren Geschmack ausbilden, allgemeine Bildung erwerben, Kunst und Poesie pflegen, selbst ein wenig mit der Wissenschaft liebäugeln, und einige dehnen ihre Großmut so weit aus zu sagen, sie mögen sich auch über Politik unterrichten; das alles, nicht um diese Dinge zu betreiben, sondern nur soweit, als es nötig ist, um sich für dieselben zu interessieren und mit dem Gemahl darüber eine Unterhaltung zu pflegen oder zum mindesten doch dessen Weisheit verstehen und in sich aufnehmen zu können. Das ist gewiß für den Gatten sehr angenehm, aber leider alles andere eher als förderlich. Nur weil sie bloß mit solchen geistigen Umgang pflegen, denen sie selbst ihre Meinungen vorschreiben können, gelangen so viele Menschen nicht über die ersten Stufen der Weisheit hinaus. Die bedeutendsten Männer hören auf fortzuschreiten, wenn sie bloß mit Schülern verkehren. Wenn sie diejenigen überflügelt haben, welche ihre nächste Umgebung bilden, und nach weiterer Entwicklung streben, müssen sie Personen von ihrem eigenen Wuchse aufsuchen, um mit ihnen Umgang zu pflegen. Die geistige Genossenschaft, welche zur Vervollkommnung verhilft, ist der Verkehr zwischen tätigen Geistern, nicht die Berührung zwischen einem tätigen und einem leidenden Geiste. Ein solcher unschätzbarer Gewinn wird selbst jetzt mitunter erreicht, wenn durch einen seltenen Zufall ein starkgeistiger Mann und ein starkgeistiges Weib sich verbinden; und er würde viel öfter zustande kommen, wenn die Erziehung sich dieselbe Mühe gäbe, starkgeistige Frauen heranzubilden, als sie jetzt tut, um ihre Heranbildung zu verhindern. Die modernen, für aufgeklärt und fortschrittlich geltenden Methoden der Frauenerziehung verwerfen, soweit es sich um Worte handelt, eine bloß auf den Prunk berechnete Erziehung und geben vor, eine ernste Ausbildung anzustreben, aber sie verstehen darunter einen oberflächlichen Unterricht in ernsten Gegenständen. Von Fertigkeiten abgesehen, in betreff deren man jetzt allgemein annimmt, sie sollen gut, wenn überhaupt gelehrt werden, wird nichts den Frauen gründlich gelehrt. Kleine Bruchteile von dem, was man die Knaben gründlich zu lehren versucht, sind alles, was man den Frauen beizubringen wünscht oder beabsichtigt. Was die Menschen zu intelligenten Wesen macht, ist das Vermögen zu denken; die Anregungen, welche dieses Vermögen erwecken, sind der Reiz und die Würde des Denkens selbst und ein freies Feld für dessen praktische Anwendung. Diese beiden Beweggründe sind aber jenen entzogen, welchen von Jugend auf gesagt wird, daß das Denken und alle seine wichtigen Anwendungen die Sache anderer Leute ist, während es ihre Sache ist, sich anderen Leuten angenehm zu machen. Hohe Geisteskräfte werden unter den Frauen so lange zufällige Ausnahmen bleiben, bis ihnen jeder Lebensweg offensteht und bis sie so gut wie die Männer für sich selbst und für die Welt erzogen werden, nicht das eine Geschlecht für das andere.

Bei dem, was wir bisher über die vereinte Wirkung der untergeordneten Stellung der Frauen und der gegenwärtigen Gestaltung des ehelichen Lebens gesagt haben, hatten wir nur die allergünstigsten Fälle im Auge, solche, in denen sich irgendwie eine wirkliche Annäherung an jene Vereinigung und Verschmelzung von Leben und Charakter vorfindet, welche der theoretischen Erörterung als der ideale Maßstab dieses Verhältnisses gilt. Aber wenn wir uns an die große Mehrzahl der Fälle halten, muß der Einfluß der gesetzlichen Unterordnung der Frauen auf ihren Charakter wie auf jenen der Männer in weit dunkleren Farben geschildert werden. Wir sprechen hier nicht von roheren Mißhandlungen und nicht von dem Recht des Mannes, den Erwerb der Frau mit Beschlag zu belegen oder sie gegen ihren Willen zu zwingen, mit ihm zu leben. Wir wenden uns nicht an jene, die einen Beweis dafür verlangen, daß diese Dinge nicht bestehen sollten. Wir nehmen Durchschnittsfälle an, in denen weder völlige Harmonie noch völlige Unvereinbarkeit der Gefühle und Charaktere besteht, und wir behaupten, daß in solchen Fällen die Abhängigkeit des Weibes auf den Charakter beider schädigend einwirkt. Man glaubt allgemein, daß, wie es auch immer mit dem geistigen Einfluß der Frauen stehen mag, ihr moralischer Einfluß auf die Männer nahezu immer ein heilsamer ist. Er ist, so sagt man uns oft, das *eine* große Gegenmittel gegen die Selbstsucht. Allein, wie es sich auch immer mit dem persönlichen Einfluß verhalten mag, der Einfluß ihrer Stellung besitzt in hervorragender Weise die Tendenz, die Selbstsucht zu fördern. Der allerunbedeutendste Mann, der Mann, der nirgendwo anders Einfluß oder Beachtung genießt, findet einen Platz, wo er Oberhaupt und Herrscher ist. Es gibt eine Person, ihm an Verstand oft weit überlegen, die ihn um Rat zu fragen gehalten ist, während er sie um Rat zu fragen nicht verpflichtet ist. Er ist Richter, Obrigkeit, Souverän in betreff ihrer gemeinsamen Angelegenheiten, er entscheidet in allen Zwistigkeiten zwischen ihnen. Die Gerechtigkeit oder Gewissenhaftigkeit, vor welche sie ihre Klage bringen muß, ist seine Gerechtigkeit und seine Gewissenhaftigkeit; sein Amt ist es, die Waagschalen zu richten und die Waage zu halten zwischen seinen eigenen Wünschen oder Ansprüchen und jenen eines anderen. Es ist dies jetzt in zivilisierten Ländern das einzige Tribunal, bei welchem dieselbe Person zugleich Richter und Partei ist. Eine großmütige Seele läßt in solcher Stellung die Waage auf die Seite des anderen sinken und gibt diesem nicht weniger, sondern mehr als das gebührende Teil. So kann sich für die schwächere Seite sogar ihre Abhängigkeit in ein Werkzeug der Macht verwandeln, und sie kann in Ermangelung der Gerechtigkeit aus dem Edelsinn einen unedlen Vorteil ziehen, während die ungerechte Macht für die, welche sie so uneigennützig gebrauchen, eine Last und eine Qual wird. Aber was geschieht, wenn ein Mann, wie Männer durchschnittlich sind, mit dieser Machtvollkommenheit ausgerüstet wird, ohne Gegenpflichten und ohne Verantwortlichkeit? Gebt einem solchen Mann die Vorstellung, daß er nach Sitte und Gesetz der erste sei, daß zu wollen seine Sache sei, ihre Sache, sich dem Willen zu fügen; dürfen wir da wohl annehmen, daß diese Vorstellung seinen Geist nur oberflächlich streifen wird, ohne in seine Tiefen einzudringen und ohne auf seine Gesinnungen und Handlungen einzuwirken? Die Neigung, sich und seine Interessen in die erste Reihe zu stellen, diejenigen anderer höchstens in die zweite, ist nicht so selten, daß sie dort fehlen sollte, wo alles wie mit Absicht darauf angelegt scheint, ihre Herrschaft zu ermutigen. Wenn dem Manne irgendwelcher Eigenwille innewohnt, so wird er entweder wissentlich oder unwissentlich zum Despoten seines Hauses. Das Weib erreicht zwar oft ihre Zwecke, aber das geschieht durch irgendwelche von den mannigfachen Abarten der Berechnung und Verstellung. So wirkt ihre Stellung verderbend auf beide; bei dem einen erzeugt sie die Laster der Macht, bei dem anderen die der List. Frauen sind in ihrem gegenwärtigen physischen und moralischen Zustand von stärkeren Impulsen beherrscht als die Männer, und man sollte daher erwarten, daß sie offener und freimütiger seien als diese; doch werden sie in allen alten Sagen und Überlieferungen als falsch und heuchlerisch geschildert. Warum? Weil sie ihre Ziele nur auf Schleichwegen erreichen können. In allen Ländern, wo die Frauen lebhafte Wünsche und einen tätigen Geist besitzen, tritt diese Folge unausweichlich ein, und wenn sie in England weniger auffällig ist als anderswo, so kommt dies daher, daß die englischen Frauen, vereinzelte Ausnahmen abgerechnet, aufgehört haben, lebhafte Wünsche oder einen tätigen Geist zu besitzen.

Wir sprechen jetzt nicht von Fällen, wo etwas, das den Namen einer starken Zuneigung verdient, auf beiden Seiten vorhanden ist. Wo eine solche vorkommt, ist sie ein zu mächtiger Faktor, um nicht die schlechten Einflüsse der gegenseitigen Stellung wesentlich zu mildern; doch kann sie dieselben nur selten gänzlich zerstören. Viel häufiger sind die schlechten Einflüsse zu stark für die Zuneigung und zerstören diese. Die höchste Art dauerhaften ehelichen Glückes würde hundertmal häufiger vorkommen, als es der Fall ist, wenn das Gefühl, das beide Geschlechter voneinander verlangen, jene echte Freundschaft wäre, die nur zwischen Personen bestehen kann, die einander an Rechten und an Fähigkeiten gleich sind. Aber an dem, was gewöhnlich im ehelichen Leben Zuneigung genannt wird – das gewohnheitsmäßige und fast mechanische Gefühl von Wohlwollen und wechselseitigem Behagen, das in der Regel zwischen Personen, die stets miteinander verkehren, erwächst, wenn sie sich nicht geradezu abstoßen –, an diesem ist nichts, was den unheilvollen Einflüssen der Ungleichheit entgegenwirken oder sie modifizieren könnte. Solche Gefühle bestehen oft zwischen einem Sultan und seinen Favoritinnen, einem Herrn und seinen Dienern; sie sind nur Beispiele von der Biegsamkeit der menschlichen Natur, welche sich in gewissem Maße selbst in die schlimmsten Verhältnisse zu schicken weiß, und zwar vermögen das die gemeinsten Naturen immer am leichtesten.

Der persönliche Einfluß, welchen die Frauen auf die Männer ausüben, macht dieselben ohne Zweifel weniger schroff und hart; in roheren Zeiten war dies oft der einzige besänftigende Einfluß, dem sie zugänglich waren. Aber die Behauptung, daß der Einfluß des Weibes den Mann weniger selbstsüchtig macht, enthält, wie die Dinge jetzt stehen, genausoviel Irrtum als Wahrheit. Dem Egoismus gegen das Weib selbst und gegen diejenigen, die ihr am Herzen liegen, die Kinder, wirkt der Einfluß des Weibes allerdings entgegen, obwohl ihre Abhängigkeit dieselbe begünstigt. Aber solange ihre Interessen auf die Familie allein beschränkt sind, kann ihr Charakter auf den seinigen im allgemeinen nur in der Weise einwirken, daß an die Stelle der persönlichen Selbstsucht eine Familienselbstsucht tritt, welche ein liebenswürdiges Gewand trägt und die Maske der Pflicht vornimmt. Wie selten steht der Einfluß des Weibes auf seiten der Bürgertugend, wie selten verhält er sich anders als entmutigend gegen jede Betätigung der Gesinnung, von welcher ein Nachteil für die weltlichen Interessen oder den weltlichen Glanz der Familie zu erwarten ist. Sinn fürs Gemeinwohl, Verständnis für die Pflichten gegen das allgemeine Beste, dies ist von allen Tugenden diejenige, welche bei den Frauen, wie sie jetzt erzogen oder gestellt sind, am seltensten gefunden wird; sie besitzen sogar nur selten das, was bei Männern oft ein teilweiser Ersatz für fehlenden Gemeinsinn ist, persönliches Ehrgefühl, das sich an irgendeine öffentliche Pflichterfüllung knüpft. Mancher Mann, der durch Geld oder persönliche Schmeichelei nicht zu bestechen war, hat seine politischen Ansichten gegen einen Titel oder eine Einladung für seine Frau verschachert; und eine noch größere Zahl geht ganz und gar in der Jagd nach den kindischen Auszeichnungen der Gesellschaft auf, weil ihre Frauen darauf erpicht sind. Was die Gesinnung betrifft, so ist in katholischen Ländern der Einfluß der Frau nur ein anderer Name für den Einfluß des Priesters, der ihr in den Hoffnungen und Gefühlen, welche sich an ein Leben im Jenseits knüpfen, einen Trost für die Leiden und Enttäuschungen darreicht, die gewöhnlich in diesem Leben ihr Los sind. Anderswo werfen sie ihr Gewicht in die Waagschale entweder der alltäglichsten oder der äußerlich erfolgreichsten Meinungen, bei denen man entweder am wenigsten Tadel zu fürchten hat oder welche die meiste Aussicht auf weltliche Beförderung eröffnen. In England steht der Einfluß des Weibes gewöhnlich auf der illiberalen und volksfeindlichen Seite, denn das ist in der Regel die für persönliches Interesse und persönliche Eitelkeit vorteilhafte Seite; und was kümmert das Weib die Demokratie oder der Liberalismus, an dem sie keinen Anteil hat, der sie als denselben Paria zurückläßt, als den er sie vorfand? Der Mann selbst fällt gewöhnlich, nachdem er geheiratet hat, dem Konservatismus anheim; er fängt an, für die Machthaber mehr Sympathie zu empfinden als für ihre Opfer, und hält es für seine Aufgabe, sich auf die Seite der Autorität zu stellen. Was geistigen Fortschritt betrifft, so ist es damit, von jenen vulgären Fertigkeiten, welche der Eitelkeit oder dem Ehrgeiz dienen, abgesehen, in der Regel bei einem Manne zu Ende, der ein geistig unter ihm stehendes Weib heiratet, ausgenommen allerdings, wenn er in der Ehe unglücklich oder gegen sein Weib gleichgültig wird. Ein erfahrener Beobachter erwartet von einem Manne von fünfundzwanzig oder dreißig Jahren nach seiner Verheiratung kaum mehr irgendwelche Vervollkommnung an Geist oder Charakter. Selten nur wird die schon erworbene Stufe behauptet. Ein Funke der *mens divinior,* der sonst zur Flamme herangewachsen wäre, glimmt nur selten noch längere Zeit fort, ohne zu verlöschen. Denn ein Geist, welcher sich mit dem bescheiden lernt, was er schon ist, welcher nicht unverwandt nach einer Staffel der Vollkommenheit ausschaut, die er noch nicht besitzt, wird schlaff und träge und verliert die Spannkraft, die ihn auch nur auf der schon erreichten Stufe erhalten kann. Und es gibt keine Tatsache in der menschlichen Natur, für welche die Erfahrung ein ausnahmsloses Zeugnis ablegte, als diese, daß alle sozialen oder sympathischen Einflüsse, welche nicht erheben, eine erniedrigende Wirkung üben; wenn sie den Geist nicht befeuern und veredlen, ziehen sie ihn zur Alltäglichkeit herab.

Es liegt daher im Interesse nicht nur der Frauen, sondern auch der Männer und des menschlichen Fortschrittes im weitesten Sinne, daß die Emanzipation der Frauen, welche die moderne Welt sich oft rühmt bewirkt zu haben und welche mitunter auf Rechnung der Zivilisation, mitunter auf jene des Christentumes gesetzt wird, nicht auf der Stufe stehenbleibe, auf der sie sich jetzt befindet. Wenn es gerecht oder notwendig wäre, daß ein Teil der Menschheit an Gemüt und Geist nur halb entwickelt werde, so hätte die Entwicklung des anderen Teiles soweit als möglich von seinem Einfluß unabhängig gemacht werden sollen. Statt dessen sind die Frauen die nächsten, und man kann jetzt sagen die einzigen nahen Gefährten derjenigen geworden, deren Höhe sie doch beileibe nicht erreichen sollen; sie sind gerade weit genug erhoben worden, um die anderen zu sich herabzuziehen.

Eine Schar trivialer Einwendungen haben wir hinter uns gelassen, zum Teil weil sie eine Antwort nicht verdienen, zum Teil weil sie durch den ganzen Gang unserer Darlegung bereits mittelbar beantwortet sind. Ein paar Worte müssen wir jedoch einem Einwurf widmen, von dem man in England sehr oft Gebrauch macht, um der Verfechtung eigennütziger Vorrechte ein uneigennütziges Ansehen zu geben, und welcher bei oberflächlicher Betrachtung weit mehr zu besagen scheint, als er in Wirklichkeit bedeutet. Die Frauen, so behauptet man, sehnen sich nicht und streben nicht nach dem, was man ihre Emanzipation nennt. Im Gegenteil: sie weisen jede Gemeinschaft mit den Ansprüchen, die für sie erhoben werden, zurück und fallen mit Erbitterung über jede unter ihnen her, welche für ihre gemeinsame Sache eintritt.

Nehmen wir an, daß diese Tatsache im weitesten Umfang, in dem sie jemals behauptet wurde, wahr ist; wenn sie dann beweist, daß die europäischen Frauen so bleiben sollen, wie sie sind, so beweist sie genau dasselbe für die Frauen Asiens; denn auch diese sind stolz auf ihre Abgeschlossenheit von der Welt und auf den Zwang, unter dem sie stehen, anstatt darüber zu murren, und sie staunen über die Schamlosigkeit der Frauen, welche männliche Besuche empfangen und sich unverschleiert auf der Straße blicken lassen. Die Gewöhnung an die Unterwerfung erzeugt eben bei Frauen wie bei Männern knechtische Gesinnung. Die Millionen Asiens sehnen sich nicht nach politischer Freiheit, die sie nicht zu schätzen wissen und wahrscheinlich nicht annehmen würden; ebenso verhalten sich die Wilden des Busches zur Zivilisation; aber das beweist nicht, daß diese Dinge für sie nicht wünschenswert sind und daß sie dieselben nicht in irgendeiner künftigen Zeit genießen werden. Die Gewöhnung härtet menschliche Wesen gegen jede Art der Erniedrigung ab, indem sie den widerstrebenden Teil ihrer Natur abtötet. Und der Fall der Frauen ist in dieser Hinsicht noch ein besonderer, denn es ist uns nicht bekannt, daß jemals eine andere dienstbar gemachte Klasse unterwiesen wurde, ihre Erniedrigung als eine Ehre anzusehen. Doch ist in diesem Argument das stille Eingeständnis enthalten, daß die angebliche Vorliebe der Frauen für ihre abhängige Stellung nur eine scheinbare ist und aus dem Mangel jeder freien Wahl hervorgeht; denn wäre die Vorliebe eine natürliche, so könnte keine Notwendigkeit vorhanden sein, sie durch Gesetze zu erzwingen. Es hat noch kein Gesetzgeber es notwendig befunden, Gesetze zu erlassen, um die Leute zu zwingen, ihrer Neigung zu folgen. Die Ausflucht, daß die Frauen keine Veränderung wünschen, ist dieselbe, die seit unvordenklichen Zeiten immer und immer wieder gegen den Vorschlag der Abschaffung eines sozialen Übels vorgebracht wurde: „es ist keine Klage vorhanden", – was gewöhnlich nicht wahr oder doch nur darum wahr ist, weil nicht jene Hoffnung auf Erfolg vorhanden ist, ohne welche die Klage sich selten vor ungeneigten Ohren vernehmen läßt. Woher weiß unser Gegner, daß die Frauen Gleichheit und Freiheit nicht begehren? Er hat wohl keine Frau kennengelernt, welche diese Güter nicht für sich selbst begehrte oder begehren würde. Es wäre aber sicher einfältig, zu glauben, daß sie, wenn sie dieselben begehren, dies auch aussprechen werden. Ihre Lage gleicht jener von Pächtern oder Arbeitern, welche gegen ihre eigenen Interessen stimmen, ihrem Gutsherrn oder Arbeitgeber zu Gefallen; wozu noch der ganz eigenartige Umstand tritt, daß ihnen Unterwürfigkeit von Jugend auf als besonderer Reiz und Zierde ihres Wesens eingeschärft wurde. Sie sind gelehrt worden zu denken, daß die tätige Zurückweisung selbst eines ihnen angetanen, offenkundigen Unrechtes einigermaßen unweiblich ist und besser einem männlichen Freund oder Beschützer überlassen bleibt. Die Auflehnung gegen irgend etwas, was man eine Einrichtung der Gesellschaft nennen kann, haben sie als ein ernstes Vergehen zum mindesten gegen die Anstandsregeln ihres Geschlechtes betrachten und meiden gelernt. Es erfordert ungewöhnlichen moralischen Mut und Uneigennützigkeit bei einer Frau, um sich zugunsten der Emanzipation der Frauen auszusprechen, so lange wenigstens, bis einige Aussicht auf Erfolg vorhanden ist. Die Annehmlichkeit ihres eigenen Lebens und ihr Ansehen in der Gesellschaft hängt gewöhnlich von dem Wohlwollen derjenigen ab, welche sich im Besitze der rechtswidrigen Macht befinden; und Machthabern erscheint keine noch so bittere Klage über den Mißbrauch ihrer Gewalt als ein ebenso schreiender Akt der Widersetzlichkeit wie eine Anfechtung dieser Macht selbst. Die diesbezüglichen Bekenntnisse der Frauen erinnern uns an die Hochverräter der alten Zeiten, welche unmittelbar vor der Hinrichtung ihre Liebe und Hingebung für den Fürsten zu beteuern pflegten, durch dessen Ungerechtigkeit sie zu leiden hatten. Die Reden, welche Shakespeare den männlichen Opfern königlicher Laune und Tyrannei in den Mund legt, z.B. dem Herzog von Buckingham und selbst Wolsey in *Heinrich VIII.*, halten den Vergleich mit denen einer Griseldis aus. Die Schriftstellerinnen von Beruf, besonders jene in England, beeifern sich, jeden Wunsch nach Gleichstellung oder nach den Bürgerrechten geflissentlich zu verleugnen und ihre volle Zufriedenheit mit der Stellung, welche ihnen die Gesellschaft anweist, zu verkünden; sie üben darin, wie in mancher anderen Hinsicht, einen höchst ungünstigen Einfluß auf die Gefühle und Ansichten der Männer aus, welche diese Speichelleckerei arglos als Zugeständnisse an die Macht der Wahrheit ansehen, ohne zu überlegen, daß es im persönlichen Interesse dieser Frauen liegt, keine anderen Meinungen auszusprechen als solche, von denen sie hoffen können, daß sie den Männern genehm sein werden. Wir werden die Führer einer demokratischen Bewegung nicht gerade unter jenen Männern von Talent suchen, die aus dem Volk hervorgegangen sind und von der Aristokratie beschützt und gehätschelt werden. Ebenso unwahrscheinlich ist es, daß erfolgreiche Schriftstellerinnen die Sache der Frauen ihrem eigenen Ansehen in der Gesellschaft vorziehen werden. Sie hängen in ihren literarischen wie in ihren Erfolgen als Frauen ganz von den Männern ab, und sie haben eine so schlechte Meinung von denselben, daß sie glauben, unter zehntausend gebe es kaum einen, der nicht Kraft, Freimut oder Furchtlosigkeit bei einem Weibe haßt und fürchtet. Daher sind sie ängstlich bemüht, durch ein Zurschautragen von Unterwürfigkeit auf diesem Gebiete Verzeihung und Duldung für alles zu erlangen, was ihre Schriften über andere Gegenstände etwa von sol-

chen Eigenschaften verraten mögen; sie wollen Alltagsmännern keine Gelegenheit geben zu sagen (was Alltagsmänner unter allen Umständen sagen werden), daß Gelehrsamkeit unweiblich macht und daß schriftstellernde Damen wahrscheinlich schlechte Hausfrauen sein werden.
Doch genug davon; besonders da die Tatsache, welche den Anlaß zu diesem Aufsatze bot, es unmöglich macht, die allgemeine (nur durch individuelle Ausnahmen getrübte) Zufriedenheit der Frauen mit ihrer untergeordneten Stellung noch länger zu behaupten. In den Vereinigten Staaten wenigstens gibt es Frauen, anscheinend in großer Zahl und nunmehr zu gemeinsamer Einwirkung auf den öffentlichen Geist vereinigt, welche Gleichheit im weitesten Sinne des Wortes fordern, und sie fordern durch einen freimütigen Appell an den Rechtssinn der Männer, nicht sie erbitten unter schüchterner Beschwörung ihres Mißvergnügens.
Allein, wie andere Volksbewegungen kann auch diese durch die Fehlschritte ihrer Anhänger ernstlich verzögert werden. Zwar sind, wenn man den gewöhnlichen Maßstab von Volksversammlungen anlegt, die Reden bei der Frauenversammlung durch das Übergewicht des Verständigen über das Phrasenhafte sehr bemerkenswert; aber es sind einige Ausnahmen vorgekommen, und Dinge, in denen es schwer ist, einen vernünftigen Sinn zu erkennen, haben in die Resolutionen Eingang gefunden. So erscheint in der Resolution, welche die zugunsten der Frauen erhobenen Forderungen aufzählt, nach der Forderung der Gleichheit in Erziehung, in gewerblicher Tätigkeit und in politischen Rechten, als ein vierter Punkt etwas unter dem Namen einer „gesellschaftlichen und geistigen Vereinigung“ und „eines Mediums, um die höchsten moralischen und geistigen Gesichtspunkte der Gerechtigkeit zu vertreten“ nebst anderem ähnlichen Gerede, das nur dazu dient, die Einfachheit und Verständigkeit der übrigen Forderungen zu beeinträchtigen; wodurch man an die schwächlichen Versuche derjenigen erinnert wird, welche nominelle Gleichheit zwischen Männern und Frauen mit einer erzwungenen Verschiedenheit ihrer Rechte und

Verrichtungen zu verbinden trachten. Was den Frauen not tut, das sind gleiche Rechte, die Zulassung zu allen sozialen Gerechtsamen, nicht irgendeine Sonderstellung, eine Art von empfindsamem Priestertum. An diesem, dem einzig gerechten und vernünftigen Grundsatz halten sowohl die Resolutionen als die Reden fast durchgehend fest. Sie enthalten so wenig, was mit dem in Frage stehenden unsinnigen Absatz verwandt ist, daß wir vermuten, er rühre nicht von denselben Händen her wie die meisten übrigen Resolutionen. Die Stärke der Sache liegt in der Unterstützung derjenigen, welche von Vernunft und Grundsätzen beeinflußt sind; und wenn man sie durch Empfindeleien zu empfehlen sucht, welche an sich unsinnig und mit dem Prinzip, auf welches sich die Bewegung gründet, unverträglich sind, so heißt dies, eine gute Sache auf denselben Boden wie eine schlechte stellen.

Es sind Anzeichen vorhanden, daß das Beispiel Amerikas auf dieser Seite des Atlantischen Ozeans Nachahmung finden wird; und der erste Schritt dazu ist in jenem Teile Englands geschehen, wo jede ernste Bewegung in der Richtung des politischen Fortschritts ihren Anfang nimmt: in den Fabrikbezirken des Nordens. Eine Frauen-Petition um Verleihung des Stimmrechtes ist von einer zu Sheffield abgehaltenen öffentlichen Versammlung genehmigt und von Carl von Carlisle am 13. Februar 1851 dem Hause der Lords überreicht worden.

Helen Taylor
Fünf Briefe zur Frauenfrage

Deutsch von Hans-Günter Holl

1. An Mrs. Caroline Liddell

Es handelt sich hier um die Antwort auf einen Brief, in dem Caroline Liddell für das Frauenstimmrecht eintritt, aber sagt, sie sei „keine willensstarke Frau und würde es sich nie träumen lassen, aufs Rednerpult zu steigen".

6. Mai 1866

Gnädige Frau, – ich bin glücklich zu hören, daß Sie und die anderen Damen Ihren berechtigten Anspruch geltend machen wollen, in dem Staat vertreten zu sein, an den Sie Steuern bezahlen, und ich möchte Sie ermutigen, keine Gelegenheit hierfür ungenutzt zu lassen. Wenn die Männer, die die lästigen Unterschiede abbauen wollen, unter denen Sie arbeiten, Argumente vortragen, welche sich auf die augenscheinliche Gerechtigkeit Ihrer Sache stützen, treffen wir immer wieder auf die Erwiderung, daß die Damen selbst keine Härte darin sehen und nicht genug Interesse für das Wahlrecht zeigen, um danach zu verlangen. Ich freue mich, sagen zu können, daß ich mehrere Parlamentsmitglieder kenne, die das Wahlrecht ohne Ansehen des Geschlechts gewähren wollen, aber ich kenne weit mehr, die sich schämen würden, es zu versagen, wenn es ruhig und beharrlich von den Frauen selbst gefordert würde. Es ist schade, daß Sie bestreiten, willensstark zu sein, denn ich glaube, daß Willensstärke eine der edelsten Gaben ist, über die ein vernünftiges Geschöpf – ob männlich oder weiblich – verfügen kann; und außerdem verrät sie am meisten über unseren Wirkungsgrad bei unserer Arbeit für die Sache der Wahrheit. Die geistigen Kräfte und Energien, die wirklich jede von uns besitzt, sollten im Kampf gegen die Übel eingesetzt werden, mit denen uns die Umstände vertraut gemacht haben, und eine Frau, die Steuern bezahlt, ist die natürlichste und geeignetste Verfechterin der politischen Befreiung der Frauen. Ich hoffe daher, daß Sie sich bemühen werden, denen beizustehen (und ich kenne mehr als eine), die ihr Leben der Arbeit für Ihre Sache gewidmet haben, indem Sie, wann und wo immer Sie können, in der Gesellschaft und, wenn sich die Gelegenheit ergibt, in der Öffentlichkeit, gegen die Ungerechtigkeit protestieren, unter der Sie leiden. Wenn Sie selbst ein Gesuch schreiben könnten (fast in der Form ihres Briefes an mich) und so viele Unterschriften dafür sammeln wie nur möglich, würde ich es gerne dem Parlament vorlegen.

2. An R. Russel, über das Frauenstimmrecht

6. März 1867

Lieber Herr, – ich sehe nicht, wie die Tatsache, daß es irgendwann einmal ratsam sein könnte, Frauen zum Repräsentantenhaus zuzulassen, gegenwärtig ein Hindernis für die Erfüllung ihrer Forderungen bilden kann, als Wählerinnen anerkannt zu werden. Alle Einwände gegen das Zusammentreffen von Personen beider Geschlechter zum Zwecke der Gesetzgebung haben die natürliche Tendenz, in höheren Zivilisationsstufen an Bedeutung zu verlieren. In einigen Ländern sind die Geschlechter in der Kirche noch immer getrennt; im Osten ist der Einfluß des Geschlechts so groß, daß selbst das Familienleben deshalb unmöglich wird: Brüder und Schwestern, Väter und Töchter, werden voneinander abgesondert, und Männer und Frauen dürfen nur in der ehelichen Beziehung zusammenleben. Wir haben jedoch durch die Erfahrung bewiesen, daß genau in dem Maße, wie Männer und Frauen in einer Vielfalt von Beziehungen öffentlich zusammenkommen, die nicht auf dem Geschlecht beruhen, ihr Verhalten sicher und vorteilhaft wird und die Stimmung der öffentlichen Moral anhebt. Ich bin geneigt zu denken, daß keine Gesetzgebung notwendig ist, die Frauen daran hindert, Mitglieder des Parlaments zu werden; denn bevor eine Frau von einer ausreichend großen Zahl von Wählern gewählt würde, wird sich die öffentliche Meinung der nötigen Schicklichkeit des Gefühls

im Unterhaus versichern, um ihre Anwesenheit dort völlig harmlos werden zu lassen.
Was den Einwand angeht, Männer und Frauen könnten bei manchen Anlässen kollektiv unterschiedlicher Auffassung sein, und die Frauen würden dann ihren eigenen Weg gehen, so ist er viel unberechtigter als der entsprechende Einwand gegen die arbeitenden Klassen, da Männer und Frauen zahlenmäßig viel leichter ausgeglichen werden können als Arme und Reiche. Ich kann nicht einsehen, wie eine Regelung, bei der die Männer immer ihren eigenen Weg gehen können, das gerechte Mittel sein soll, um die Frauen daran zu hindern, gelegentlich auch den ihren zu verfolgen. Zwischen Männern und Frauen besteht ein genaueres Gleichgewicht als sonst zwischen zwei Klassen, und daher kann man hier leichter zu Gerechtigkeit kommen, wenn man, bei gleicher Vertretung, der Vernunft und dem richtigen Gefühl der besten unter beiden vertraut, die auch Gewaltsamkeit und Parteidenken auf beiden Seiten unterdrücken werden.
Gegen den Vorschlag eines untergeordneten Repräsentantenhauses für Frauen und gegen eine entsprechende Einrichtung für die Arbeiter werde ich mich genauso wenden, wie gegen eine Unterordnung des Unterhauses unter das Oberhaus. Ich mißbillige jede nur klassenmäßige Vertretung und mehr noch bin ich gegen jede Unterordnung von Klassen. Überdies ist Diskussion eine der wichtigen Aufgaben eines Repräsentantenhauses, und die Vertretung des Standpunkts der Frauen, ob durch männliche oder weibliche Repräsentanten, ist Teil dessen, was erreicht würde, wenn man den Frauen das Wahlrecht gewährte. Und es trifft nicht nur für das Unterhaus, sondern auch für die Stimmung des Wahlkampfs und der öffentlichen Politik zu, daß die Bereicherung durch neue Elemente für das nationale Leben von großer Bedeutung wäre. Neue Themen würden diskutiert und alte unter neuen Gesichtspunkten betrachtet. Das Interesse verschiedener Wählerklassen würde geweckt, und sie würden angeregt,

aufeinander einzuwirken. Ihre Repräsentanten voneinander abzuschirmen würde – selbst wenn sie gleiche Macht hätten – den erzieherischen Einfluß des politischen Wettstreits schwächen und gleichzeitig ihre Verbitterung verstärken.

3. An R. Russel

2. April 1867

Lieber Herr, – ich bin glücklich, Ihre Übereinstimmung mit mir darin feststellen zu können, daß es keine hinreichenden Beweise für eine moralische, intellektuelle oder wesensmäßige Unterlegenheit der Frauen gegenüber den Männern gibt. Wenn dem aber so ist, fürchte ich, ihre Theorie weder für vollständig, noch für vernünftig halten zu können, so, wie sie sich darstellt.

Ich halte es nicht für selbstverständlich, daß in einer zivilisierten Gesellschaft der Stärkere naturgemäß über den Schwächeren herrschen muß, da ich es als grundlegendes Ziel der Zivilisation ansehe, alle materiellen Ungleichheiten so umfassend wie möglich zu beseitigen, und meine, daß der Grad, bis zu dem sie beseitigt sind, einer der besten Prüfsteine für die Zivilisation ist.

Und größere physische Stärke ist auch – selbst gegenwärtig – nicht mehr die Grundlage der politischen Überlegenheit, denn es gibt wohl keinen Zweifel darüber, daß Neger physisch stärker sind als Weiße. Wenn aber die Überlegenheit der physischen Stärke oder der Intelligenz einmal einem Teil der Menschheit einen Vorteil über einen anderen gegeben hat, ist es immer schwierig für die herrschende Klasse, darauf zu achten, daß ihre besondere Überlegenheit sie nicht gerade dazu ermächtigt, die Freiheit der anderen einzuschränken oder die Entwicklung derer zu unterdrücken, die ihnen zufällig unterlegen sind. Um das einzusehen, ist es notwendig, in der einen oder anderen Form das Gesetz der Gerechtigkeit oder das Allgemeinwohl als letzten Prüfmaßstab anzuerkennen; aber ich zweifle keineswegs daran, daß die Menschheit als ganze fähig sein wird, dies genauso zu erkennen, wie ich meine, daß Sie es erkannt haben. Ich muß Sie bitten, mir zu verzeihen, daß ich gezwungen war, mich so kurz zu fassen.

4. An Miss Florence Nightingale

Dieser Brief ist die Antwort auf ein Schreiben von Florence Nightingale, in dem sie es ablehnt, sich der Gesellschaft für das Frauenstimmrecht anzuschließen, aber Sympathie mit deren Zielen bekundet.

Avignon am 31. Dezember 1867

Gnädige Frau, – Sie werden mir sicher glauben, daß mich nur der Druck ständiger Arbeit daran gehindert hat, früher auf Ihren interessanten Brief zu antworten, den ich im August erhalten habe. Wenn Sie es vorziehen, im Verborgenen zu arbeiten, anstatt der Welt zu offenbaren, was sie wirklich tun, steht es mir nicht zu (insofern ich auch annehmen muß, daß Sie Ihre guten Gründe dafür haben), hinsichtlich dieser Neigung etwas anderes zu bemerken, als daß ich es sehr bedaure, wie sehr sie unter den Frauen verbreitet ist. Ich selbst, aber darin bin ich wie ein Mann, kann nicht umhin zu denken, daß die Welt besser wäre, wenn jeder, ob Mann, Frau oder Kind, den anderen vollends im rechten Licht erscheinen könnte, bekannt mit der Arbeit, die er verrichtet und ohne das Bestreben, über- oder unterschätzt zu werden. Ich bin nicht so 'utopisch' anzunehmen, schlechte Menschen würden sich gut für dieses Programm eignen. Aber ich gestehe, es einigermaßen zu bedauern, daß gute Frauen den falschen Schein manchmal fast ebenso lieben, wie ihn schlechte Männer und Frauen nur lieben können. Sie streben genauso danach, ihre guten Taten zu verbergen, wie es andere mit ihren schlechten versuchen. Dabei vergessen sie wahrscheinlich, daß sie einen anderen Menschen – gewollt oder ungewollt – in die Lage bringen, sich falsche Verdienste zuzuschreiben, die Rechtens nicht ihm, sondern der Dame angehören, die ihre Vergnügen daran findet, im Hintergrund zu bleiben.

Ich weiß, es erscheint in praktischen Angelegenheiten oft, als könne man eine Menge Arbeit rasch und offenbar auch wirkungsvoll erledigen, wenn man durch andere handelt. Dadurch versichert man sich vielleicht ihrer eifrigen Mitarbeit, anstatt von ihnen aus Neid (oder vielleicht nur aus Dummheit) behindert zu werden. Auf lange Sicht jedoch bezweifle ich, ob eine Arbeit jemals so gut getan werden kann, als wenn sie sichtbar und öffentlich unter der Leitung oder dem Ansporn des schöpferischen Geistes verrichtet wird, der ihre Notwendigkeit erkannt hat. Ob das so ist oder nicht, ich bin ganz sicher, daß, wenn die Welt wüßte, wieviel ihrer wichtigen Arbeit von Frauen geleistet wird und schon immer geleistet worden ist, dieses Wissen einen sehr nützlichen Einfluß auf sie hätte; ich bin aber nicht sicher, ob eine Frau, die irgendein Talent besitzt, daraus beim gegenwärtigen Entwicklungsstand der Welt mehr Nutzen ziehen könnte, als wenn sie den Dingen einfach ihren natürlichen Lauf läßt und ihr Talent genauso der Welt zeigt, als wäre sie ein Mann. Ich weiß, daß dies für den sensiblen Charakter, der durch die gegenwärtigen Einflüsse unter den besten Frauen gefördert wird, nicht angenehm ist; für mich stellt sich aber die Frage, ob die ehrenwerte und, wie ich meine, heroische Begeisterung für die Wahrheit und das Allgemeinwohl die Frauen unseres Zeitalters nicht zu einem ebenso mutigen Opfer ihrer zu Recht geschätzten Feinheit anspornen sollte, wie das, wovon die frühchristlichen Frauen ein Beispiel hinterlassen haben, welches in allen Zeiten ehrfürchtige Liebe und Bewunderung hervorrufen wird. Ich zweifle nicht daran, daß die römischen Damen sie sehr unfein fanden.

Und nun zu den Fragen, die Sie mir die Ehre geben, an mich zu richten: Erstens, gibt es nicht Übel, die schwerer auf den Frauen lasten, als nicht wahlberechtigt zu sein? Zweitens, könnte das nicht, wenn es einmal erreicht wäre, die Frauen in Opposition zu denen bringen, die ihnen ihre Rechte vorenthalten, um die Gesetzgebung noch weiter zu verzögern, die notwendig wäre, sie zu ihrem Recht kommen zu lassen? Drittens, könnten die gegebenen Rechtlosigkeiten der Frauen bezüglich des Eigentums und der Macht nicht auch durch die jetzige Gesetzgebung beseitigt werden?

Um diese Fragen grundsätzlich zu beantworten, müßte ich nur grundlegende Prinzipien der politschen Freiheit aufstellen und die Diskussion wiederaufnehmen, die in unserer eigenen Geschichte so ehrenvoll geführt wurde: ob soziales Glück oder soziale Würde, Freiheit des Handelns und der Religion und jede Form materiellen Wohlstandes am besten auf politische Freiheit zu stützen ist oder nicht.

Es kann in abstracto zugestanden werden, daß eine herrschende Macht, sei es ein Monarch, eine Klasse, eine Rasse oder ein Geschlecht, die Rechtlosigkeit der Beherrschten beseitigen könnte. Die Frage ist aber, ob es ihnen jemals als dringlich erschienen ist, diese Rechtlosigkeiten auszuräumen, bis es eine Aussicht der Beherrschten gab, selbst politische Macht zu gewinnen. Und wahrscheinlich besteht die Frage sogar darin, ob es ihnen aufgrund der menschlichen Natur jemals als dringlich erscheinen *sollte.*

Auf dieselbe Weise kann sich oft die Frage stellen, ob schmerzhafte Symptome nicht schwerer auf einem Patienten lasten als die verborgene Krankheit, die ihre Ursache ist. Und zweifelsohne würde sich der Arzt, wenn die Symptome selbst tödlich sind, besser sofort ihnen zuwenden und die Krankheit eine Zeitlang unbehandelt lassen. Wenn aber die Bedrängnisse und Schmerzen, unter denen die Frauen leiden, tödlich sind, dann erfordert es schon große Anstrengung, die Frauen zu töten. Gott bewahre mich davor, diese Schmerzen zu unterschätzen, denn ich halte den Mann – und die Frau – für einen herzlosen Feigling, dessen Blut bei dem Gedanken an das, was Frauen erleiden, nicht ins Wallen gerät; aber ich bin ganz überzeugt, daß, wenn wir dies alles morgen beseitigen würden, in zehn Jahren wieder neue Formen des Leidens entstanden sein werden, da keine Macht der Erde je den bleibenden, unaufhörlichen, unablässigen und veränderlichen Druck des menschlichen Egoismus daran hindern kann, die zu unterdrücken und beiseite zu stoßen, die nicht die Kraft haben, sich zu wehren. Wo Leben ist, ist auch Egoismus, und wenn die Männer heute jedes ungerechte Gesetz abschaffen müßten, gäbe es nichts, das sie daran hindern würde, morgen neue zu machen; und was darüber hinaus noch wichtiger ist, es werden immer neue Umstände eintreten, in denen neue Gesetze nötig sind. Wie aber kann man sicherstellen, daß die neue Gesetzgebung gerecht sein wird, solange man nicht die Männer vollkommen machen kann oder den Frauen eine gleiche Stimme in ihren eigenen Angelegenheiten gibt. Ich überlasse es Ihnen zu entscheiden, was einfacher ist.

Was jedoch noch einen schwerwiegenderen und dringlicheren Grund dafür liefert, sich für die politische Befreiung der Frau einzusetzen, anstatt sich zu bemühen, einige oder alle ihrer gesellschaftlichen Sorgen zu beseitigen, ist, daß ich glaube, es wird ganz sicher einfacher sein, diese eine Reform durchzuführen, als irgendeine von den anderen, die unvermeidlich daraus folgen müßten. Es vorzuziehen, zuerst irgendeine dieser Sorgen zu beseitigen, mutet an, als wollte man es vorziehen, Ast für Ast abzusägen und mehr Arbeit auf jeden Ast zu verwenden, als für den ganzen Baumstamm nötig wäre.

Die dritte Frage, ob nicht die Gefahr politischen Parteigängertums und der Verbitterung zwischen Männern und Frauen bestünde, gehört auch zu denen, die, wie ich meine, schon in anderen Bereichen der Politik gestellt und beantwortet worden sind. Sie ist auch in einigen Fällen der Ehe gestellt und beantwortet worden, obwohl hier die Antwort von dem abweicht, was die meisten von uns in der Politik befürworten. Um Streitigkeiten zu vermeiden, hat man es für gut gehalten, eine Partei zum absoluten Herrscher über beide zu machen. Zweifellos können Frauen, wenn sie in der Politik nie etwas tun können, außer für und durch die Männer, schlecht Parteigänger gegen die Männer sein. Aber wenn es sich herausstellen sollte, daß Frauen von einem noch so starken Geist der Parteigängerschaft besessen sind und sie dadurch eine noch so intensive Parteigängerschaft auf seiten der Männer hervorrufen und, als die Schwächsten, zum Äußersten getrieben würden, sehe ich noch immer nicht, wie sich das Ergebnis so sehr vom gegenwärtigen Zustand unterscheiden könnte, zumal ich feststelle, daß die gegenwärtige Lage der Frauen in jedem Land der Erde sich nur nach den persönlichen und familiären Gefühlen der Männer richtet und daß jede Veränderung zum Besseren in der absoluten Vernichtung und Versklavung der Frauen gegenwärtig nichts mit einem abstrakten Sinn für Recht oder Unrecht bei den Männern zu tun hat, sondern nur damit, wie sie sich das Leben ihrer eigenen Frauen, Töchter, Mütter und Schwestern vorstellen. Politisches Parteigängertum gegen die Masse der Frauen wird bei zivilisierten Männern nicht den Sinn für das verringern, was sie den Objekten ihrer privaten Gefühle schuldig sind. Sondern ich glaube im Gegenteil, daß die Würde, die man den Frauen im allgemeinen zuspricht, nur weil man sie des politischen Parteigängertums für fähig hält, wahrscheinlich selbst ein Mittel wäre, die Einschätzung dessen zu heben, was die Männer meinen, ihnen schuldig zu sein: so daß ich glaube, wenn die Männer sich dahin entwickeln, Frauen als eine große Masse unliebsamer, aber machtvoller Gegner anzusehen und als eine kleinere Gruppe von herzlich geliebten, bezaubernden Personen, sie eine höhere Meinung von den Frauen hätten und sich weniger veranlaßt sähen, ihre Macht zu mißbrauchen, die sie dann vielleicht immer noch hätten, als würden sie die Frauen so betrachten, wie sie es meiner Ansicht nach gegenwärtig tun, nämlich als wenige herzlich geliebte und unendlich wertvolle, bezaubernde Personen und eine große Masse hoffnungsloser Dummköpfe.

Im großen und ganzen meine ich, erstens, daß politische Macht die einzige Versicherung gegen jede Form der Unterdrückung ist; zweitens, daß es gegenwärtig in England leichter wäre, für solche Frauen politische Rechte zu erreichen, die dieselben Ziele haben wie die befreiten Männer, als irgendeine andere bedeutende Reform in der Lage der Frauen durchzusetzen. Drittens sehe ich nicht die Gefahr eines Parteigeistes, der zwischen Männern und Frauen aufkommen könnte und keine Möglichkeit, daß er, wenn er entstünde, die Dinge noch schlechter machen könnte, als sie ohnehin schon sind.

Schließlich zögere ich ein wenig, Ihnen zu sagen, wie ich über die Verantwortung denke, die jede von uns trägt, standhaft und mit aller Kühnheit und Demut, die ein tiefer Sinn für Pflicht eingeben kann, für das einzustehen, was uns die Lebenserfahrung und ein ehrlicher Gebrauch unserer eigenen Intelligenz als die Wahrheit gelehrt hat. Ich muß Ihnen gestehen, daß ich oft über die Voraussetzungen erstaunt war, mit denen manche Personen, die sich selbst für bescheiden halten, den Entwicklungsmöglichkeiten ihrer Mitmenschen Grenzen gesetzt haben, sich selbst aber befähigt hielten, zu bestimmen, wieviel oder wiewenig des göttlichen Lichts der Wahrheit von der Welt im allgemeinen ertragen werden kann, indem sie annehmen, daß niemand, außer der wirklichen *élite* sehen kann, was ihnen völlig klar ist, und denken, es sei ihnen erlaubt, in kleinsten Raten das tägliche Brot der Wahrheit zu verteilen, von dem sie selbst leben und ohne das die Welt aufhören würde zu bestehen. Wenn ich diese mir unerklärliche Form des Maßhaltens bei denen sehe, die nichts destoweniger glauben, daß die Wahrheit, deren sie sich bemächtigt haben, auch wirklich die Wahrheit ist, freue ich mich, daß es so viele eingebildete Personen gibt, die meinen, sagen zu müssen, was sie für wahr halten, und denken, daß, wenn sie das Glück hatten, die Wahrheit zu erkennen, sie ihren Mitmenschen auch keinen größeren Gefallen tun können, als sie offen auszusprechen; sie glauben, daß die Wahrheit, die ihnen nicht zuviel war, auch anderen nicht zuviel sein kann, und denken, was sie zu sagen fähig wären, könnte auch von anderen gesagt werden, ohne eine Reihe von fein eingerichteten Abstufungen. Ich gehe sogar so weit, zu meinen, daß wir es unseren Mitmenschen und der Nachwelt schuldig sind, für die Durchsetzung jeder Ansicht zu kämpfen, von der wir tief überzeugt sind. Ich will jedoch nicht behaupten, daß es einen höheren Richter gibt als unser Bewußtsein davon, wie wir am besten für die Durchsetzung dieser Wahrheiten arbeiten können, noch will ich sagen, daß es nicht für jeden von uns, der mit der besonderen Gabe gesegnet ist, besondere Aufgaben zu wählen, richtig wäre, eine Arbeit abzulehnen, von der wir meinen, daß andere für sie geeigneter wären und daß sie uns in unserem besonderen Bereich behindern würde. Daher habe ich, obwohl ich mit großem Bedauern gesehen habe, daß Sie nur in wenigen öffentlichen Bewegungen für das Gute eintreten, nie angenommen, sie hätten unrecht, sondern bin davon ausgegangen, daß ihre Zurückhaltung auf ihrer Hingabe an einen besonderen Bereich der öffentlich inspirierten Arbeit beruhte.

5. An Alfred Steinthal

Alfred Steinthal war Sekretär *pro tem.* des Komitees für das Frauenstimmrecht in Manchester.

Avignon am 1. Dezember 1868

Lieber Herr Steinthal, – die Ergebnisse der neuen Wahlen, die nun vollständig vorliegen, scheinen im großen und ganzen ungünstig für die Sache des Frauenstimmrechts zu sein. Unter den neuen Mitgliedern sind nur wenige, die es unterstützen, und bei den konservativen und liberalen Befürwortern gab es Verluste. Von daher scheint es unwahrscheinlich, daß während dieser Wahlperiode im Unterhaus ein wirksamer Widerstand in dieser Sache geleistet werden kann; ich bin schon lange der Meinung und habe das im letzten Jahr ausdrücklich betont, daß es der Sache schädlich wäre, wenn eine Spaltung einträte, die unsere Anzahl gegenüber der frü-

heren Gruppierung verkleinern würde. Dies wäre in zweifacher Hinsicht nachteilhaft, nämlich, erstens, indem es den Anschein erwecken würde, darin drücke sich eine Reaktion der öffentlichen Meinung gegen uns aus, und, zweitens, indem es uns – wie es wohl auch kommen wird – des Prestiges berauben würde, das der Name Mr. John Brights bedeutet, auf den wir uns im Moment berufen können.
Kurz vor den letzten Wahlen erhielt ich (und ich nehme an, die anderen Anwärter auf einen Sitz im Parlament erhielten es auch) ein Rundschreiben, das ich beifüge, welches man mir anonym zusandte. Die Ankündigung, die es enthielt, schien äußerst ungünstig, zu einem Zeitpunkt, in dem es noch ganz unklar war, welches die Zusammensetzung des neuen Hauses sein würde, und die Frage, die an Männer gerichtet war, die vielleicht – und wie sich herausgestellt hat, tatsächlich – nicht im neuen Unterhaus vertreten sein würden, war zum unrechten Zeitpunkt gestellt. Ich kann mir nicht vorstellen, daß Sie mir nicht darin zustimmen werden, daß die richtige Form, diese Angelegenheit vor das Unterhaus zu bringen, die einer schriftlichen Eingabe wäre und wenn möglich, einer Eingabe, deren Ausmaß alle bisherigen weit übertreffen würde. Eine Eingabe, die wirklich von vielen Frauen des Königreichs unterschrieben würde, sowie von den Männern, die mit ihnen eine Gesetzesänderung zu ihren Gunsten anstreben, wäre die richtige Antwort auf die autoritative Entscheidung gegen sie, die das Gesetz zur Zeit darstellt. Wenn es tatsächlich eine günstige Gelegenheit gäbe, eine Gesetzesvorlage im Unterhaus einzubringen, und wenn alles für eine Vermehrung der Stimmen zu unseren Gunsten spräche, bliebe es immer noch höchst erstrebenswert zu zeigen, daß außerhalb des Hauses, wie auch im Hause selbst, und bei Männern, genauso wie bei Frauen, ein starker Wunsch nach ihrer Vertretung besteht. Und solange das Gefühl bei den Frauen noch wach ist, die um ihr Wahlrecht betrogen worden sind, ist es die beste Zeit, sie für eine Eingabe zu gewin-

nen. Es zeigte nur geringe Standhaftigkeit bei den Frauen, wenn sie nicht fähig wären, Jahr für Jahr nach dieser Gesetzesänderung zu verlangen, wenn wir uns daran erinnern, mit wieviel Geduld diese Art von Eingaben immer wieder für die verschiedenen politischen Ziele erneuert werden, die die Männer anstreben. Wenn wir die Zahl der Eingaben, für die Frauen bisher Geduld hatten, mit der vergleichen, die Jahr für Jahr wegen des vergleichsweise geringen Problems der Kirchensteuer eingebracht werden, scheint es fast, als müßte man denen zustimmen, die sagen, die Frauen seien noch nicht reif für politische Rechte, wenn sie so schnell erschöpft sind. Das Bestreben, einen éclat und große Ergebnisse mit geringen Mitteln zu erreichen, sowie Auswirkungen, die sich sofort zeigen sollen, anstatt ruhig den Weg in die Zukunft vorzubereiten, ist genau das, was wir von unerfahrenen Politikern zu befürchten haben. Es scheint sehr ratsam, den Frauen zu zeigen, daß sie ein Mittel in Händen haben, ihre Ziele ruhig und beharrlich der Gesetzgebung aufzuerlegen und sie zu ermutigen, die große Lehre bestimmter, ruhiger und standhafter Anstrengung zu durchlaufen, in der sich jede Klasse und Nation für die Freiheit zu bewähren hat.

John Stuart Mill, Harriet Taylor Mill, Helen Taylor
Die Hörigkeit der Frau

Deutsch von Jenny Hirsch

Erstes Kapitel

Die vorliegende Arbeit hat den Zweck, so klar, wie es mir irgend möglich ist, die Gründe darzulegen, welche mich von der frühesten Zeit an, wo ich mir überhaupt eine Meinung über soziale und politische Verhältnisse zu bilden vermochte, zu einer Ansicht bestimmten, die ich seitdem unverrückt festgehalten habe und die, weit entfernt, schwächer oder schwankender zu werden, sich durch die Erfahrungen und das Nachdenken des reiferen Lebens bei mir nur immer stärker befestigt hat. Diese Ansicht, welche ich begründen will, ist die, daß das Prinzip, nach welchem die jetzt existierenden sozialen Beziehungen zwischen den beiden Geschlechtern geregelt werden – die gesetzliche Unterordnung des einen Geschlechtes unter das andere –, an und für sich ein Unrecht und gegenwärtig eines der wesentlichsten Hindernisse für eine höhere Vervollkommnung der Menschheit sei und daß es deshalb geboten erscheine, an die Stelle dieses Prinzips das der vollkommenen Gleichheit zu setzen, welches von der einen Seite keine Macht und kein Vorrecht zuläßt und von der andern keine Unfähigkeit voraussetzt.

Die Worte, welche ich der von mir unternommenen Arbeit vorauszuschicken für notwendig hielt, beweisen, wie schwierig sie ist. Man wäre jedoch in einem großen Irrtum, wenn man wähnte, die Schwierigkeit des Unternehmens läge in dem Mangel oder der Unklarheit der Vernunftgründe, auf welchen meine Überzeugung beruht. Ich habe mit andern Schwierigkeiten zu kämpfen, und zwar mit solchen, welche immer da entstehen, wo man es mit einer ganzen Masse sich streitend erhebender Gefühle zu tun hat. Solange eine Meinung sehr fest im Gefühl wurzelt, wird sie sich durch ein gegen sie geltend gemachtes Übergewicht von Argumenten nicht erschüttern lassen, sondern weit eher an Stabilität gewinnen. Wäre die Meinung als Resultat eines Argumentes gebildet worden, so dürfte man hoffen, die Widerlegung desselben werde auch die Festigkeit der Überzeugung erschüttern; beruht sie jedoch lediglich auf Gefühlen, so wird man sich, je schlechter man vor dem Angriff der Argumente bestehen kann, um so eifriger daran klammern und sich überreden, die Gefühle müßten einen tieferen Grund haben, einen Grund, den die Argumente gar nicht zu erreichen vermögen. Solange das Gefühl besteht, wird es nicht aufhören, neue Verschanzungen aufzuführen und die in die alten gelegte Bresche wieder auszufüllen. Und es gibt so viele Ursachen, welche dazu dienen, gerade in bezug auf diese Angelegenheit die Gefühle aller, welche an alten Einrichtungen und Gebräuchen hängen und sie beschützen, recht eingewurzelt und intensiv zu machen, daß es uns nicht wundernehmen darf, wenn wir gerade sie von dem Fortschritt der großen modernen geistigen und sozialen Übergangs-Periode noch so wenig gelockert und unterwühlt finden. Ebensowenig darf man annehmen, die Barbarei, welche Menschen am längsten festhalten, sei ein geringerer Grad von Barbarei als jene, welche sie früher abgeschüttelt haben.

Die Aufgabe derer, welche eine beinahe allgemein verbreitete Ansicht angreifen, wird unter allen Umständen eine sehr schwere sein. Sie müssen ungewöhnlich befähigt und überdies noch sehr glücklich sein, wenn es ihnen gelingt, sich überhaupt nur Gehör zu verschaffen. Andere Leute haben lange nicht so viele Schwierigkeiten, einen endgültigen Urteilsspruch zu erlangen, wie es jenen macht, daß ihre Sache nur einer Untersuchung unterzogen werde, und haben sie sich wirklich Gehör verschafft, so unterwirft man sie einer Reihe logischer Formalitäten, die sonst von keinem anderen Menschen gefordert werden. In allen anderen Fällen geht man von der Ansicht aus, derjenige, welcher eine Sache behauptet, habe sie zu beweisen. Wird jemand des Mordes angeklagt, so liegt es seinen Anklägern ob, den Beweis seiner Schuld zu führen, nicht ihm, seine Unschuld darzutun. Walten in betreff geschichtlicher Tatsachen, bei denen im allgemeinen die Gefühle der Menschen nicht sehr in Frage kommen, Meinungsverschiedenheiten ob, wie z.B. über die Belagerung von Troja, so erwartet man, daß diejenigen, welche behaupten, das Ereignis habe wirklich stattgefunden, ihre Beweisgründe dafür beibringen, und erst, wenn dies geschehen, verlangt man, daß die, welche die geschichtliche Wahrheit des Ereignisses anzweifeln, etwas darüber sagen, und fordert von ihnen niemals mehr, als daß sie die von der Gegenpartei vorgebrachten Beweisgründe als nicht stichhaltig entkräften. Handelt es sich um praktischere politische oder soziale Dinge, so wird die Beweisführung von denen erwartet, welche sich als Gegner der Freiheit hinstellen und irgendeiner Einschränkung oder einem Verbot das Wort reden, mag es sich dabei um eine Beschränkung der Freiheit für die Menschheit im allgemeinen handeln, oder mag von einer Ungleichheit oder einem Vorrecht einer Person oder einer Klasse von Personen im Vergleich zu andern die Rede sein. Es ist *a priori* die Annahme immer zugunsten der Freiheit und Unparteilichkeit. Man geht von der Ansicht aus, die Rücksicht auf das allgemeine Wohl erfordere keine Beschränkung, das Gesetz sei ohne Ansehen der Person für alle gleich, ausgenommen da, wo eine ungleiche Behandlung durch ganz bestimmte Gründe der Justiz oder der Staatsklugheit geboten erscheine. Denjenigen, welche sich zu der von mir vertretenen Meinung bekennen, gestattet man jedoch nicht, von einem dieser Gesetze der Beweisführung Vorteil zu ziehen. Es nützt mir nichts, wenn ich sage, daß diejenigen, welche den Satz verfechten: der Mann habe das Recht zu befehlen und die Frau die Pflicht zu gehorchen, oder der Mann sei geeignet, die Frau ungeeignet zur Herrschaft, die Partei sind, welche die Behauptung aufstellen, und daß es deshalb ihre Aufgabe sei, entweder positive Beweise dafür beizubringen oder sich die Verwerfung ihrer Behauptung gefallen zu lassen. Ebensowenig Vorteil wird es mir bringen, wenn ich darauf aufmerksam mache, daß diejenigen, welche den Frauen Freiheiten und Privilegien vorenthalten wollen; die den Männern rechtlich gewährleistet sind, sich dem zwiefachen Verdacht aussetzen, die Freiheit beeinträchtigen und die Parteilichkeit empfehlen zu wollen, daß von ihnen deshalb die strikteste Beweisführung in ihrer Sache zu fordern sei, und wenn dieselbe nicht so geführt werde, daß sie absolut jeden Zweifel ausschließe, der Urteilsspruch gegen sie ausfallen müsse. In gewöhnlichen Fällen würde man diese Einreden als völlig begründet anerkennen, in dieser Angelegenheit ist man weit entfernt davon. Man verlangt nicht nur von mir, daß ich eine Antwort auf alles habe, was je von denen gesagt ist, die in der Frage auf der andern Seite stehen, sondern ich soll mir auch alles vergegenwärtigen, was möglicherweise noch von ihnen gesagt werden könnte – ich soll ihre Gründe auffinden und dafür sogleich die Entgegnung bei der Hand haben; ich soll gleichzeitig alle Argumente für die Bejahung widerlegen und unüberwindliche positive Argumente für die Verneinung beibringen. Vermöchte ich aber selbst allen diesen Anforderungen zu genügen, ließe ich die Gegenpartei auf dem Kampfplatze zurück mit einer ganzen Anzahl von Argumenten, worauf sie mir die Antwort schuldig geblieben, während ich die ihrigen ohne Ausnahme siegreich widerlegt hätte, so würde man doch immer meinen, ich habe nur erst sehr wenig getan. Eine Sache, die unterstützt ist auf der einen Seite vom allgemeinen Herkommen, auf der andern vom populären Gefühl, hat ein zu großes Vorurteil für sich, und dieses wird sich stärker erweisen als jede Überzeugung, welche ein Appell an die gesunde Vernunft in den meisten Köpfen, mit Ausnahme besonders bevorzugter, hervorbringen kann.

Ich erwähne diese Schwierigkeiten nicht, um mich über sie zu beklagen, und zwar vor allen Dingen um dessentwillen nicht, weil mir das doch nichts helfen würde. Sie sind untrennbar von jedem Streit, der unternommen wird zwischen dem Verständnis der Leute auf der einen und ihren Gefühlen und langgehegten Gewohnheiten auf der anderen

Seite, und wahrlich, das Fassungsvermögen der großen Menge müßte anders geschult und entwickelt sein, als dies bisher der Fall gewesen ist, ehe man von ihr fordern könnte, sie solle in ihre eigene Fähigkeit, Beweisgründe zu würdigen, ein solches Vertrauen setzen, um bei dem ersten durch Argumente unterstützten Angriff, dem sie logisch keinen Widerstand entgegenzusetzen vermag, praktisch geübte Prinzipien aufzugeben, in welchen sie geboren und erzogen ist und welche die Grundlage der meisten gegenwärtig in der Welt zu Recht bestehenden Einrichtungen bilden. Ich mache den Leuten deshalb auch keineswegs einen Vorwurf daraus, daß sie zu wenig Glauben an Beweisgründe haben, sondern daraus, daß sie dem Herkommen und dem allgemeinen Gefühl ein zu großes Vertrauen schenken.

Das reaktionäre neunzehnte Jahrhundert tritt namentlich durch ein Vorurteil in einen sehr charakteristischen Gegensatz zum achtzehnten, es mißt nämlich den außerhalb des Denkvermögens liegenden Elementen der menschlichen Natur dieselbe Unfehlbarkeit bei, welche das achtzehnte Jahrhundert den denkenden und schließenden Elementen eingeräumt haben soll. An die Stelle der Apotheose der *Vernunft* haben wir die des *Instinktes* gesetzt, und Instinkt nennen wir alle Regungen in uns, wofür wir keine vernünftigen Beweggründe aufzufinden vermögen. Dieser Götzendienst, der noch weit erniedrigender als der frühere und überdies der verderblichste von allen falschen Kulten der Gegenwart ist, wird sich wahrscheinlich so lange behaupten, bis eine gesunde Psychologie die wahre Wurzel vieler Dinge bloßlegt, welche jetzt für Zwecke der Natur und göttliche Anordnungen ausgegeben werden. Was nun die von mir zu behandelnde Frage anbetrifft, so bin ich bereit, alle die mir durch das Vorurteil gestellten ungünstigen Bedingungen anzunehmen. Ich willige ein, daß die hergebrachte Sitte und das allgemeine Gefühl so lange als gegen mich entscheidend betrachtet werden sollen, bis nachgewiesen ist, daß Sitte und Gefühl von Jahrhundert zu Jahrhundert ganz anderen Ursachen ihre Existenz verdankten als ihrer Gesundheit und daß ihre Macht viel mehr den bösen als den guten Seiten der menschlichen Natur entstammt. Ich lasse mir gefallen, daß das Urteil gegen mich lautet, bis ich nachgewiesen habe, daß der Richter selbst bestochen sei. Die Konzession ist nicht so groß, wie sie scheinen mag, denn diese Beweisführung ist bei weitem der leichteste Teil meiner Aufgabe.

Man geht bei bestehenden Einrichtungen im allgemeinen von der Voraussetzung aus, dieselben seien geeignet, löbliche Zwecke zu erreichen oder hätten sich doch auf alle Fälle früher einmal dazu geeignet erwiesen, und dies verhält sich in der Tat so, wenn eine Einrichtung eingeführt oder aufrechterhalten wird aufgrund der Erfahrung, daß der beabsichtigte Zweck wirklich in dieser Weise am besten und erfolgreichsten erreicht werden könne. Anders würde es sein, wäre nun die Autorität der Männer über die Frauen bei ihrer ersten Einführung das Resultat einer gewissenhaften Vergleichung zwischen verschiedenen Formen der Herrschaft in der Gesellschaft gewesen. Wäre man, nachdem man mehrere andere Formen der gesellschaftlichen Organisation versucht hätte – wie z.B. die Herrschaft der Frauen über die Männer oder Gleichheit zwischen beiden Geschlechtern oder irgendein anderer Modus der zwischen ihnen geteilten Gewalt –, alsdann nach dem Zeugnis der Erfahrung zu der Entscheidung gekommen, die beste Einrichtung und die sicherste für das Glück und Wohlbefinden beider Geschlechter sei die, nach welcher die Frauen gänzlich unter der Herrschaft der Männer stehen, keinen Teil an irgendeiner öffentlichen Angelegenheit haben und jede für sich noch gesetzlich zum Gehorsam gegen den Mann verpflichtet ist, mit dem sie ihr Geschick vereint hat, so könnte man die allgemeine Annahme dieser Einrichtung für den Beweis ansehen, daß sie zu der Zeit, wo man sie einführte, wirklich die beste gewesen sei. Aber selbst dann könnten die Erwägungen, welche damals zu ihren Gunsten sprachen, im Laufe der Zeit gänzlich aufgehört haben, wie dies ja bei andern gesellschaftlichen

Einrichtungen aus frühern Jahrhunderten, denen die größte Wichtigkeit beigelegt ward, vielfach der Fall gewesen ist. Die Sachlage ist jedoch in allen Punkten genau das Gegenteil von allen diesen Voraussetzungen. Zuvörderst beruht die günstige Meinung für das gegenwärtige System, welches das schwächere Geschlecht dem stärkern gänzlich unterordnet, nur auf Theorie, denn man hat niemals mit einem andern nur einen Versuch gemacht, so daß also die Erfahrung in diesem Falle durchaus kein Urteil abzugeben vermag. Zweitens war die Einführung dieses Systems der Ungleichheit niemals das Resultat der Überlegung oder des Vordenkens oder irgendwelcher sozialen Ideen oder sonst einer Erwägung dessen, was zum Besten der Menschheit und zu einer guten gesellschaftlichen Ordnung am ersprießlichsten sei. Es verdankt seine Entstehung einfach dem Umstande, daß vom frühesten Kindesalter der Menschheit an, jede Frau sich in einem Zustande der Knechtschaft bei irgendeinem Manne befunden hat. Gesetze und politische Systeme beginnen mit Anerkennung derjenigen Beziehungen, welche sie bereits bei den einzelnen Individuen als bestehend vorfinden. Sie verwandeln das, was eine bloße physische Tatsache war, in ein legales Recht, geben ihm die Sanktion der Gesellschaft und sind grundsätzlich bestrebt, diese Rechte durch öffentliche und organisierte Einrichtungen zu sichern und zu schützen und dadurch die unregelmäßigen und ungesetzlichen Konflikte der physischen Kraft unmöglich zu machen. Diejenigen, welche bereits zum Gehorsam gezwungen worden waren, sahen sich auf diese Weise nun auch gesetzlich dazu verurteilt. Die Sklaverei, welche eine bloße Frage der physischen Kraft zwischen dem Herrn und dem Sklaven gewesen war, wurde geregelt und ward ein Punkt des Übereinkommens zwischen den Herren, welche sich miteinander zum gegenseitigen Schutz verbanden und sich durch ihre vereinigte Kraft ihre gesamten Besitztümer und einschließlich auch ihre Sklaven garantierten. In früheren Zeiten war die Mehrzahl des männlichen Geschlechtes ebensogut Sklaven wie das gesamte weibliche Geschlecht. Und es verflossen viele Jahrhunderte, und unter diesen manches Jahrhundert hoher Kultur, ehe ein Denker kühn genug war, das Recht und die absolute Notwendigkeit der einen oder der andern Sklaverei in Frage zu ziehen. Allmählich standen solche Denker auf, welche den allgemeinen Fortschritt der Gesellschaft unterstützten, und so ist denn in allen Ländern des christlichen Europas (in einem derselben allerdings erst in den letzten Jahren) die Sklaverei des männlichen Geschlechts gänzlich aufgehoben, die des weiblichen Geschlechts nach und nach in eine mildere Form der Abhängigkeit umgewandelt worden. Diese Abhängigkeit, wie sie gegenwärtig existiert, ist jedoch keine ursprüngliche Institution, welche durch Erwägungen der Gerechtigkeit und der sozialen Wohlanständigkeit einen frischen Impuls erhalten hätte – sie ist der immer noch andauernde primitive Zustand der Sklaverei, nur gelindert und gemäßigt durch dieselben Ursachen, welche im allgemeinen die Sitten gemildert und alle Beziehungen zwischen den Menschen einem größern Einflusse der Gerechtigkeit und Humanität unterworfen haben. Den Flecken ihrer brutalen Abstammung hat die Abhängigkeit der Frauen dadurch aber noch lange nicht verloren und es kann deshalb aus dem Umstande, daß sie vorhanden ist, durchaus keine günstige Meinung für ihr Dasein hergeleitet werden. Das einzige, was man vielleicht zu ihren Gunsten anführen könnte, müßte darauf begründet werden, daß sie sich bis auf den heutigen Tag erhalten hat, während andere Mißbräuche, deren Ursprung auf dieselbe abscheuliche Quelle zurückzuführen ist, längst abgeschafft sind, und in der Tat ist es dieser Umstand, welcher dazu dient, oberflächlicheren Zuhörern die Versicherung so unglaublich klingen zu lassen, daß die Ungleichheit der Rechte zwischen Mann und Frau keine andere Quelle habe als das Faustrecht – das Recht des Stärksten.

Es gibt dem Fortschritt der Zivilisation und der Veredlung des moralischen Gefühls der Menschheit in gewisser Hinsicht ein günstiges Zeugnis, daß die aufgestellte Behauptung den Eindruck des Paradoxen macht. Wir leben jetzt – d.h. eine oder einige der am weitesten vorgeschrittenen Nationen leben jetzt in einem Zustande, in welchem das Gesetz des Stärksten als leitender Grundsatz in den weltlichen Angelegenheiten gänzlich verworfen zu sein scheint; niemand bekennt sich mehr offen dazu, und in den meisten Beziehungen zwischen den Menschen ist auch niemandem mehr dessen Anwendung gestattet. Gelingt es jemandem dennoch, das Recht des Stärkeren zur Ausführung zu bringen, so geschieht dies nur unter irgendeinem Vorwande, welcher seiner Handlung den Anschein gibt, als werde durch dieselbe ein allgemeines soziales Interesse gewahrt. Weil dies die augenfällige Lage der Verhältnisse ist, schmeichelt sich das Publikum aber, das Gesetz des Stärkern habe wirklich aufgehört und könne unmöglich den Grund für die Existenz einer Einrichtung bilden, welche bis auf den heutigen Tag in vollster Kraft besteht. Man denkt, eine unserer gegenwärtigen Institutionen, möge sie begonnen haben, wie sie wolle, könnte sich unmöglich bis zu unserer jetzigen Periode vorgeschrittener Zivilisation erhalten haben, wenn sie nicht gestützt würde durch ein wohlbegründetes Gefühl ihrer Paßlichkeit für die menschliche Natur und ihrer Ersprießlichkeit für das allgemeine Beste. Die Leute übersehen dabei nur die große Lebensfähigkeit und Dauerhaftigkeit solcher Institutionen, welche der Macht das Recht an die Seite setzen; sie überlegen nicht, wie fest und zähe man an diesen hängt, wie sehr die guten wie die bösen Neigungen derer, welche die Macht in Händen haben, sich vereinigen, um sie festzuhalten; wie langsam schlechte Institutionen zu Fall gebracht werden können, wie sie nur sehr vereinzelt schwinden und zuerst immer die, welche am wenigsten mit den Gewohnheiten des täglichen Lebens verwachsen sind. Man bedenkt nicht, daß diejenigen, welche gesetzliche Macht erlangten, weil sie zuerst physische besaßen, jener sich selten eher entäußert haben, als bis diese physische Macht auf die bis dahin Unterdrückten übergegangen war. Da nun ein solcher Wechsel der physischen Kraft in der Sache der Frauen niemals zu erwarten steht und da sich zu diesem Umstande noch einige andere gesellen, welche den Fall ganz besonders eigentümlich und charakteristisch machen, so ist es wohl als gewiß anzunehmen, daß dieser Zweig des Systems des auf Macht begründeten Rechtes, obwohl er gegen früher in seinen rohesten Zügen sehr und in einem höheren Grade als verschiedene andere gemildert worden ist, doch derjenige sein wird, den wir am allerletzten verschwinden sehen werden.

Es war unvermeidlich, daß von allen auf Macht begründeten gesellschaftlichen Beziehungen gerade diese eine Einrichtung alle andern überdauern und durch Generationen, in welchen man Institutionen besitzt, die auf dem Prinzip gleicher Gerechtigkeit begründet sind, eine beinahe einzige Ausnahme von dem allgemeinen Charakter der Zeit, ihren Gesetzen und Sitten bilden mußte. Solange diese Einrichtung nicht selbst ihren Ursprung verkündete und solange ihr wahrer Charakter nicht durch Diskussionen an die Öffentlichkeit gebracht ward, ließ man sich nicht einfallen, in einem wie schneidenden Gegensatze sie zur modernen Zivilisation stehe – in einem ebenso großen Gegensatz, wie die häusliche Sklaverei bei den Griechen zu der Ansicht stand, welche sie von sich als von einem freien Volke hatten.

Die jetzt lebende Generation und die zwei oder drei ihr zuletzt vorangegangenen haben in Wahrheit jedes praktische Verständnis für die primitiven Bestimmungen der Menschheit verloren, und nur diejenigen, welche die Geschichte zu einem besonderen Studium gemacht, und diejenigen, welche die noch jetzt von den lebenden Repräsentanten längst vergangener Zeiten bewohnten Teile der Erde öfter besucht haben, können sich ein Bild von dem früheren Zustande der Gesellschaft machen. Die Leute begreifen es gar nicht, wie absolut in früheren Jahrhunderten das Gesetz der überlegenen Kraft zugleich Gesetz des Lebens war und wie offen und unumwunden man sich dazu bekannte; ich sage offen und unumwunden, hüte mich aber wohl, Ausdrücke wie zynisch oder schamlos zu gebrauchen, denn dadurch würde angedeutet werden, daß man sich doch des Beschämenden dieser Einrichtung bewußt gewesen wäre, und damit verleitete man zu einem Irrtum. Ein solches Bewußtsein konnte in jenen Jahrhunderten in keinem Kopfe auftauchen, es müßte denn der eines Philosophen oder Heiligen gewesen sein. Die Geschichte gibt uns einen recht traurigen Einblick in die menschliche Natur, indem sie uns schildert, wie genau die Rücksicht, welche man dem Leben, dem Eigentum, der ganzen irdischen Glückseligkeit einer Klasse von Personen schuldig zu sein glaubte, abgemessen ward nach ihrer Macht, etwas zu verteidigen oder zu erobern; wie alle, welche sich der bewaffneten Autorität widersetzen, mochte die Veranlassung dazu auch eine noch so furchtbare gewesen sein, nicht allein das Gesetz des Stärkeren, sondern alle anderen Gesetze und alle Ansichten über ihre Verpflichtungen gegen die Gesellschaft gegen sich hatten und in den Augen derer, denen sie Widerstand geleistet, nicht nur für Verbrecher galten, sondern für Verbrecher der allerschlimmsten Art, gegen die man die grausamsten Strafen, die ein Mensch nur für den andern ersinnen konnte, zur Ausführung bringen mußte. Der erste schwache Schimmer eines Gefühls der Verpflichtung eines Höhergestellten, die Rechte Untergebener anzuerkennen, begann erst dann, wenn er durch irgendwelche Umstände genötigt worden war, ihnen irgendein Versprechen zu leisten; und obschon auch diese Versprechen, selbst wenn sie durch die feierlichsten Eide bekräftigt waren, jahrhundertelang bei den nichtigsten Anlässen gebrochen oder verletzt wurden, so liegt doch die Wahrscheinlichkeit vor, daß dies, ausgenommen Personen, welche tiefer als auf der damaligen Durchschnittsstufe der Moralität standen, immer nicht ohne einige Gewissensskrupel geschah. Die alten Republiken, von Anfang an meistens auf einer Art von gegenseitigem Vertrag gegründet oder wenigstens durch die Vereinigung von Personen von nicht sehr ungleicher Stärke gebildet, lieferten demzufolge das erste Beispiel einer gesellschaftlichen Verbindung, welche durch ein anderes Gesetz als das des Stärkern zusammengefügt und beherrscht ward. Bleibt auch das ursprüngliche Gesetz der Stärke in voller Kraft zwischen den Republikanern und ihren Sklaven und ebenso (wo es nicht durch ausdrücklichen Vertrag beschränkt war) zwischen einer Republik und ihren Untertanen oder andern unabhängigen Republiken, so datiert doch von der Aufhebung desselben für einen, wenn auch nur sehr engen Kreis die Regeneration der menschlichen Natur, denn es entstanden dadurch neue Anschauungen, welche man bald durch die Erfahrung als außerordentlich wertvoll für das materielle Interesse erkannte und die von da an nur erweitert, nicht mehr hervorgerufen zu werden brauchten. Obgleich die Sklaven nicht als ein Teil der Republik betrachtet wurden, erkannte man doch in den Freistaaten zuerst an, daß sie als menschliche Wesen Rechte besäßen.

Die Stoiker waren, glaube ich, die ersten (abgesehen von der durch das jüdische Gesetz gebotenen Ausnahme), welche als einen Teil ihres Sittengesetzes den Satz aufstellten: der Mensch habe gegen seine Sklaven moralische Verpflichtungen zu erfüllen. Seit dem Auftreten des Christentums konnte niemand dieser Lehre in der Theorie mehr fremd bleiben, und solange die katholische Kirche besteht, haben sich zu allen Zeiten eifrige Verteidiger derselben gefunden. Dennoch war ihre Durchführung eine der schwersten Aufgaben, welche das Christentum zu erfüllen hatte. Länger als tausend Jahre führte die Kirche den Kampf ohne einen irgend nennenswerten Erfolg. Das Mißlingen hatte seinen Grund nicht in ihrem Mangel an Macht über die Gemüter der Menschen. Die Macht der Kirche war unbegrenzt. Sie konnte Könige und Fürsten vermögen, sich ihrer kostbaren Schätze zum Besten der Kirche zu entäußern. Sie konnte Tausende bestimmen, in der Blüte des Lebens, im Besitz aller Erdengüter und Ehren, auf alles zu verzichten und sich in Klöstern einzuschließen, um durch Armut, Beten und Kasteien den Himmel zu erwerben. Sie konnte Hundertausende über

Land und Meer, durch Europa und Asien senden, um für die Befreiung des Heiligen Grabes ihr Leben zu opfern. Sie konnte Könige dazu bringen, sich von Frauen, die sie mit der leidenschaftlichsten Zärtlichkeit liebten, zu scheiden, weil die Kirche erklärte, daß sie im siebenten (nach unserer Berechnung im vierzehnten) Grade mit ihnen verwandt waren. Alles dieses konnte die Kirche; was sie aber nicht konnte, war, die Menschen dahin zu bringen, daß sie einander weniger bekämpften oder ihre Leibeigenen und, wenn sie es imstande waren, auch ihre Bürger weniger grausam tyrannisierten. Sie konnte sie nicht dazu bringen, auf die Anwendung der Gewalt zu verzichten, mochte sich diese nun fechtend oder triumphierend äußern. Dazu vermochten die Machthaber nur eins zu bestimmen, eine andere, der ihrigen überlegene Gewalt. Nur die wachsende Macht der Könige setzte den bis dahin zwischen den einzelnen Rittern und Herren geführten Kämpfen ein Ziel und beschränkte den Krieg auf Könige oder Kronprätendent gegeneinander; nur durch das Erstarken eines reichen und waffentüchtigen Bürgerstandes in den befestigten Städten und durch städtisches Fußvolk, das sich im Felde mächtiger erwies als die undisziplinierte Reiterei, gelang es, die unverschämte Tyrannei der Adeligen gegen den Bürger- und Bauernstand in gewisse Grenzen zu bannen. Der Hang und die Versuche zur Unterdrückung der andern Stände seitens des Adels blieb nicht nur bis, sondern lange nachdem die Unterdrückten zu einer Macht gelangt waren, welche sie in den Stand setzte, eine sehr empfindliche Rache zu üben, und dieser Zustand herrschte auf dem Kontinent noch vielfach zur Zeit der Französischen Revolution, während ihm in England die frühere und bessere Organisation der demokratischen Klassen durch Einführung gleicher Gesetze für alle und freie nationale Institutionen ein schnelleres Ende gemacht hatte.

Befindet man sich somit darüber in Unwissenheit, daß während der bei weitem größten Zeit der Existenz des Menschengeschlechtes das Recht des Stärkeren das anerkannte Gesetz für das allgemeine Verhalten war, während jedes andere nur als besondere und ausnahmsweise Folge speziell getroffener Übereinkommen betrachtet werden durfte, und daß die Ansprüche, daß die sozialen Angelegenheiten im großen und ganzen nach den Bestimmungen des Sittengesetzes geregelt werden sollen, erst von einer nicht sehr fern liegenden Epoche an datieren, so gibt man sich ebensowenig Mühe, sich zu erinnern oder darüber nachzudenken, daß Einrichtungen und Gebräuche, welche nie einen andern Grund und Ursprung hatten als das Recht der Gewalt, jetzt noch inmitten eines Jahrhunderts fortbestehen, dessen Ansichten und Denkweise ihre Einführung nimmermehr gestattet hätten. Es sind noch nicht vierzig Jahre her, daß es Engländern gesetzlich erlaubt war, menschliche Geschöpfe in Knechtschaft zu halten und als ihr verkaufbares Eigentum zu betrachten; noch in unserm Jahrhundert war es gestattet, Neger mit List oder Gewalt fortzuschleppen, zu verschachern, sie buchstäblich zu Tode zu hetzen. Dieses äußerste Extrem des Gesetzes der Gewalt, das selbst von denen verdammt wird, welche sonst jede andere Form der Gewaltherrschaft gutzuheißen vermögen, diese das Gefühl aller, welche sich auf einen unparteiischen Standpunkt stellen können, empörende Abscheulichkeit war noch so lange Gesetz im zivilisierten, christlichen England, daß viele der unter uns Lebenden sich dessen erinnern können, und in der einen Hälfte des anglosächsischen Amerika existierte vor drei oder vier Jahren nicht nur die Sklaverei, sondern der Sklavenhandel und die „Züchtung“ von Sklaven zum Zwecke des Verkaufes gehörte zu den lebhaftesten kommerziellen Beziehungen, welche die Sklavenstaaten miteinander unterhielten. Ein solcher Zustand konnte so lange bestehen, obgleich nicht nur ein sehr starkes Gefühl dagegen vorherrschend war, sondern auch, wenigstens in England, sich eine weit geringere Summe der Vorliebe und des Interesses dafür erhob, als dies sonst bei andern gewohnheitsmäßigen Mißbräuchen der Gewalt der Fall zu sein pflegt, denn hier trat das Motiv – die krasse Habsucht – gar zu nackt und unverhüllt zutage, und diejenigen, welche von dem Mißbrauch Vorteil zogen, waren doch immer numerisch ein nur sehr kleiner Teil des Landes, während das natürliche Gefühl aller, die nicht persönlich dabei interessiert waren, nur der ungeteilteste Abscheu sein konnte. Das Anführen eines so extremen Beispiels macht es eigentlich überflüssig, noch andere herbeizuziehen; betrachten wir aber dennoch auch die lange Dauer der absoluten Monarchie. In England herrscht gegenwärtig fast durchgängig die Überzeugung, daß der Militär-Despotismus nichts als eine Form des Gesetzes der Gewalt sei und keinen andern Ursprung, keine andere Rechtfertigung als dieses habe, wogegen er in andern europäischen Staaten noch existiert oder soeben erst zu existieren aufgehört hat und es noch in allen Schichten des Volkes und namentlich unter den Personen von Rang und Einfluß eine starke ihm günstig gesinnte Partei gibt. So groß ist die Macht eines bestehenden Systems selbst noch dann, wenn es durchaus nicht mehr universell ist, und obgleich es nicht allein in jeder Periode der Geschichte große und wohlbekannte Beispiele eines gegenteiligen Systems gegeben hat, sondern diejenigen Staaten, welche ein solches bei sich einführten, dadurch unveränderlich zu einem bedeutenden und berühmten Gemeinwesen gelangten. Ferner ist auch in diesem Falle der Inhaber der unbegrenzten Macht – derjenige, welcher direkt an dem System interessiert ist – nur eine Person, während alle übrigen als Untertanen eigentlich darunter zu leiden haben. Das ihnen aufgelegte Joch mußte naturgemäß und notwendigerweise für alle drückend und demütigend sein, mit Ausnahme dessen, der den Thron einnimmt, und dessen, welcher sein Nachfolger zu sein erwartet; und dennoch sahen und sehen wir, daß man dieses System nicht nur ganz natürlich findet, sondern ihm auch den Vorzug vor andern eingeräumt hat und vielleicht noch einräumt.

Wie verschieden sind indes die angeführten Beispiele von der Macht der Männer über die Frauen! Ich will die Frage jetzt noch gar nicht vom rechtlichen Standpunkt aus angreifen. Ich will nur zeigen, wie diese Herrschaft, selbst wenn sie sich durch gar nichts rechtfertigen ließe, doch der Natur der Sache nach eine viel permanentere werden mußte als die andern, welche dessenungeachtet bis zu unsern Zeiten herab gewährt haben. Die Genugtuung, welche die Ausübung der Macht dem Stolze gewährt, das persönliche Interesse, welches damit verbunden ist, beschränkt sich hier nicht auf einen einzelnen oder auf eine begrenzte Anzahl, sondern ist dem gesamten männlichen Geschlecht gemeinsam. Es handelt sich hier nicht um abstrakte Wünsche, nicht, wie bei politischen Bewegungen, um Errungenschaften, welche nur für die Führer eine bedeutendere persönliche Wichtigkeit haben, sondern es betrifft die Person und den häuslichen Herd jedes männlichen Familienhauptes wie jedes, der einmal ein solches zu werden gedenkt. Der niedrigste Tagelöhner übt sein Teil daran ebensogut oder gedenkt es auszuüben wie der Abkömmling des höchsten Adelsgeschlechtes. Der Wunsch nach Macht ist in diesem Falle um so stärker, als jeder, der nach Macht strebt, sie vor allen Dingen über die zu besitzen wünscht, welche ihm am nächsten stehen, mit denen er die meisten gemeinsamen Beziehungen hat, mit denen er sein Leben verbringt und bei denen jede Unabhängigkeit von seiner Autorität seinen Neigungen und Gewohnheiten störend in den Weg treten kann.

Sind schon die andern angeführten Beispiele einer auf Gewalt gegründeten Macht, deren Erhaltung soviel weniger im allgemeinen Interesse lag, nur langsam und mit den größten Schwierigkeiten zu beseitigen gewesen, um wie viel schwieriger muß es in diesem Falle sein, selbst wenn keine bessere Grundlage als für die andern vorhanden ist. Wir müssen dabei noch bedenken, daß die Machthaber in diesem Falle noch ganz andere Handhaben zur Niederhaltung jeder Auflehnung gegen sich besitzen, als in jedem anderen Verhältnis zu Gebote stehen. Die Unterdrückten leben jede unter den Augen und man könnte beinahe sagen in den Händen ihres Herrn, in engerer Gemeinschaft mit ihm als mit irgendeinem ihrer Mitgeschöpfe, ohne jegliches Mittel, sich gegen ihn zu ver-

bünden, ohne die Macht, ihn selbst örtlich zu überwältigen, wohl aber mit den stärksten Motiven, seine Gunst zu gewinnen und alles zu vermeiden, was ihn aufbringen könnte. Es ist genugsam bekannt, wie oft in Kämpfen für politische Emanzipation die Führer durch Bestechung der Sache, welcher sie dienten, abwendig gemacht oder durch Drohungen eingeschüchtert worden sind. In der Frauensache ist jedes Individuum der unterdrückten Partei in einem chronischen Zustande der gleichzeitigen Bestechung und Einschüchterung. Eine große Anzahl der Anführerinnen und eine noch bei weitem größere Zahl derer, welche sich ihnen anschließen, müßten, indem sie die Fahne des Widerstandes entrollten, alle Freuden, alle Annehmlichkeiten, welche ihr individuelles Los ihnen bis dahin gewährt hat, beinahe vollständig zum Opfer bringen. Hat jemals ein System des Privilegiums und der gewaltsamen Niederhaltung sein Joch eng um die Nacken derer, auf welchen es lastet, geschlungen, so ist es dieses. Ich habe noch gar nicht bewiesen, daß es ein ungerechtes System ist; aber jeder, der imstande ist, über den Gegenstand nachzudenken, muß einsehen, daß, selbst wenn es ein solches war, es doch alle andern Formen ungerechter Autorität überdauern mußte. Und da, wie wir gesehen haben, einige der gröbsten Formen dieser ungerechten Autorität noch in mehreren zivilisierten Ländern existieren und in andern soeben erst abgeschüttelt worden sind, so müßte es wunderbar zugehen, wenn diese bei weitem am tiefsten eingewurzelte Form irgendwo schon in einer bemerkenswerten Weise erschüttert sein sollte. Ein viel größeres Wunder scheint es im Gegenteil, daß sich dagegen schon so zahlreiche Proteste und Zeugnisse erhoben haben, wie dies in der Tat der Fall ist.
Man könnte den Einwand erheben, daß sich ein Vergleich zwischen der Herrschaft des männlichen Geschlechtes und den von mir angeführten Formen einer ungerechten Macht nicht wohl ziehen lasse, weil diese willkürlich und die Folge bloßer Usurpation waren, jene im Gegenteil natürlich sei. Aber gab es denn jemals eine Herrschaft, welche

denen, die im Besitz derselben waren, nicht natürlich erschien? Es gab eine Zeit, wo die Teilung des Menschengeschlechtes in zwei Klassen, eine kleine der Herren und eine zahlreiche der Sklaven, selbst den gebildetsten Geistern ganz natürlich, ja als die einzige natürliche Bedingung für das Menschengeschlecht erschien. Kein Geringerer als der so enorm viel zum Fortschritt der Menschheit beitragende Aristoteles vertrat ohne Zweifel, ohne das geringste Schwanken diese Ansicht und basierte sie auf denselben Voraussetzungen, auf welchen die Behauptung der Notwendigkeit der Herrschaft der Männer über die Frauen gewöhnlich basiert wird, nämlich innerhalb des menschlichen Geschlechtes gäbe es verschiedene Naturen – freie Naturen und Sklaven-Naturen. Die Griechen hätten eine freie Natur, die barbarischen Rassen der Thrakier und Asiaten aber eine Sklaven-Natur. Doch weshalb brauche ich denn bis Aristoteles zurückzugehen? Stellten nicht die Sklavenhalter in den Südstaaten von Amerika ganz dieselbe Behauptung mit dem ganzen Fanatismus auf, mit welchem Menschen Theorien festhalten, die ihre Leidenschaften rechtfertigen und ihrem persönlichen Interesse Legitimität geben? Nahmen sie nicht Himmel und Erde dafür zu Zeugen, daß die Herrschaft des Weißen über den Schwarzen eine Einrichtung der Natur sei, daß die schwarze Rasse von Natur ganz unfähig für die Freiheit sei und das Zeichen der Knechtschaft in sich trage? Einige gingen in ihrem Eifer sogar so weit, zu behaupten, die Freiheit der Handarbeiter sei überhaupt eine naturwidrige Ordnung der Dinge.
Von der andern Seite erklärten auch die Anhänger der absoluten Monarchie dieselbe für die einzige natürliche Staatsform, hervorgegangen aus dem patriarchalen Verhältnis, welches die erste sich ganz freiwillig entwickelnde gesellschaftliche Form gewesen sei, denn sie sei auf der Familie basiert. Da aber die Familie die Grundlage für die Gesellschaft bilde, sei eine Staatsform, die sich auf sie zurückführen lasse, die allein naturgemäße. Ja selbst das Ge-

setz des Stärkeren hat für diejenigen, welche sich auf kein anderes berufen konnten oder wollten, immer als der natürlichste Grund für die Ausübung der Gewalt gegolten. Erobernde Völkerstämme fanden es stets ganz natürlich, daß die Unterworfenen den Siegern Gehorsam leisten müßten oder, wie sie es wohllautender umschrieben, daß der schwächere, unkriegerische Stamm dem tapferen, männlichen untergeben sei. Die oberflächlichste Bekanntschaft mit den Lebensverhältnissen des Mittelalters lehrt uns, wie außerordentlich natürlich dem feudalen Adel die von ihm über die niederen Stände ausgeübte Herrschaft erschien und wie unnatürlich und unerhört ihm der Gedanke war, eine Person aus diesen unteren Schichten könne Gleichstellung mit ihm beanspruchen oder gar über ihn zur Herrschaft gelangen. Und nicht bloß die herrschenden Klassen huldigten dieser Ansicht, sie war bei den unterdrückten nicht weniger verbreitet. Die sich emanzipierenden Leibeigenen und Bürger erhoben selbst in ihren heftigsten Kämpfen keinen Anspruch darauf, an der Herrschaft teilzunehmen, sondern verlangten nur eine größere oder geringere Einschränkung der sie tyrannisierenden Macht. Aus diesen Beispielen geht hervor, daß man *unnatürlich* gewöhnlich das nennt, was *ungewöhnlich* ist, und daß alles, was hergebrachte Gewohnheit ist, auch natürlich erscheint. Die Unterjochung der Frauen durch die Männer ist eine universelle Gewohnheit, jedes Abweichen davon erscheint konsequent unnatürlich. Einer reicheren Erfahrung bleibt es jedoch nicht verborgen, wie selbst in diesem Falle das Gefühl gänzlich abhängig von der Gewohnheit ist. Die Völker welche in entfernten Teilen der Erde leben, setzt, wenn sie von den Einrichtungen Englands hören, nichts so sehr in Erstaunen, als daß es unter dem Zepter einer Königin steht; die Sache scheint ihnen so unnatürlich, daß sie unglaublich klingt; dem Engländer dagegen erscheint dies nicht im geringsten unnatürlich, weil er daran gewöhnt ist, wohl aber findet er es unnatürlich, daß Frauen Soldaten oder Parlamentsmitglieder sein sollen. In den feudalen Jahrhunder-

ten hielt man im Gegenteil wieder Krieg und Politik gar nicht für so unnatürlich für Frauen, weil es eben nicht ungewöhnlich war, daß sie sich damit beschäftigten. Es schien natürlich, daß die Frauen der bevorzugten Klassen von männlichem Charakter waren und ihren Gatten und Vätern in nichts als in der körperlichen Kraft nachstanden. Den Griechen scheint die Unabhängigkeit der Frauen weniger unnatürlich vorgekommen zu sein als allen andern Völkern; dafür spricht wenigstens die Mythe von den Amazonen, welche sie für historisch hielten, und das Beispiel der Spartanerinnen, welche, obschon sie von dem Gesetz ebensosehr eingeengt waren wie die Frauen der andern griechischen Staaten, doch tatsächlich viel mehr Freiheit besaßen, und die, da sie unter denselben körperlichen Übungen wie die Männer aufwuchsen, den stärksten Beweis lieferten, daß sie von Natur durchaus nicht ungeeignet dafür waren. Es unterliegt wohl kaum einem Zweifel, daß die an Sparta gemachten Erfahrungen Platon bestimmten, unter vielen andern Lehrsätzen auch den von der politischen und sozialen Gleichheit der beiden Geschlechter aufzustellen.
Es wird mir der Einwand gemacht werden, die Herrschaft der Männer über die Frauen unterscheide sich ja von jeder andern eben dadurch, daß sie keine Herrschaft der Gewalt sei, sondern freiwillig angenommen werde; die Frauen beklagen sich nicht darüber, sondern geben vielmehr jede einzeln ihr Zustimmung dazu. Zuvörderst gibt es eine große Anzahl von Frauen, die sie nicht annehmen. Von dem Augenblicke an, wo Frauen sich fähig fühlten, ihre Gefühle und Gedanken durch ihre Schriften zu verkünden (der einzige Weg der Öffentlichkeit, der ihnen von der Gesellschaft gestattet ist), hat eine sich immer vergrößernde Zahl derselben gegen ihre jetzige soziale Stellung Protest erhoben, und ganz kürzlich erst haben viele Tausende von Frauen, und an ihrer Spitze die bedeutendsten, welche die Öffentlichkeit kennt, eine Petition um Gewährung des Stimmrechtes an das Parlament gerichtet. Der Anspruch auf eine ebenso gründliche Ausbildung und in denselben Zweigen des Wissens, wie

sie dem Manne zugänglich ist, wird von den Frauen immer nachdrücklicher und mit immer größerer Aussicht auf Erfolg betont, und ebenso wird die Forderung ihrer Zulassung zu ihnen bisher verschlossenen Gewerben und Beschäftigungen von Jahr zu Jahr lauter und dringender. Haben wir in England auch noch nicht wie in den Vereinigten Staaten von Amerika periodische Zusammenkünfte und eine organisierte Partei zum Zwecke der Agitation für die Rechte der Frauen, so gibt es doch einen zahlreichen und rührigen Verein, der von Frauen gebildet und von ihnen geleitet ist, in der eingeschränkteren Absicht, die politische Freiheit zu erlangen. Und nicht bloß in England und Amerika beginnen Frauen mehr und mehr gemeinschaftlich gegen die Übelstände, unter denen sie leiden, zu protestieren. In Frankreich, Italien, Deutschland, der Schweiz, Rußland zeigen sich ganz dieselben Erscheinungen. Wie viele Frauen außerdem dieselben Wünsche hegen, sie aber nicht aussprechen, läßt sich nicht annähernd schätzen; aber es sind Anzeichen genug vorhanden, daß ihre Zahl eine sehr große ist und daß sie sich ins Unendliche vermehren würde, lehrte man die Frauen nicht von Kindheit an, sie als ungeziemend für ihr Geschlecht zu unterdrücken.

Bedenken wir, daß geknechtete Klassen nie mit einem Male vollkommene Freiheit forderten. Als Simon von Montfort die Deputierten der Nichtadligen zum ersten Male berief, damit sie ihre Sitze im Parlament einnähmen, ließ einer von ihnen sich da im Traum einfallen, zu verlangen, daß eine von ihren Vollmachtgebern gewählte Versammlung Ministerien schaffen und zerstören und Königen in Staatsangelegenheiten Vorschriften machen solle? Nicht dem Ehrgeizigsten kam ein solcher Gedanke. Der Adel hatte bereits diese Prätention, die Nichtadeligen beanspruchten nichts, als vor willkürlicher Besteuerung und vor groben persönlichen Bedrückungen seitens der königlichen Beamten gesichert zu sein. Es ist ein politisches Naturgesetz, daß diejenigen, welche sich seit langer Zeit unter irgendeiner Gewalt oder Herrschaft befinden, niemals damit beginnen, daß sie sich über die Herr-

schaft selbst beklagen, sondern nur über die drückende Ausübung derselben; und es fehlt wahrlich nicht an Frauen, die sich über schlechte Behandlung seitens ihrer Männer beschweren. Es würde dies sicher von einer noch viel größeren Menge geschehen, wenn Beschwerden nicht die größte Provokation zur Wiederholung und Steigerung der schlechten Behandlung wären. Dieser Umstand ist es, an dem alle Versuche scheitern, die Macht zu behalten, aber die Frauen gegen den Mißbrauch derselben zu schützen. In keinem andern Verhältnisse – außer noch dem des Kindes zum Vater – wird die Person, welche erwiesenermaßen ein Unrecht erlitten hat, wieder in die Gewalt dessen gegeben, der ihr dasselbe zugefügt. Es ist daher ganz selbstverständlich, daß Frauen oft lieber die schwersten Mißhandlungen dulden, als die Gesetze zu ihrem Schutze anrufen, und daß sie, wenn sie dies in einem Moment der unüberwindlichen Empörung oder auf Zureden der dazwischen getretenen Nachbarn wirklich getan, sich später ängstlich bemühen, so viel wie irgend möglich zu vertuschen und ihre Tyrannen von der verdienten Strafe loszubitten.
Eine Menge gesellschaftlicher wie natürlicher Ursachen wirken zusammen, um es ganz unwahrscheinlich zu machen, daß die Frauen sich in der Gesamtheit gegen die Herrschaft der Männer empören sollten. Sie sind insofern in einer von allen andern unterdrückten Klassen ganz verschiedenen Lage, als ihre Herren von ihnen noch etwas anderes verlangen als bloße Dienstbarkeit. Die Männer beanspruchen von den Frauen nicht nur Gehorsam, sondern auch Zuneigung. Alle Männer, nur mit Ausnahme der tierisch rohesten, wollen in der mit ihnen auf das innigste verbundenen Frau keine gezwungene, sondern eine freiwillige Sklavin, oder besser nicht eine Sklavin, sondern eine Favoritin haben. Zu diesem Zwecke ist alles angewendet worden, um den weiblichen Geist niederzuhalten. Die Herren aller übrigen Sklaven verlassen sich, um ihre Sklaven zum Gehorsam zu zwingen, auf die Wirkungen der Furcht, entweder der Furcht an und für sich oder der reli-

giösen Furcht. Die Herren der Frauen verlangten mehr als einfachen Gehorsam, und sie wandten die ganze Macht der Erziehung an, um ihren Zweck zu erreichen. Jede Frau wird von frühester Jugend an erzogen in dem Glauben, das Ideal eines weiblichen Charakters sei ein solcher, welcher sich im geraden Gegensatz zu dem des Mannes befinde; kein eigener Wille, keine Herrschaft über sich durch Selbstbestimmung, sondern Unterwerfung, Fügsamkeit in die Bestimmung anderer. Jede Sittenlehre predigt ihnen, die Pflicht der Frau sei, für andere zu leben, sich selbst vollständig aufzugeben und keine andere Existenz als in und durch ihre Liebe zu haben, und die hergebrachte Sentimentalität behauptet sogar, daß dies der Zustand sei, welcher der eigentlichen Natur der Frau gemäß ist. Unter dieser Existenz durch ihre Liebe versteht man aber nur die eine, welche ihr zu haben gestattet ist – die Liebe zu dem Manne, mit dem sie verbunden ist, oder zu den Kindern, welche dazu dienen, das Band zwischen ihr und dem Manne noch fester und unlöslicher zu machen.

Zieht man drei Dinge in Erwägung – erstens die natürliche Anziehungskraft, welche die beiden Geschlechter aufeinander ausüben, zweitens die vollständige Abhängigkeit der Frau vom Manne, so daß jedes Vorrecht, jede Freude, die sie hat, entweder sein Geschenk ist oder doch gänzlich aus seinem Willen entspringt, und drittens, daß die wesentlichsten Objekte menschlichen Strebens, Rang, Stellung, Ansehen, Bedeutung usw. für die Frau im allgemeinen nur durch den Mann erreicht werden können –, so müßte es wirklich mit einem Wunder zugehen, wenn die Erlangung der größtmöglichen Anziehungskraft für die Männer nicht der Polarstern für die weibliche Erziehung und Charakterbildung geworden wäre. Nachdem nun aber dieses Bestreben einen so großen Einfluß auf das Frauengemüt erlangt hat und naturgemäß erlangen mußte, machen die Männer, geleitet von einem Instinkte der Selbstsucht, dasselbe zum hauptsächlichsten Werkzeuge, die Frauen in der tiefsten Abhängigkeit von sich zu erhalten, indem sie ihnen Schüchternheit, Unselbständigkeit und völliges Aufgeben des eigenen Willens an den des Mannes als diejenigen Eigenschaften darstellen, welche dem Weibe die größte Anziehungskraft für den Mann verleihen. Würde nicht jede andere Form der Knechtschaft, die abzuschütteln der Menschheit gelungen ist, noch ebenfalls bis auf den heutigen Tag bestehen, wenn man dieselben Mittel gehabt und so unausgesetzt angewendet hätte, um die Unterdrückten geistig zu beugen? Nehmen wir an, man hätte es zur Lebensaufgabe eines jeden jungen Plebejers gemacht, den Augen irgendeines Partiziers persönliches Wohlgefallen zu erregen, es wäre Lebenszweck jedes Leibeigenen gewesen, die Gunst irgendeines Grundherrn zu gewinnen, man hätte dem Plebejer und Leibeigenen als höchsten Preis, den das Leben ihnen zu bieten vermöchte und nach dem das begabteste Wesen zu streben habe, die Liebe des Patriziers oder Grundherrn und das engste häusliche Zusammenleben mit ihm genannt. Nachdem sie nun diesen Preis gewonnen, hätte man sie aber durch eine eherne Mauer abgeschlossen von allen Interessen, die ihren Mittelpunkt nicht in *ihm* finden, von allen Gefühlen und Wünschen, die nicht von *ihm* geteilt oder hervorgerufen werden; würden Plebejer und Patrizier, Leibeigene und Grundherren nicht heute noch ebensosehr verschieden voneinander sein, wie dies Männer und Frauen sind? Würden nicht alle, mit Ausnahme eines dann und wann auftauchenden Denkers, glauben, diese Verschiedenheit sei eine durch die Schöpfung bestimmte, unabänderliche Eigentümlichkeit der menschlichen Natur?

Die vorstehenden Betrachtungen dürften hinreichend sein, um darzutun, daß das Herkommen, so allgemein es in diesem Falle auch immer sein mag, doch noch keineswegs zu einem günstigen Urteil für die Einrichtung berechtigt, welche die Frauen den Männern gesellschaftlich und politisch unterordnet. Ich kann jedoch noch weiter gehen und die Behauptung aufstellen, daß der Verlauf der Geschichte und die Tendenzen der im Fortschreiten begriffenen menschlichen Gesellschaft nicht allein keine diesem System der Ungleichheit der Rechte günstige Annahme zulassen, sondern entschieden dagegensprechen und daß, soweit der ganze Gang menschlicher Entwicklung bis zu unseren Tagen, der ganze Strom moderner Tendenzen einen Rückschluß auf diesen Gegenstand gestatten, die Zukunft dieses Relikt der Vergangenheit als unvereinbar mit ihren Anschauungen finden und verschwinden lassen wird. Was ist der Charakter der modernen Welt – der hauptsächlichste Unterschied zwischen modernen Institutionen, modernen sozialen Ideen, modernem Leben und dem längst vergangener Zeiten? Die Überzeugung, daß die Menschen nicht für einen vorherbestimmten Platz im Leben geboren und an die Stelle, wohin sie die Geburt gewiesen, unwiderruflich gefesselt sind, sondern die Freiheit haben, ihre Fähigkeiten anzuwenden und jede sich ihnen darbietende Gelegenheit zu benutzen, um diejenige Lebensstellung zu erlangen, welche ihnen die wünschenswerteste scheint. Die alte Gesellschaft beruhte auf ganz andern Grundlagen. Alle Menschen waren in ihr zu einer bestimmten sozialen Stellung geboren und wurden meistens durch das Gesetz darin festgehalten oder sahen sich doch jedes Mittels beraubt, das zu ihrer Befreiung daraus hätte dienen können. Wie ein Teil der Menschen weiß, ein anderer schwarz geboren ist, so war ein Teil geborne Sklaven, ein anderer freie Männer und Bürger; diese waren geborne Patrizier, jene geborne Plebejer; diese hochgeborne Adelige, jene Bauern und Leibeigene. Ein Sklave und Leibeigener konnte sich niemals frei machen, sondern es nur durch den Willen seines Herrn werden. Erst gegen Ende des Mittelalters und erst infolge der wachsenden Fürstenmacht ward es in den meisten europäischen Staaten zulässig, daß Bürger geadelt wurden. Selbst bei dem Adel war der älteste Sohn der geborene einzige Erbe aller väterlichen Besitzungen, und lange Zeit verging, ehe dem Vater das Recht, ihn zu enterben, vollständig zuerkannt ward. Unter den gewerbetreibenden Klassen durften nur diejenigen, welche als Mitglieder einer Gilde geboren oder von den Mitgliedern einer solchen in ihre Gemeinschaft aufgenommen waren, ihren Beruf gesetzlich innerhalb seiner lokalen Grenzen betreiben, und niemand konnte einen irgend für wichtig gehaltenen Beruf anders ausüben als in der gesetzlichen Weise, d.h. so, wie es ihm von der vorgesetzten Behörde vorgeschrieben ward. Mehr als ein Handwerker büßte am Pranger den Versuch, sein Gewerbe nach einer neuen, verbesserten Methode ausüben zu wollen.

In dem modernen Europa und besonders in den Teilen desselben, welche sich am lebhaftesten an allen Fortschritten der Neuzeit beteiligt haben, herrschen jetzt diametral entgegengesetzte Grundsätze und Anschauungen. Gesetz und Regierung machen keine Vorschriften, durch wen irgendein Gewerbe oder eine Kunst ausgeübt werden darf oder nicht darf und welches Verfahren dabei als gesetzlich zu betrachten ist. Selbst das Gesetz, welches den Handwerkern das Absolvieren einer gewissen Lehrzeit vorschreibt, ist in England nicht mehr in Kraft, da man die ausreichende Gewißheit hat, daß in allen Fällen, welche eine Lehrzeit erfordern, diese Notwendigkeit genügend ist, die Lehrzeit zu erzwingen. Nach der alten Theorie sollte dem einzelnen Individuum so wenig Spielraum wie möglich gelassen werden; alles, was es zu tun hatte, sollte, soweit sich dies nur irgend bewerkstelligen ließ, ihm von einer überlegenen Weisheit vorgezeichnet sein. Überließe man den Menschen sich selbst, so müßte er sicher fehlgehen. Die Überzeugung der Neuzeit, die Frucht einer tausendjährigen Erfahrung, ist dagegen die, daß alle Dinge, in welchen das Individuum als solches direkt interessiert ist, nur dann ihren richtigen Verlauf haben können, wenn man sie seinem eigenen Ermessen überläßt, und daß jede durch die Obrigkeit darauf geübte Einwirkung, ausgenommen, wo dies geschehen muß, um die Rechte anderer zu schützen, nur von Übel sein kann.

Diese Anschauung, zu der man sehr langsam kam und die man nicht eher annahm, als nachdem man beinahe jede mögliche Anwendung der entgegengesetzten Theorie mit unglücklichem Erfolge versucht hatte, ist jetzt in industrieller Hinsicht in den vorgeschrittenen Ländern die überwiegende und fast allgemeine bei allen, welche irgend Anspruch machen, den Aufgeklärten zugezählt zu werden. Man ist auch in unserer Zeit weit entfernt davon, jede Methode für gut und jeden Menschen für befähigt zu jedem Beruf zu halten; aber man weiß, daß nur in der Freiheit der individuellen Wahl das Mittel liegt, für die verschiedenen Zweige der menschlichen Tätigkeit die besten Methoden ausfindig zu machen und jede Beschäftigung in die Hände gelangen zu lassen, welche dafür am besten befähigt sind. Es fällt niemandem ein, durch ein Gesetz zu bestimmen, daß nur ein muskelstarker Mann ein Grobschmied sein dürfe. Die Gewerbefreiheit und die daraus erwachsende Konkurrenz sind vollkommen hinreichend, zu bewirken, daß nur kräftige Männer Grobschmiede werden, denn die schwächlichen Leute können mehr verdienen, wenn sie sich für sie geeigneteren Zweigen der Tätigkeit zuwenden. In Übereinstimmung mit dieser Doktrin betrachtet man es als einen Übergriff der Obrigkeit, durch einige allgemeine Voraussetzungen vorherbestimmen zu wollen, daß gewisse Personen zur Verrichtung gewisser Dinge nicht geeignet sind. Es ist allgemein anerkannt, daß derartige Voraussetzungen, wenn sie existieren, doch keineswegs unfehlbar sind. Wären sie selbst in vielen, ja in den meisten Fällen wohl begründet, was noch keineswegs wahrscheinlich ist, so würde es immer noch eine kleinere Anzahl von Fällen geben, wo sie nicht zutreffend sind, und in diesen wäre es eine Ungerechtigkeit gegen das Individuum und eine Beeinträchtigung der Gesellschaft, wenn man dem ersten Hindernisse in den Weg legte, seine Fähigkeiten zu seinem und zum Nutzen anderer zu verwerten. In allen den Fällen dagegen, wo wirklich Unfähigkeit vorhanden ist, werden schon die gewöhnlichen Motive, welche im ganzen im Handel und Wandel maßgebend sind, unbefähigte Personen von Versuchen abhalten, und wenn sie diese selbst anstellen, sie doch an deren weiterer Fortsetzung hindern.

Sollte dieser Hauptgrundsatz der Gesellschaftswissenschaften sich als unwahr erweisen lassen, wäre das einzelne Individuum, unterstützt durch die Meinung, welche andere, von denen es am genauesten gekannt ist, von ihm haben, wirklich kein besserer Beurteiler seiner eigenen Fähigkeiten und seines Berufs als Gesetz und Obrigkeit, so könnte die Welt nicht Besseres tun, als den modernen Anschauungen valet sagen und zu dem alten System der Bevormundung und Maßregelung zurückkehren. Da wir jedoch den Grundsatz der Neuzeit als wahr anerkennen, so sollten wir ihn auch in allen Stücken zu unserer Richtschnur nehmen; und sowenig wir Menschen, weil sie statt weiß schwarz oder statt als Adelige als Bürger geboren sind, für das ganze Leben zum Verharren in derselben Lage verurteilen, ebensowenig sollten wir menschliche Wesen, weil sie als Mädchen statt als Knaben geboren wurden, von der Erlangung jeder höheren Lebensstellung und von der Ausübung der meisten ehrenvollen Beschäftigungen ausschließen.

Geben wir aber selbst das Äußerste zu, was je von der überlegenen Fähigkeit der Männer für alle ihnen vorbehaltenen Funktionen behauptet worden ist, so gilt dasselbe Argument, welches eine gesetzliche Qualifikation für Mitglieder des Parlaments verbietet. Wenn nur einmal in zehn Jahren die Bedingungen der Wählbarkeit eine geeignete Person ausschließen, so ist das ein wirklicher Verlust, während die Ausschließung von tausend ungeeigneten Personen kein Gewinn ist, denn wenn die Einrichtung des Wahlkörpers ihn veranlaßt, ungeeignete Personen zu wählen, so sind immer eine Menge Personen da, aus denen gewählt wird. In allen Dingen von einiger Schwierigkeit und Wichtigkeit sind derjenigen, welche sie gut verrichten können, immer weniger vorhaben, als Bedarf für sie vorhanden ist, selbst dann, wenn die unbegrenzteste Freiheit der Wahl gestattet wird, und jede Begrenzung des Wahlfeldes beraubt die Gesellschaft einiger Chancen, durch Befähigte bedient zu werden, ohne daß sie dadurch vor den Unbefähigten geschützt ist.

In den gebildeteren Staaten ist, mit einer Ausnahme, die

Ausschließung der Frauen von den meisten Ämtern und Berufszweigen noch der einzige Fall, in dem Gesetze und Institutionen Personen von der Geburt an unter einen gewissen Bann stellen und nicht gestatten, daß sie während ihres ganzen Lebens nach gewissen Dingen streben. Die einzige Ausnahme, welche wir andeuteten, ist die monarchische Würde. Noch immer sind Personen für den Thron geboren, niemand als ein Mitglied der königlichen Familie kann ihn einnehmen, und selbst wer diesen Familien angehört, kann nur infolge eines genau bestimmten Erbganges dazu gelangen. Alle anderen Würden und gesellschaftlichen Rangstufen stehen dem gesamten männlichen Geschlechte offen, viele sind allerdings nur dem Reichtum zugänglich, aber Reichtum kann ja doch von jedem errungen werden und ist in der Tat schon von vielen aus den untersten Klassen errungen worden. Es soll nicht geleugnet werden, daß für die große Mehrzahl die Erlangung einer höheren Lebensstellung ohne das Hinzutreten besonderer Glücksumstände sehr schwierig, ja beinahe unmöglich ist, aber es ist doch keinem Manne durch das Gesetz eine Schranke gezogen, die er nicht durchbrechen kann; die öffentliche Meinung schafft ihm doch nicht noch künstliche Hindernisse zu den schon bestehenden natürlichen. Das Königtum bildet, wie gesagt, eine Ausnahme; aber in diesem Falle fühlt jeder, daß dies eben eine Ausnahme ist – eine Anomalie in der modernen Welt, ein schneidender Gegensatz zu ihren Sitten und Prinzipien, und nur gerechtfertigt durch ihre spezielle außerordentliche Zweckmäßigkeit, die faktisch unfraglich besteht, sosehr auch die Meinungen der verschiedenen Nationen über ihre höhere oder geringere Wichtigkeit differieren. In diesem einen Ausnahmefalle, in welchem aus wichtigen Gründen ein hohes gesellschaftliches Amt durch die Geburt und nicht im Wege der Bewerbung erlangt wird, folgen indes alle freien Nationen tatsächlich dennoch dem Grundsatze, dem sie nominell untreu geworden sind, indem sie das königliche Amt durch Bedingungen einengen, welche die Person, die es dem Namen nach verwaltet, doch von der eigentlichen Aus-

übung der damit verbundenen Funktionen ausschließen, und diese verantwortlichen Ministern übertragen, welche ihrerseits zu ihren Posten auf einem Wege gelangen, der gesetzlich keiner erwachsenen Person männlichen Geschlechtes verschlossen ist. Die untergeordnete Stellung, zu welcher die Frauen lediglich durch ihre Geburt verurteilt sind, ist mithin ohne Beispiel in der modernen Gesetzgebung. In keinem Falle als in diesem, der die eine Hälfte des Menschengeschlechtes betrifft, ist jemandem durch die Fatalität seiner Geburt die Erlangung höherer gesellschaftlicher Funktionen dergestalt verschlossen, daß keine Anstrengung, kein Wechsel der Umstände darin eine Änderung hervorzubringen vermag, denn selbst das religiöse Bekenntnis, abgesehen davon, daß diese Beschränkungen praktisch in vielen Ländern Europas aufgehört haben, war insofern als kein absolutes Hindernis für irgendeine Laufbahn zu betrachten, als die betreffende Person es immer in der Hand hatte, die durch ihren Glauben aufgerichtete Schranke durch einen Übertritt hinwegzuräumen.
So steht denn die Unterdrückung der Frauen als ein vereinsamtes Faktum inmitten der modernen sozialen Institutionen, als einzige Bresche in ihrem wohlgefügten Grundgesetz, als alleiniges Relikt einer vergangenen Zeit, deren Denken und Tun in allen Punkten als überlebt betrachtet und nur in diesem einen, dem das universellste Interesse beigemessen werden muß, konserviert wird; es ist gerade, als stünde ein gigantischer Dolmen* oder ein großer Tempel des Jupiter Olympius dicht neben der St.-Pauls-Kirche und würde zur täglichen Gottesverehrung benutzt, während die umherliegenden christlichen Kirchen sich nur bei besonders feierlichen Gelegenheiten und an hohen Festtagen öffneten. Dieser gänzliche Widerstreit zwischen einer sozialen Einrichtung und allen andern daneben bestehenden, dieser radikale Gegensatz, in dem sie ihrer ganzen Natur nach steht mit allen fortschrittlichen Bewegungen, auf welche die mo-

*Ein keltischer Steinaltar. (Anm. d. Übers.)

derne Welt stolz ist, und welche nach und nach alle Mißbräuche ähnlicher Art hinweggefegt haben, muß notwendigerweise dem gewissenhaften Beobachter der menschlichen Entwicklung eine Quelle des ernstesten Nachdenkens werden. Und dieses Nachdenken erregt zunächst eine sehr nachteilige Meinung für die Einrichtung, welche alles, was durch Gebrauch und Herkommen als für dieselbe günstig angeführt werden kann, weit überwiegt und zum wenigsten schon vollständig ausreicht, um die Frage gleich der über Monarchie und Republik zu einer sehr schwankenden zu machen.
Das geringste, was man verlangen kann, ist, daß die Frage nicht als eine durch bestehende Meinungen und bestehende Tatsachen im voraus abgeurteilte betrachtet werde, sondern als eine Frage der Gerechtigkeit und Zweckmäßigkeit einer freien Diskussion ihrer Vorzüge und Mängel zugänglich sei, deren Entscheidung, wie alle übrigen sozialen Einrichtungen der Menschheit, abhängig ist von einer aufgeklärten Würdigung derjenigen Tendenzen und Konsequenzen, welche sich, ohne jeglichen Unterschied des Geschlechtes, für die Menschheit im großen und ganzen am vorteilhaftesten erweisen. Eine solche Diskussion muß aber eine Diskussion im strengsten Sinne des Wortes sein, sie muß auf den tiefsten Grund gehen und sich nicht mit vagen und allgemeinen Versicherungen begnügen. Es genügt z.B. nicht, daß in allgemeinen Ausdrücken die Behauptung aufgestellt und verteidigt werde, die Erfahrung habe sich zugunsten des bestehenden Systems ausgesprochen. Die Erfahrung kann nicht zwischen zwei Wegen entscheiden, solange überhaupt nur über einen Erfahrung zu sammeln möglich war. Sagt man, der Lehrsatz von der Gleichheit der Geschlechter beruhe nur auf Theorie, so gebe ich zu bedenken, daß die Lehre von der Ungleichheit ebenfalls keinen andern Stützpunkt als die Theorie hat. Alles, was durch die direkte Erfahrung zu ihren Gunsten bewiesen ist, beschränkt sich darauf, daß die Menschheit dabei existieren und den Grad von Fortschritt und Wohlbehagen, den sie jetzt besitzt, erlangen konnte; ob aber durch das andere System der Zustand der Bildung und des Glückes, dessen die

Menschheit sich jetzt erfreut, nicht hätte früher herbeigeführt werden und jetzt schon in einem höhern Maße erreicht sein können, darüber gibt die Erfahrung keinen Aufschluß. Die Erfahrung lehrt uns dagegen, daß jeder Schritt nach vorwärts unveränderlich begleitet war von einem Schritte zur Erhebung der sozialen Stellung der Frauen, so daß Historiker und Philosophen die höhere oder niedere Stufe, auf welcher die Frauen standen, als das sicherste und untrüglichste Merkmal für den Grad der Zivilisation eines Volkes oder Zeitalters hinzustellen pflegen. Jede fortschrittliche Periode in der Geschichte der Menschheit bringt die Stellung der Frauen der Gleichheit mit den Männern näher, und wenn dies an und für sich betrachtet auch noch nicht beweist, daß die Assimilation bis zur vollkommenen Gleichstellung gehen muß, so läßt es doch unstreitig günstige Schlüsse dafür zu.
Ebensowenig wie durch die Berufung auf die Erfahrung wird erwiesen durch die Versicherung, die *Natur* der beiden Geschlechter verweise sie jedes auf seine gegenwärtige Stellung und seinen gegenwärtigen Pflichtkreis und lasse sie ihnen als für sie passend erscheinen. Aufgrund des gesunden Menschenverstandes, und indem ich die Beschaffenheit des menschlichen Geistes in Betracht ziehe, leugne ich, daß irgend jemand die Natur der beiden Geschlechter kennen kann, solange dieselben in ihren jetzigen Beziehungen zueinander verharren. Hätte es jemals eine Gesellschaft gegeben, die aus lauter Männern, oder umgekehrt eine solche, die nur aus Frauen bestand, oder hätten wir schon das Beispiel einer aus Männern und Frauen zusammengesetzten Gesellschaft gehabt, in welcher die Frauen nicht unter der Kontrolle der Männer gestanden hätten, so ließe sich vielleicht etwas Positives über die zwischen den beiden Geschlechtern von Natur existierenden geistigen und sittlichen Unterschiede wissen. Was man aber jetzt die Natur der Frauen nennt, ist etwas durch und durch künstlich Erzeugtes – das Resultat erzwungener Niederhaltung nach der einen, unnatürlichen Anreizung nach der andern Richtung. Bei keiner andern Klasse

von Abhängigen, das darf man dreist behaupten, ist der Charakter der Unterdrückten durch die Beziehung zu ihren Gebietern so gänzlich seiner ursprünglichen Anlage entfremdet worden, wie dies bei den Frauen der Fall ist. Besiegte und zu Sklaven gemachte Völker oder Volksklassen wurden allerdings in mancher Hinsicht gewaltsamer und grausamer unterdrückt, aber diejenigen Anlagen und Eigenschaften, welche nicht unter den eisernen Hufen der Sieger zertreten wurden, blieben sich doch gewöhnlich selbst überlassen, hatten jegliche Freiheit der Entwicklung und entwickelten sich auch nach ihren eigenen Gesetzen; bei den Frauen begnügte man sich nicht, unbequeme Eigenschaften zu zertreten, sondern man pflegte und zeitigte durch eine Treibhaus-Erziehung und künstliche Brutstätte diejenigen Seiten ihrer Natur, welche dem Wohlbehagen und Vergnügen ihrer Herren dienen sollten. Weil nun gewisse Zweige in dieser heißen Atmosphäre und bei sorglicher Pflege und Bewässerung üppig emporschießen und prächtig entwickelt werden, während andere, welche derselben Wurzel entstammen, aber draußen dem Winterfrost preisgegeben und recht absichtlich im Schnee und Eis vergraben sind, sich nur kümmerlich entwickeln und noch andere in ihren ersten Ansätzen abgebrannt und gänzlich vernichtet sind, glauben die Menschen mit jener Unfähigkeit, ihr eigenes Werk zu erkennen, welche immer unanalytische Geister charakterisiert, der Baum wachse von selbst so, wie sie ihn zu wachsen gezwungen haben, und er würde ausgehen, wenn er nicht zur Hälfte in ein Dampfbad gehalten, zur Hälfte in Schnee gesteckt würde.

Von allen Hindernissen, welche sich einer klareren Gedankenentwicklung und der Bildung wohlbegründeter Ansichten über das Leben und die sozialen Einrichtungen entgegenstellen, ist gegenwärtig das größte und beklagenswerteste die unaussprechliche Unwissenheit der Menschen über und ihre Unaufmerksamkeit auf die Einflüsse, welche den menschlichen Charakter bilden. Man hält alles, was einzelne Individuen oder ganze Klassen gegenwärtig sind oder zu sein scheinen, für ein Produkt ihrer natürlichen Anlagen, während man, sobald man sich nur einigermaßen über die Bedingungen, unter denen sie sich entwickeln, unterrichtete, sehr genau die Ursachen erkennen würde, welche sie so und nicht anders werden ließen. Weil ein Häusler, der sich bei seinem Gutsherrn mit dem Zins sehr im Rückstande befindet, nicht betriebsam ist, halten manche Leute die Irländer für ein von Natur träges Volk. Weil Verfassungen gestürzt werden können, sobald die Kräfte, welche sie zu beschützen bestimmt sind, ihre Waffen gegen sie kehren, halten viele die Franzosen für ein Volk, das eine freie Regierungsform nicht vertragen kann. Weil die Griechen die Türken betrogen und die Türken die Griechen nur plünderten, hält man die Türken von Natur für aufrichtiger als die Griechen; und weil Frauen, wie oft gesagt wird, sich nicht um Politik kümmern, soweit ihre Persönlichkeit nicht dabei in Frage kommt, nimmt man frischweg an, sie hätten von Natur ein geringeres Interesse an dem Gemeinwohl als die Männer. Die Geschichte, die man jetzt so viel besser zu verstehen und zu würdigen weiß als früher, lehrt aber etwas ganz anderes, indem sie die außerordentliche Empfänglichkeit der menschlichen Natur für äußere Einflüsse deutlich erkennen läßt und uns aufmerksam macht auf die große Veränderlichkeit derjenigen ihrer Offenbarungen, welche für allgemein und uniform ausgegeben werden. Trotzdem sieht die Mehrzahl der Menschen in der Geschichte wie auf Reisen nur das, was sie bereits in ihren eigenen Köpfen gehabt haben, und nur ein kleiner Teil lernt aus ihr mehr und anderes, als was er bereits zum Studium mitgebracht hat.

Die Frage: Was sind die natürlichen Unterschiede zwischen den beiden Geschlechtern? ist eine der schwierigsten, die es gibt und über die bei dem gegenwärtigen Zustande der Gesellschaft eine allseitige und richtige Ansicht zu verschaffen fast unmöglich wird, besonders auch deshalb, weil, während alle Welt im entscheidenden Tone darüber spricht, man fast allgemein die einzigen Mittel, welche zu einer speziellen Aufklärung darüber führen könnten, vernachlässigt und oberflächlich behandelt. Es wäre dies ein analytisches Studium des wichtigsten Teiles der Psychologie, über das Gesetz des Einflusses der Umstände auf den Charakter, denn so groß und unausrottbar die moralischen und intellektuellen Unterschiede zwischen beiden Geschlechtern anscheinend auch sein mögen, so konnte die Beweisführung, daß dieselben wirklich natürliche Unterschiede wären, doch immer nur negativ sein. Als natürlich könnten nur die bezeichnet werden, welche erwiesenermaßen unmöglich künstlich sein können, d.h. diejenigen, welche übrigbleiben, nachdem man eine genaue Deduktion der charakteristischen Eigentümlichkeiten jedes Geschlechtes, bei denen die Annahme, daß sie auf die Erziehung oder äußere Einwirkungen zurückgeführt werden können, irgend zulässig ist, vorgenommen hat. Nur die tiefste Kenntnis der Gesetze der Charakterbildung berechtigen zu dem Anspruch, darüber entscheiden zu wollen, ob überhaupt ein solcher Unterschied besteht, und noch viel mehr gehörte dazu, das Wesen dieser Unterschiede der beiden Geschlechter in ihrer Eigenschaft als moralische und vernunftbegabte Geschöpfe zu definieren. Da nun bis jetzt noch niemand diese Kenntnisse hat und haben kann, da es kaum irgendeinen Gegenstand gibt, der im Verhältnis zu seiner Wichtigkeit so wenig studiert worden ist wie dieser, so ist auch niemand zu einem positiven Ausspruche darüber befugt. Alles, was bis jetzt darüber gesagt und geschrieben ist, sind Mutmaßungen, die mehr oder weniger wahrscheinlich sind, je nachdem sie mehr oder weniger unterstützt werden von den Kenntnissen, welche wir gegenwärtig über die Gesetze der Psychologie in bezug auf Charakterbildung haben.

Selbst die Beantwortung der Vorfrage, worin die Verschiedenheiten zwischen den beiden Geschlechtern denn eigentlich bestehen, ist, ganz abgesehen von der Frage, auf welche Weise diese Verschiedenheiten entstanden, noch sehr unsicher und unvollständig. Mediziner und Physiologen haben die Verschiedenheit der körperlichen Konstitution in nicht unbedeutendem Maße festgestellt und damit dem Psychologen eine wichtige Grundlage geboten; wie selten ist aber ein praktischer Mediziner zugleich Psycholog! Was die geistigen Eigentümlichkeiten der Frauen anbetrifft, sind die Beobachtungen der Ärzte im ganzen nicht wertvoller als die der übrigen Männer. Der Gegenstand wird und muß so lange ohne endgültige Entscheidung bleiben, solange diejenigen, welche allein darüber unterrichtet sein können, so wenig Aufklärung darüber geben und dieses wenige auch noch getrübt und beeinflußt ist. Beschränkte, untergeordnete Frauen zu kennen ist leicht. Die Beschränktheit bleibt sich in der ganzen Welt so ziemlich gleich. Die Begriffe und Gefühle einer stupiden Person lassen sich mit Zuverlässigkeit aus denjenigen folgern, welche in dem sie umgebenden Kreise vorherrschen. Ganz anders verhält es sich dagegen mit Leuten, deren Ansichten und Empfindungen ein Ausfluß ihrer eigenen Natur und Fähigkeiten sind. Diejenigen Männer sind sehr vereinzelt, welche eine nur einigermaßen eingehende Kenntnis des Charakters der Frauen ihrer Familie haben, von ihren Fähigkeiten gar nicht zu sprechen, denn jene kennen diese Frauen selbst nicht, weil sehr viele derselben niemals wachgerufen worden sind; ich meine hier nur die wirklich vorhandenen Gedanken und Empfindungen.

Mancher Mann glaubt, er kenne die Frauen, weil er zu mehreren, ja vielleicht zu vielen in einem zärtlichen Verhältnis gestanden habe. Er mag, wenn er ein guter Beobachter ist und seine Erfahrung sich auf die Qualität ebenso erstreckt wie auf die Quantität, allerdings einen kleinen und ohne Zweifel einen wichtigen Teil der Frauennatur kennengelernt haben; über alles andere, was darin vorgeht, bleibt ein solcher Mann aber gerade am unwissendsten, denn vor niemandem wird dies so streng verborgen als vor ihm. Die günstigste Gelegenheit, welche sich einem Manne für das Studium des Frauencharakters bieten kann, findet er doch sicher bei seiner eigenen Gattin, denn der Anlässe dazu gibt es viele und vollständige. Sympathie zwischen Ehegatten ist

glücklicherweise nicht so überaus selten, auch glaube ich, ist dies in der Tat die Quelle, aus welcher man jede Kenntnis des Gegenstandes, der sich überhaupt der Mühe verlohnt, geschöpft hat; indes wird doch den meisten Männern nur die Möglichkeit geboten, einen einzigen Fall in dieser Weise zu studieren, und man kann deshalb auch in einer beinahe lächerlichen Art aus den Ansichten eines Mannes über die Frauen im allgemeinen auf den Charakter seiner Ehefrau schließen. Selbst in diesem einen Falle ist es aber zur Erzielung irgendeines Resultates notwendig, daß die Gattin des Studiums wert ist und daß der Mann nicht allein ein kompetenter Richter, sondern daß auch sein Charakter an und für sich mitempfindend und dem ihrigen entsprechend sei. Er muß ihr Inneres durch sympathetische Intuition lesen können oder doch wenigstens in seinem Wesen nichts haben, was sie scheu machen könnte, sich ihm zu erschließen. Diese Voraussetzungen sind aber meiner Meinung nach nur sehr selten zutreffend. Sehr häufig findet zwischen Ehegatten in allen äußern Dingen die vollständigste Einigkeit der Interessen und Gefühle statt, und doch hat der eine so wenig teil am innern Leben des andern, als ob sie nur oberflächliche Bekannte wären. Selbst bei aufrichtiger Liebe verhindert die Autorität von der einen, die Unterordnung von der andern Seite ein vollkommenes Vertrauen; man mag absichtlich gar nichts verbergen wollen, aber es wird vieles nicht gezeigt.
Ein jeder, der überhaupt beobachtet, wird die gleiche Bemerkung in dem ähnlichen Verhältnis zwischen Eltern und Kindern gemacht haben. In wie vielen Fällen, wo das Verhältnis des Vaters zum Sohne von beiden Seiten das beste, zärtlichste ist, kennt, ja ahnt der Vater nicht einmal Charakterseiten in seinem Sohne, die dessen Gefährten etwas ganz Alltägliches sind. Indem der Sohn vermöge seiner Stellung zum Vater aufzuschauen hat, wird es ihm schwer, sich ihm ohne Einschränkung offen und aufrichtig hinzugeben. Die Furcht, in den Augen der Person, deren Meinung ihm so viel gilt, zu verlieren, ist so stark, daß sie

selbst von Natur wahrhafte Charaktere ihrer unbewußt verleitet, ihre besten Seiten oder, wenn vielleicht nicht immer die besten, so doch diejenigen hervorzukehren, welche dem Betreffenden am meisten zusagen; man dürfte daher behaupten, daß nur solche Personen einander durch und durch kennen, welche nicht nur in engen Beziehungen zueinander, sondern sich auch ganz gleich stehen. Um wieviel mehr gewinnt dies nun an Wahrheit, wo die Frau nicht nur unter der Autorität des Mannes steht, sondern ihr auch als Pflicht- und Glaubenssatz eingeprägt ist, sein Behagen und Vergnügen gehe allem andern vor und sie dürfe ihn nie etwas sie Betreffendes sehen und fühlen lassen, als was ihm angenehm sei. Alle diese Schwierigkeiten verhindern den Mann, von der einzigen in seinem Bereich liegenden Möglichkeit, eine gründlichere Kenntnis des Frauencharakters zu erlangen, einen umfassenden Nutzen zu ziehen. Bedenkt man außerdem, daß, wenn man eine Frau versteht, sich daraus nicht die Notwendigkeit ergibt, daß man auch andere verstehen müsse, daß ferner selbst derjenige, dem die Gelegenheit geboten wäre, viele Frauen aus einer Gesellschaftsklasse, einem Lande zu studieren, dadurch immer noch kein Verständnis für Frauen anderer Klassen, anderer Länder gewänne, und wenn auch dies der Fall, er dabei immer noch auf die Frauen einer Periode der Geschichte beschränkt bliebe, so wird man wohl zugestehen müssen, daß die Kenntnis der Männer von dem, was Frauen sind, waren und sein können, erbärmlich unvollständig und oberflächlich sein muß und bleiben wird, bis die Frauen selbst alles gesagt haben, was sie zu sagen vermögen.

Diese Zeit ist aber noch nicht gekommen und wird auch nur sehr allmählich hereinbrechen. Es datiert erst von gestern, daß die Frauen imstande sind, durch literarische Arbeiten sich an das größere Publikum zu wenden, und daß die Gesellschaft ihnen dergleichen gestattet, und noch jetzt wagen nur sehr wenige Schriftstellerinnen, etwas zu sagen, was die Männer, von denen ihr literarischer Erfolg abhängt, nicht gern hören. Vergegenwärtigen wir uns die Art und Weise, in welcher man selbst bis vor kurzem von einem männlichen Schriftsteller jede Meinungsäußerung, die mit den herrschenden Anschauungen in Widerspruch trat und, wie man es nannte, exzentrisch war, aufnahm und zum Teil noch aufnimmt, so können wir uns eine schwache Vorstellung machen von dem Zagen, mit dem eine Frau, welche durch die Erziehung gelehrt ist, Herkommen und öffentliche Meinung als ihre obersten Richter anzusehen, in einem Buche die Tiefen ihrer eigenen Natur enthüllt. Die größte Frau, welche Schriften hinterlassen hat, die ihr eine hervorragende Stellung in der Literatur ihres Vaterlandes für alle Zeiten sichern, hat es doch für nötig gehalten, ihrem kühnsten Werke das Motto vorzusetzen: „Un homme peut braver l'opinion; une femme doit s'y soumettre."* Was Frauen über Frauen schreiben, ist in vielen Fällen bloße Fuchsschwänzerei bei den Männern. Viele unverheiratete Frauen scheinen in dem Schreiben nur eine Chance mehr zu erblicken, einen Mann zu bekommen. Andere, sowohl verheiratete wie unverheiratete, schießen über das Ziel hinaus und legen eine Servilität an den Tag, die größer ist, als sie von irgendeinem Manne, mit Ausnahme des gewöhnlichsten, gewünscht oder erwartet wird. Diese letztere Erscheinung gehört jedoch schon mehr der Vergangenheit, wenn auch immer noch der jüngsten, an. Die Schriftstellerinnen von heute fühlen sich mündiger und sind mehr geneigt, ihre wahren Empfindungen auszusprechen. Unglücklicherweise sind sie aber, besonders in England, selbst solche Kunstprodukte, daß ihre Empfindungen zusammengesetzt sind aus einem sehr kleinen Teil eigener Beobachtungen und Erfahrungen und einem sehr großen Teil anempfundenen und anerzogenen Krams. Dies wird sich immer mehr verlieren, aber nicht ganz verschwinden, solange unsere sozialen Einrichtungen den Frauen nicht dieselbe freie Entfaltung der Originalität gestatten, die den Männern möglich ist. Erst wenn diese Zeit gekommen sein wird, werden wir durch den

*Titelblatt von Mme. de Staëls *Delphine.*

Augenschein und nicht mehr nur vom Hörensagen erfahren, was uns über die Natur der Frauen und von andern damit in Beziehung stehenden Dingen zu wissen nötig ist.

Ich verweilte so lange bei den Schwierigkeiten, welche sich den Männern gegenwärtig bei der Erlangung jeder wahren Kenntnis der Frauennatur entgegenstellen, weil hier, wie bei so vielen andern Dingen „opinio copiae inter maximas causas inopiae est“ und wenig Hoffnung für ein vernünftiges Nachdenken über die Sache vorhanden ist, solange die Leute sich schmeicheln, sie verstünden eine Angelegenheit, von der die meisten Männer absolut gar nichts wissen und über welche, wie die Dinge jetzt liegen, unmöglich irgendein Mann oder alle Männer zusammengenommen ausreichend unterrichtet sein können, um den Frauen durch Gesetze vorschreiben zu dürfen, was ihr Beruf ist oder nicht sein soll. Glücklicherweise ist eine solche Kenntnis in der Stellung, welche die Frauen zu Welt und Leben einnehmen, für bloß praktische Zwecke nicht notwendig, denn die Frage steht, allen Grundsätzen der modernen Gesellschaft zufolge, bei den Frauen allein und kann nur durch die Benutzung ihrer eigenen Erfahrungen und Fähigkeiten entschieden werden. Es gibt kein anderes Mittel, ausfindig zu machen, was eine Person zu leisten imstande ist, als die Prüfung und ebenso kein anderes Mittel als dieses, wodurch man feststellen kann, was man für sein Glück am besten zu tun, am besten zu lassen habe.

Als gewiß und unumstößlich läßt sich eins festhalten: die Frau wird dadurch, daß man der Entfaltung ihrer Natur einfach freien Spielraum läßt, nicht verleitet werden, etwas zu tun, was absolut gegen dieselbe ist. Der Eifer der Menschen, die Natur einzuengen, aus Furcht, dieselbe könne, sich selbst überlassen, ihre Zwecke nicht erfüllen, ist ein sehr überflüssiger. Es ist ganz unnötig, den Frauen das zu verbieten, was sie ihrer Natur nach nicht tun können, und sie von dem auszuschließen, was sie tun könnten, jedoch nicht so gut wie die Männer, welche ihre Konkurrenten sind, dazu wird diese Konkurrenz schon völlig ausreichend sein, da es niemandem einfällt, Schutzzollgesetze oder Zunftzwang zugunsten der Frauen zu beanspruchen. Wir begnügen uns mit der Forderung, daß man die zugunsten der Männer aufgerichteten Zollschranken niederreiße und den Zopf des ihnen zugute kommenden Zunftzwanges abschneide. Haben die Frauen eine größere natürliche Neigung für diese Beschäftigungen als für jene, so bedarf es gar keiner Gesetze oder gesellschaftlicher Beschränkung, um die Mehrzahl von ihnen zu veranlassen, sich vorzugsweise den ersteren zuzuwenden. Die Freiheit der Konkurrenz wird die beste Triebfeder für die Frauen sein, jene Berufszweige zu ergreifen, in denen ihre Dienstleistungen besonders gesucht sind; und da man sie natürlich nur für die Dinge suchen wird, in denen sie vorzüglich geschickt sind, so würde sich nur durch ein solches Verfahren zu einer ganz richtigen Beurteilung der jedem Geschlechte besonders eigentümlichen wie der beiden gemeinsamen Anlagen gelangen lassen.

Es wird angenommen, die allgemeine Ansicht der Männer bezeichne es als den Beruf der Frauen, Gattinnen und Mütter zu sein. Ich sage, es wird angenommen, denn nach Tatsachen – nach der ganzen gegenwärtigen Gesellschaftsverfassung – zu urteilen, müßte man zu dem Schlusse kommen, daß gerade der entgegengesetzten Ansicht gehuldigt werde. Man müßte glauben, der angebliche natürliche Beruf der Frauen sei ihrer Natur von allen Dingen am meisten zuwider, und daß, sofern man ihnen nur eine andere Wahl lasse – sofern sich ihnen nur irgendein anderes Existenzmittel biete, sofern man ihnen nur irgendeine andere, einigermaßen ihren Wünschen entsprechende Verwendung für ihre Zeit und ihre Fähigkeiten freigebe –, sich nicht mehr Frauen genug finden würden, welche den Beruf auf sich nehmen, den man ihren natürlichsten nennt. Ist dies wirklich die allgemeine Ansicht der Männer, so dürfte es gut sein, wenn sie ausgesprochen würde. Ich wünschte wohl, daß jemand den Satz aufstellte – verblümt ist er in vielen

Schriften über die Frage schon oft genug ausgesprochen – : „Es ist notwendig für die Gesellschaft, daß die Frauen heiraten und Kinder gebären; sie werden das aber mit ihrem freien Willen nicht tun, also ist es notwendig, daß man sie dazu zwinge.“ Der Fall würde damit doch in das rechte Licht gesetzt. Es wäre ganz derselbe wie der der Sklavenhalter in Süd-Karolina oder Louisiana: „Es ist notwendig, daß Zucker und Baumwolle gebaut werde. Weiße können das nicht, Neger werden es für den Lohn, den wir ihnen dafür geben, nicht tun; ergo müssen sie dazu gezwungen werden.“ Eine vielleicht noch zutreffendere Illustration der Sache ist die Matrosenpresse: „Wir brauchen absolut Seeleute, um unser Land zu verteidigen. Es kommt aber oft vor, daß sie sich nicht freiwillig anwerben lassen, folglich müssen wir die Macht haben, sie mit Gewalt dazu zu pressen.“ Wie oft ist diese Logik angewendet worden! Wie oft würde sie noch angewendet werden, befände sich nicht eine schwache Stelle darin! Es läßt sich nämlich darauf erwidern: „Bezahlt die Matrosen nach dem redlichen Werte ihrer Arbeit. Habt ihr es für sie erst ebenso lukrativ gemacht, euch zu dienen wie andern Arbeitgebern, so werdet ihr ferner keinen Mangel mehr daran haben.“ Auf diesen Einwurf gibt es logisch keine andere Antwort als: „Ich will nicht“, und da man sich jetzt nicht bloß schämt, den Arbeiter seines Lohnes zu berauben, sondern dies auch nicht mehr tun will, so findet das „Matrosenpressen“ keine Verteidiger mehr. Setzen sich aber diejenigen, welche die Frauen zur Heirat dadurch zwingen wollten, daß sie ihnen jede andere Laufbahn abschneiden, nicht demselben Einwurf aus? Ist das, was sie aussprechen, wirklich ihre Meinung, so bekennen sie damit, daß die Männer den Frauen die Ehe nicht so wünschenswert machen, daß sie sich um ihrer selbst willen dazu verstehen würden. Es ist durchaus kein Beweis für die hohe Meinung, welche jemand von der Anziehungskraft des von ihm Dargebotenen hegt, wenn er lediglich die Wahl gestattet: „Entweder dies oder gar nichts.“ Und hier, glaube ich, haben wir den Schlüssel zu den Gefühlen der Männer, welche eine ausgesprochene Antipathie gegen die gleiche Freiheit des weiblichen Geschlechtes haben. Ich glaube, sie fürchten weniger, daß die Frauen überhaupt nicht heiraten wollen, denn ich kann mir nicht denken, daß einer von ihnen diese Besorgnis im Ernste hegt, sondern daß die Frauen verlangen würden, die Ehe solle auf gleichen Bedingungen beruhen, und daß alle Frauen, die Geist und Fähigkeiten besitzen, lieber jede andere Beschäftigung, die sie nur nicht in ihren eigenen Augen herabsetzte, ergriffen, als daß sie sich verheirateten und durch diesen Schritt sich und ihrer ganzen irdischen Habe einen Gebieter gäben. Und wahrlich, wenn die Heirat unabänderlich diese Folge nach sich ziehen muß, schiene eine Abneigung dagegen gar nicht so ungerechtfertigt. Ich halte es ebenfalls für wahrscheinlich, daß nur wenige Frauen, welche zu irgend etwas anderem fähig sind, es sei denn, daß ein ganz unwiderstehliches *Entrainement* sie eine Zeitlang für alles andere unempfindlich mache, sich entschließen könnten, ein solches Los zu wählen, sobald ihnen noch andere Chancen geboten würden, einen ehrenvollen Platz im Leben auszufüllen. Sind daher die Männer entschlossen, das Ehegesetz ein Gesetz des Despotismus bleiben zu lassen, so handeln sie vom Standpunkt der Klugheit ganz recht, den Frauen nur die Wahl zu lassen: „Entweder dies oder gar nichts."

In diesem Falle ist aber alles, was bisher in der Welt geschehen ist, die Geister der Frauen von dem sie belastenden Drucke zu befreien, ein Mißgriff. Man hätte ihnen nie gestatten dürfen, sich eine literarische Bildung anzueignen. Frauen, welche lesen, und gar Frauen, die schreiben, sind in den existierenden Verhältnissen nur widersprechende und störende Elemente, und man tat sehr unrecht, sie andere Dinge lernen zu lassen, als für eine Odaliske oder für eine Haussklavin geeignet sind.

Zweites Kapitel

Es wird gut sein, die detaillierte Untersuchung unseres Gegenstandes mit dem Punkte zu beginnen, zu welchem uns der Gang unserer Betrachtungen zunächst geführt hat, nämlich mit den Bedingungen, welche die Gesetze aller Länder mit dem Ehekontrakte verbinden. Da die Ehe von der Gesellschaft als einzige Bestimmung der Frauen bezeichnet wird, man sie mit der Aussicht darauf erzieht, sie ihnen als das Ziel hinstellt, das jede, die nicht gar zu stiefmütterlich von der Natur behandelt ist, zu erreichen suchen muß, so sollte man denken, es sei alles geschehen, um ihnen dieses Lebenslos so angenehm wie möglich zu machen und in ihnen kein Bedauern darüber aufkommen zu lassen, daß jedes andere ihnen versagt ist. Die Gesellschaft dagegen hat in diesem wie zuerst in jedem anderen Falle es vorgezogen, ihren Zweck durch unredliche statt durch redliche Mittel zu erreichen; dieser Fall ist jedoch der einzige, in welchem sie bis auf den heutigen Tag im wesentlichen dabei geblieben ist. Ursprünglich nahmen sich die Männer die Frauen mit Gewalt, oder die Väter verkauften ihre Töchter den Gatten. Bis zu einer späten Periode in der Geschichte Europas hatte der Vater die Macht, ohne jede Rücksicht auf den Willen seiner Tochter über deren Hand zu bestimmen. Die Kirche erwies sich den Gesetzen einer höheren Moralität insofern gehorsam, als sie bei der Trauung von der Frau ein förmliches „Ja“ forderte; dadurch ward jedoch keineswegs bewiesen, ob die Zustimmung eine freiwillige oder erzwungene sei, und praktisch blieb es dem Mädchen total unmöglich, den väterlichen Geboten den Gehorsam zu versagen, ausgenommen vielleicht, wenn sie sich des Schutzes der Religion durch den bestimmten Entschluß, das Klostergelübde abzulegen, versicherte. In vorschristlichen Zeiten erhielt der Mann durch die Ehe Macht über Leben und Tod der Frau. Sie konnte kein Gesetz gegen ihn anrufen, er war ihr einziges Tribunal. Lange Zeit hindurch konnte er sie verstoßen, ohne daß ihr ein ähnliches Recht ihm gegenüber zustand. Das alte englische Gesetz nennt den Mann den Herrn (*lord*) seiner Frau, er wurde buchstäblich wie ihr Souverän betrachtet, und man nannte den von einer Frau an ihrem Manne begangenen Mord Verrat und bestrafte ihn grausamer als selbst den Hochverrat, indem man die Verbrecherin lebendig verbrannte. Weil diese verschiedenen Ungeheuerlichkeiten außer Gebrauch gekommen sind (denn viele sind gar nicht förmlich abgeschafft worden, oder doch lange nachdem man sie nicht mehr in Anwendung brachte), glauben die Leute, es sei jetzt mit dem Ehekontrakte alles, wie es sein solle, und man hört fortwährend die Behauptung, die Zivilisation und das Christentum hätten die Frauen in die ihnen gebührenden Rechte eingesetzt. In Wahrheit ist aber die Frau tatsächlich noch heute die Leibeigene ihres Mannes, und zwar, soweit gesetzliche Verpflichtungen gehen, in keinem geringeren Grade als diejenigen, welche man gewöhnlich mit dem Namen Sklaven bezeichnet. Sie gelobt ihm am Altare Gehorsam für das ganze Leben und wird auch ihr ganzes Leben hindurch durch das Gesetz dazu angehalten.

Kasuisten könnten einwerfen, daß der Gehorsam sich nicht auf die Teilnahme an Verbrechen erstrecke; außer dem gibt es aber nichts, was davon dispensiert. Sie kann nichts tun ohne seine, wenigstens stillschweigende, Erlaubnis. Sie kann für sich kein Eigentum erwerben; in dem Augenblick, wo es ihr zufällt, selbst durch Erbschaft, wird es ipso facto das seine. In dieser Beziehung ist die Lage der Frau unter dem gemeinen Gesetz von England übler, als die der Sklaven unter den Gesetzen verschiedener Länder. Das römische Gesetz gestattete zum Beispiel dem Sklaven sein Pekulium und sicherte es ihm bis zu einer gewissen Ausdehnung zu seinem ausschließlichen Gebrauch. Die höheren Klassen Englands haben ihren Frauen ähnliche Vorteile zu sichern gesucht, indem sie ihnen durch besondere Verträge mit Umgehung des Ehekontraktes Nadelgeld usw. aussetzten. Das väterliche

Gefühl ist bei den Vätern eben doch stärker als der Kastengeist, und sie ziehen die eigene Tochter dem Schwiegersohne, der für sie ein Fremder ist, vor. Vermöge des Leibgedinges (*settlement*) entziehen die Reichen das ererbte Vermögen der Frau gewöhnlich entweder ganz oder teilweise der absoluten Kontrolle des Mannes, aber es gelingt ihnen dadurch nicht, es ihr gänzlich zur Verfügung zu lassen. Alles, was sie möglich machen können, ist, den Mann zu verhindern, das Geld zu verschwenden, während gleichzeitig die rechtmäßige Eigentümerin seiner Benutzung beraubt wird. Das Vermögen selbst wird außerhalb des Bereichs beider gestellt, und was dessen Ertrag anbetrifft, so ist diejenige Form des Vertrages die günstigste für die Frau, welche „zu ihrem Separat-Gebrauche" lautet und den Mann verhindert, ihn statt ihrer in Empfang zu nehmen. Das Geld muß durch ihre Hände gehen; nimmt er es ihr jedoch, sobald sie es empfangen, mit Gewalt ab, so kann er dafür weder bestraft noch zur Wiedererstattung angehalten werden. So weit erstreckt sich also der Schutz, den nach den Gesetzen Englands der mächtigste Edelmann seiner Tochter gegen ihren Gatten zu gewähren vermag. In einer überwiegend größeren Anzahl von Fällen gibt es aber kein Leibgedinge, und der Frau ist und bleibt jede Verfügung über ihr Vermögen, wie alle andere Freiheit, absolut entzogen. Das Gesetz betrachtet die beiden als „,Eine Person", um daraus die Folgerung herzuleiten, was ihr gehöre, sei auch das Seinige, der Parallelschluß, was sein sei, gehöre ihr, wird aber niemals daraus gezogen. Diese Maxime wird niemals gegen den Mann angewendet, außer um ihn dritten Personen gegenüber für ihre Handlungen verantwortlich zu machen, gerade ebenso, wie ein Herr für das, was seine Sklaven oder seine Haustiere tun, verantwortlich ist. Ich bin weit entfernt, behaupten zu wollen, die Frauen würden im allgemeinen nicht besser behandelt als Sklaven; aber kein Sklave ist Sklave in solcher Ausdehnung und in so vollem Sinne des Wortes, wie es die Frau ist. So leicht ist kein Sklave, vielleicht mit alleiniger

Ausnahme dessen, welcher den Herrn persönlich bedient, in jeder Stunde, jeder Minute Sklave; im allgemeinen hat er sein bestimmtes Tagewerk, und ist dies vollbracht, so verfügt er innerhalb gewisser Grenzen über seine übrige Zeit und hat ein Familienleben, in das der Herr selten störend eingreift. „Onkel Tom" hat bei seinem ersten Herrn seine „Hütte" und lebt darin beinahe ebenso, wie jeder Mann, dessen Beruf ihn vom Hause entfernt, in seiner Familie zu leben imstande ist. Ganz anders ist dies mit der Frau. Vor allen Dingen hat in christlichen Ländern die Sklavin das Recht, ja sogar die moralische Verpflichtung, ihrem Herrn die äußerste Vertraulichkeit zu verweigern.

Wie steht es dagegen mit der Frau? Sie mag zu ihrem Unglück an den brutalsten Tyrannen gekettet sein, mag wissen, daß er sie haßt, mag täglich von ihm gequält und mißhandelt werden, so kann er doch von ihr die tiefste Erniedrigung, die einem menschlichen Wesen nur zugemutet werden kann, verlangen und sie dazu zwingen, nämlich sich gegen ihre Neigung als Werkzeug zur Befriedigung eines tierischen Bedürfnisses gebrauchen zu lassen. Und während sie nun in betreff ihrer eigenen Person im niedrigsten Grade der Sklaverei ist, in welcher Stellung befindet sie sich gegenüber den Kindern, an denen sie und ihr Gebieter ein gemeinschaftliches Interesse haben? Sie sind dem Gesetze nach *seine* Kinder. Er allein hat legale Rechte über sie. Sie kann nichts für oder in bezug auf sie bestimmen, ohne von ihm dazu beauftragt zu sein. Selbst nach seinem Tode ist sie nur dann ihre gesetzliche Vormündin, wenn er sie in seinem Testamente dazu bestimmt hat. Er konnte sie sogar von ihr fortsenden und sie der Mittel, sie zu sehen und mit ihnen zu korrespondieren, berauben, bis diese Maßregel durch Sergeant Talfourds Akt eingeschränkt ward.

So ist es um die gesetzliche Lage der Frau bestellt, und es steht ihr kein Mittel zu Gebote, sich derselben zu entziehen. Verläßt sie ihren Gatten, so kann sie nichts mit sich nehmen, weder ihre Kinder, noch irgend etwas von ihrem rechtmäßigen Eigentum. Will er, daß sie zu ihm zurückkehre,

so kann er sie durch das Gesetz oder durch Anwendung physischer Gewalt dazu zwingen, oder er kann ihr auch alles wegnehmen, was sie verdient oder was ihr von Verwandten gegeben wird. Nur eine gesetzliche, durch das Urteil eines Gerichtshofes ausgesprochene Scheidung kann ihr das Recht geben, für sich allein zu leben und nicht in die Gewalt eines erbitterten Kerkermeisters zurückkehren zu müssen, die Früchte ihrer Arbeit selbst zu genießen, ohne befürchten zu dürfen, daß ein Mann, den sie vielleicht zwanzig Jahre lang nicht gesehen hat, sie eines Tages überfällt und ihr alles, was sie besitzt, entreißt.
Eine solche gesetzliche Scheidung war aber bis vor kurzem mit solchen Kosten verknüpft, daß sie nur den höheren Ständen zugänglich war. Selbst jetzt wird sie nur in Fällen böswilliger Verlassung oder gar zu brutaler Behandlung ausgesprochen, und trotzdem werden Klagen laut, daß sie zu leicht zu erlangen sei. Wenn der Frau nur das eine Lebenslos gestattet ist, die persönliche Leibsklavin eines Mannes zu werden, und die einzige Chance, welche ihr dabei offengelassen, nur die ist, einen Herrn zu finden, der sie mehr als Favoritin, denn als Packtier behandelt, so ist es wahrlich eine grausame Erschwerung ihres Schicksals, daß man ihr nur gestatten will, diese Chance *ein* Mal zu versuchen. Die natürliche Folgerung aus diesem Zustand der Dinge wäre doch eigentlich die: „Da im Leben für die Frau alles darauf ankommt, einen guten Herrn zu finden, so müßte ihr gestattet sein, so lange zu wechseln, bis ihr ein solcher zuteil geworden wäre." Ich sage nicht, daß ich für sie dies Vorrecht verlange. Die Frage der Scheidung im bezug auf die den Geschiedenen zu gestattende Freiheit der Wiederverheiratung gehört einem Gebiete an, das meiner gegenwärtigen Aufgabe fernliegt. Ich beschränke mich auf den Ausspruch: „Für diejenigen, denen man im Leben nur Dienstbarkeit gestattet hat, wäre die freie Wahl dieser Dienstbarkeit die einzige, obschon sehr unzureichende Erleichterung derselben." Die Ablehnung dieses Zusatzes vervollständigt die Gleichheit des Loses der Frau und der Sklavin, und zwar der

Sklavin nicht unter der mildesten Form der Sklaverei, denn nach manchen Sklavengesetzen konnten die Sklaven unter gewissen Umständen übler Behandlung ihre Herren gesetzlich zwingen, sie zu verkaufen. In England aber befreit selbst die fortgesetzteste schlechte Behandlung, wenn sich dazu nicht noch Ehebruch gesellt, die Frau nicht von ihrem Peiniger.

Ich habe durchaus nicht den Wunsch, zu übertreiben, auch bedarf die Sache der Überteibung wahrlich nicht. Ich habe hier die rechtliche Stellung der Frauen geschildert, nicht die ihnen wirklich zuteil werdende Behandlung. Die Gesetze der meisten Länder sind weit schlimmer als die Leute, welche sie vollstrecken, und viele derselben können eben nur deshalb Gesetze bleiben, weil sie selten zur Ausführung gebracht werden. Wäre das Eheleben wirklich ein Zustand, wie er dem Gesetze nach sein könnte, so würde die Gesellschaft eine Hölle auf Erden sein. Glücklicherweise leben in der Menschenbrust Gefühle und Einflüsse, welche die Neigungen und Anreizungen zur Tyrannei in vielen Männern gar nicht aufkommen lassen und bei einer noch weit größern Anzahl bedeutend mäßigen; das stärkste Beispiel von dem Vorhandensein solcher Gefühle ist unzweifelhaft das Band, welches in einem normalen ehelichen Verhältnis den Mann mit seiner Frau verbindet. Das einzige andere Band, welches dem zwischen Mann und Frau am ähnlichsten ist, das zwischen Vater und Kindern, dient mit Abrechnung weniger Ausnahmsfälle nur dazu, das erstere zu stärken, statt es zu beeinträchtigen. Weil nun in der Wirklichkeit nicht all das Elend, das von dem Mann der Frau bereitet werden könnte, wenn er die ganze Tyrannei, zu welcher der Wortlaut der Gesetze ihn berechtigte, ausüben wollte, von dem erstern geschaffen, von der letztern erduldet wird, halten die Verteidiger des herrschenden Systems dessen Unbilligkeit für völlig gerechtfertigt und bezeichnen diejenigen als Querulanten, welche das kleine Übel für so vieles Gute nicht mit in den Kauf nehmen wollen. Die durch Praxis herbeigeführten Milderungen einer Tyran-

nei, die sich ganz gut mit ihrer gesetzlichen Aufrechthaltung in ihrer vollen Stärke vertragen, beweisen indes nur, welche Kraft der Reaktion selbst gegen die abscheulichsten Institutionen die menschliche Natur besitzt und mit welcher Lebenskraft die Saaten des Guten wie des Bösen sich im menschlichen Charakter ausbreiten und darin zur Entwicklung gelangen. Man kann für den Despotismus in der Familie nichts anführen, was sich nicht auch für den politischen Despotismus sagen läßt. Es sitzt auch nicht jeder absolute König am Fenster seines Palastes und ergötzt sich an den Seufzern der von ihm gequälten Untertanen, noch nimmt er ihnen ihr letztes Kleidungsstück und stößt sie nackt und bloß auf die Straße. Der Despotismus Ludwigs XVI. war nicht der Despotismus eines Philipp des Schönen oder eines Nadir Schah oder eines Caligula, er war aber immerhin schlimm genug, um die französische Revolution zu rechtfertigen und selbst ihre Schrecken zu entschuldigen. Darf man sich auf die zwischen Gatten existierende innige Liebe berufen, so ließe sich ganz dasselbe zugunsten der Sklaverei anführen. Es war bei den Griechen und Römern gar nichts Außergewöhnliches, daß Sklaven sich lieber zu Tode martern ließen, als daß sie ihre Herren verrieten.
Die Proskribierten der römischen Bürgerkriege fanden meistens eine heroische Treue bei ihren Frauen und Sklaven, während die Söhne sich gewöhnlich verräterisch erwiesen; und doch wissen wir, wie grausam viele Römer ihre Sklaven behandelten. Individuelle Gefühle, das ist eine Wahrheit, schießen nirgends zu einer solchen Üppigkeit empor als unter den abscheulichsten Institutionen. Es gehört mit zur Ironie des Lebens, daß die höchsten Gefühle ergebener Dankbarkeit, welche in der menschlichen Natur zur Erscheinung kommen können, in menschlichen Geschöpfen für diejenigen erwachen, welche die Macht besitzen, ihre ganze irdische Glückseligkeit zu vernichten, die sich aber freiwillig der Ausübung dieses Vorrechts begeben. Wir wollen auf die Untersuchung, einen wie bedeutenden Einfluß dieses Gefühl auch auf die Frömmigkeit der

Menschen im allgemeinen ausübt, lieber nicht näher eingehen; so viel aber steht durch die tägliche Erfahrung fest, daß ihre Dankbarkeit gegen Gott sehr häufig rege gemacht wird durch die Betrachtung, daß er sich ihren Mitmenschen lange nicht so gnädig erwiesen hat wie ihnen.

Bei der Verteidigung von Institutionen wie Sklaverei, politischer Absolutismus oder Absolutismus des Familienhauptes verlangt man immer, daß wir sie nach ihren besten Beispielen beurteilen sollen. Man entwirft uns idyllische Bilder liebender Autorität von der einen, liebender Unterwerfung von der andern Seite, von erhabener Weisheit, die alle Dinge zum höchsten Glücke für die Untergebenen ordnet, welche mit Lächeln und Anbetung zu ihr aufblicken. Behauptete jemand, daß es in der Welt gar keine guten Männer gäbe, so wären derartige Beispiele die besten Beweise für das Gegenteil; wer bezweifelt denn aber, daß unter der absoluten Herrschaft eines guten Mannes großes Glück, große Liebe, ein häusliches Paradies sich entfalten könne? Gesetze und Institutionen sind aber viel weniger auf die guten als auf die bösen Menschen zu berechnen. Die Ehe ist ja nicht eine für eine kleine Zahl Auserwählter bestimmte Einrichtung. Man verlangt ja von den Männern, bevor sie getraut werden, nicht den Nachweis, daß sie die Eigenschaften besitzen, vermöge deren man sie ohne Bedenken mit absoluter Gewalt betrauen darf. Das Band der Liebe und der Pflicht gegen Frau und Kinder ist stark bei allen, welche überhaupt ein lebhaftes Gefühl für ihre sozialen Pflichten haben, ja selbst bei vielen, die sonst für andere soziale Bande weniger empfänglich sind; wir begegnen allen Graden der Empfindlichkeit und Unempfindlichkeit dafür, je nach den Graden des Guten und Bösen im Charakter der Menschen, und gelangen endlich zu denen, für welche es überhaupt keine moralische Fessel gibt und für welche die Gesellschaft nur ihre ultima ratio, die gesetzlichen Strafen, hat. Jeder Grad dieser absteigenden Stufenleiter enthält nun Männer, denen die ganze ihnen vom Gesetz gewährleistete Macht des Ehegatten zusteht. Der abscheulichste Verbrecher hat ein unglückliches Weib, das an ihn gekettet ist, gegen das er jede Grausamkeit begehen kann, nur daß er es nicht töten darf; ja selbst das kann er, wenn er dabei nur mit der gehörigen Vorsicht zu Werke geht, ohne große Gefahr tun, dadurch mit den Strafgesetzen in Konflikt zu kommen. Und wieviel tausend Männer gibt es in den untersten Klassen jedes Landes, die, ohne im gesetzlichen Sinne in irgendeiner andern Hinsicht Verbrecher zu sein, weil sie sich nach keiner Seite hin, ohne Widerstand oder Strafe zu finden, etwas zuschulden kommen lassen dürfen, ganz gewohnheitsmäßig Exzesse tätlicher Gewalt gegen die unglückliche Frau begehen, welche die einzige erwachsene Person ist, die sich ihrer Brutalität weder erwehren noch derselben entfliehen kann! Solchen gemeinen, wilden Naturen flößt die grenzenlose Abhängigkeit der Frau nicht etwa eine großmütige Nachsicht ein, nicht etwa das Ehrgefühl, ein Wesen gut zu behandeln, dessen Leben gänzlich ihrer Güte anvertraut ist, sondern ganz im Gegenteil das Bewußtsein, daß das Gesetz sie ihnen als ihre Sache überliefert hat, mit der sie ganz nach ihrem Gefallen verfahren können und gegen die sie nicht die Rücksichten zu nehmen brauchen, die sie sonst gegen jedermann zu beobachten haben. Wir wollen nicht unerwähnt lassen, daß innerhalb der letzten Jahre das Gesetz welches früher die häusliche Bedrückung in ihrem äußersten Extrem zuließ, einige schwache Versuche zu ihrer Beschränkung gemacht hat. Diese Versuche haben indes, wie dies auch nicht anders zu erwarten war, wenig gefruchtet, weil es gegen alle Vernunft und Erfahrung streitet, wenn man erwartet, der Brutalität einen wirksamen Damm entgegensetzen und doch das Opfer unausgesetzt in der Gewalt seines Henkers lassen zu können. Solange das Gesetz der Frau nicht nach jeder ersten erwiesenen Tätlichkeit des Mannes gegen sie, oder auf alle Fälle nach jeder ersten Tätlichkeit im Wiederholungsfall, ipso facto zu einer Scheidung oder wenigstens zu einer gerichtlichen Trennung berechtigt, so lange wird jeder Versuch, grobe Tätlichkeiten durch gesetzliche Strafen unterdrücken zu wollen, an dem Mangel eines Klägers oder eines Zeugen scheitern.

Bedenkt man, wie groß in jedem Lande die Zahl der Männer ist, welche nicht viel höher stehen als Tiere, und daß diese durch nichts verhindert sind, sobald es ihnen gefällt, kraft des Ehegesetzes ein unglückliches Opfer in ihre Gewalt zu bekommen, so dehnt sich die Breite und Tiefe des durch den Mißbrauch dieser einzigen Institution verursachten menschlichen Elends in einer entsetzlichen Weise aus. Und doch haben wir bis jetzt nur die extremsten Fälle ins Auge gefaßt. Wir haben in den tiefsten Abgrund geschaut, aber es gibt sehr viele Stufen, die man überschreiten muß, bis man zu ihm gelangt. Das Bild des absoluten Ungeheuers ist für die politische wie für die häusliche Tyrannei ein Spiegel, welcher zeigt, daß unter diesen Institutionen fast jede Greueltat geschehen kann, sobald es dem Despoten gefällt, und was die schrecklichen Folgen von nur sehr wenig geringern abscheulichen Dingen sein können. Vollkommene Bösewichter sind vielleicht ebenso selten wie Engel, vielleicht noch seltener; dagegen sind rohe, grausame Naturen mit gelegentlichen Spuren der Menschlichkeit an sich häufig genug, und nun die weite Kluft, welche zwischen diesen und den würdigen Repräsentanten des Menschengeschlechtes liegt! Durch wie viele verschiedene Formen und Grade der Brutalität und Selbstsucht wird sie ausgefüllt! Einer Brutalität und Selbstsucht, die sich oft unter dem äußern Firnis der Zivilisation, ja selbst der Bildung verbirgt, der hinreichend ist, alle, die nicht unter ihrer Botmäßigkeit stehen, zu täuschen, sie aber nicht zurückhält, die von ihnen Abhängigen zu quälen und ihnen das Leben zur Hölle zu machen.

Man hat seit Jahrhunderten die Behauptung, daß die Menschheit im allgemeinen den Besitz der Macht nicht vertragen könne, in so vielen Tonarten aufgestellt, daß es überflüssig erscheinen dürfte, Gemeinplätze zu wiederholen, die jeder auswendig kennt, geschähe dies nicht, weil fast niemand daran denkt, diese Maximen auf den Fall anzuwenden, auf den sie vor allen Dingen anwendbar wären, d.h. auf eine

Macht, die nicht hier und da in die Hand eines Menschen gelegt ist, sondern die jedem erwachsenen Manne bis hinab zu dem rohesten und verworfensten übertragen wird. Weil ein Mann sich noch gegen keins der Zehn Gebote öffentlich vergangen, weil er im Verkehr mit denjenigen, die er in keiner Weise zu fernerem Umgange mit ihm zwingen kann, sich anständig benimmt, weil er sich gegen diejenigen, welche sich nichts von ihm gefallen zu lassen brauchen, keine Ausbrüche übler Laune zuschulden kommen läßt, braucht man noch nicht zu denken, daß er sich eines ähnlichen Betragens in seiner engeren Häuslichkeit befleißigt. Selbst die gewöhnlichsten Menschen kehren die mürrischen, heftigen, unverhüllt selbstsüchtigen Seiten ihres Charakters nur gegen diejenigen heraus, welche ohnmächtig sind, sich gegen sie aufzulehnen. Die Beziehungen der Höhergestellten zu den Untergebenen sind die Pflanzstätten dieser Charakterfehler, und wo sie sonst noch zum Vorschein kommen, sind sie nichts als ein derselben Quelle entsprungener Nebenstrom. Ein Mann, der heftig, eigenwillig und launenhaft gegen Seinesgleichen ist, hat gewiß mit Untergebenen gelebt, die er durch Furcht und Schikane seinem Willen beugen konnte. Ist die Familie in ihren besten Formen, wie so oft behauptet wird, eine Schule der Sympathie, der Zärtlichkeit, des liebevollsten Selbstvergessens, so ist sie, was ihr Oberhaupt anbetrifft, noch viel öfter eine Schule des Eigenwillens, der Herrschsucht, des Sichgehenlassens und einer zwiefach gefärbten idealisierten Selbstsucht, von der selbst die sogenannte Opferfreudigkeit nur eine andere Form ist. Die Sorge für Frau und Kinder ist für einen solchen Mann auch nur ein Teil der Sorge für sich, da sie ja ein Teil seines Eigentums, seiner Interessen sind und ihre irdische Glückseligkeit bis auf das kleinste Detail seinem *bon plaisir* aufgeopfert wird.

Was ließe sich aber unter den gegenwärtigen Einrichtungen auch Besseres erwarten? Wir wissen es ja, die bösen Anlagen der menschlichen Natur lassen sich nur dann in Schranken halten, wenn ihnen für ihre Ausbreitung kein Spielraum gewährt ist. Wir wissen, daß jeder, dem andere sich nachgiebig zeigen, aus Gewohnheit und innerem Antriebe, wenn nicht aus Überlegung, in seinen Anforderungen an sie immer weiter geht, bis er an den Punkt gelangt, wo sie sich gezwungen sehen, ihm Widerstand entgegenzusetzen. Bei solchen Neigungen der menschlichen Natur mußte die beinahe unbegrenzte Macht, welche die gegenwärtige Einrichtung der Gesellschaft dem Manne über wenigstens ein menschliches Wesen gibt, und zwar über dasjenige, mit dem er zusammen wohnt, das er beständig um sich hat, mußte diese Macht, sage ich, alle, selbst die auf dem tiefsten Grunde seiner Seele schlummernden Keime der Selbstsucht erwecken und aufschießen lassen, ihm die Freiheit gewähren, diejenigen Seiten seines ursprünglichen Charakters zu entfalten, die er unter andern Bedingungen hätte unterdrücken und verbergen müssen und deren Unterdrückung ihm mit der Zeit zur zweiten Natur geworden wäre. Ich weiß sehr wohl, daß die Frage auch noch eine andere Seite hat. Ich gebe sehr gern zu, daß die Frau, wenn sie auch keinen offenen Widerstand zu leisten vermag, doch Wiedervergeltung üben und dem Manne das Leben unsäglich verbittern kann und auf diese Weise die Macht hat, vieles durchzusetzen, was sie will, und vieles zu hintertreiben, was sie nicht will. Diese Art der Selbstverteidigung hat jedoch den großen Fehler, daß sie meistens nur gegen die am allerwenigsten tyrannischen Oberhäupter und zugunsten der ihrer am wenigsten bedürftigen Untergebenen angewendet wird.

Es sind dies die Waffen eigensinniger und unverträglicher Frauen, solcher, die, wenn sie die Macht hätten, davon den übelsten Gebrauch machen würden, und die sie jedesmal zu einem bösen Zwecke in Bewegung setzen. Die liebenswürdigen, freundlichen Frauen können eine solche Waffe nicht gebrauchen, die hochgesinnten verachten sie. Von der andern Seite sind diejenigen Männer, gegen die sie am häufigsten und mit dem meisten Erfolge angewendet wird, die sanfteren und harmloseren, Männer, die, selbst wenn man sie provoziert, nicht zu einer rauhen Anwendung ihrer Autoriät zu verleiten

sind. Die Macht der Frau, unangenehm und unliebenswürdig zu sein, führt gewöhnlich nur eine Gegentyrannei ein und macht hauptsächlich solche Männer zu Opfern, die am wenigsten geneigt sind, den Tyrannen zu spielen.
Welche Einflüsse sind es denn nun aber, die die korrumpierenden Wirkungen der Macht wirklich mäßigen und sie neben einer solchen Summe des Guten, wie wir in der Tat sehen, bestehen lassen? Die weiblichen Reize, so groß ihr Einfluß in individuellen Fällen auch sein mag, haben doch im allgemeinen nur wenig Einwirkung auf die Situation im großen und ganzen, denn ihre Macht währt nur, solange die Frau jung und anziehend ist, oft auch nur, solange sie den Reiz der Neuheit für sich hat und nicht durch das Zusammenleben zur Alltäglichkeit geworden ist, und auf viele Männer haben sie zu keiner Zeit irgendeinen Einfluß. Die eigentlichen mildernden Elemente sind die mit der Zeit erwachsende persönliche Zärtlichkeit, die sich in dem Maße entwickelt, als der Charakter des Mannes derselben zugänglich und der Charakter der Frau dem seinigen hinlänglich sympathisch ist, um sie zu erregen; ferner ihr gemeinschaftliches Interesse an ihren Kindern, wie die Gemeinschaft ihrer Interessen dritten Personen gegenüber (wobei es indes sehr große Beschränkungen gibt), und außerdem die tatsächliche Wichtigkeit der Frau für sein tägliches Behagen und seine Annehmlichkeiten, sowie der Wert, den er ihr infolge dessen um seiner Person willen beimißt. Bei einem Manne, der überhaupt fähig ist, Gefühle für andere zu haben, wird letzteres die Grundlage, aus der sich die Liebe zu der Frau um ihrer selbst willen entwickelt. Endlich tritt dazu der Einfluß, den beinahe über alle menschlichen Wesen diejenigen gewinnen, welche am meisten um ihre Person sind und sowohl durch direkte Vorstellungen wie durch unmerkliche Mitteilung ihrer Gesinnungen und Ansichten, wenn ihnen nicht ein ebenso starker persönlicher Einfluß entgegengesetzt wird, häufig einen hohen und ebenso unvernünftigen Grad der Herrschaft über den Vorgesetzten gewinnen.

Durch diese verschiedenen Mittel erlangt die Frau zuweilen selbst einen zu großen Einfluß auf den Mann. Sie ist imstande, bestimmend auf sein Verhalten einzuwirken in Dingen, in welchen sie gar nicht qualifiziert sein mag, ihn zum Guten zu beeinflussen in Dingen, von denen sie vielleicht kein Verständnis hat, in denen sie moralisch nicht auf der rechten Seite steht und wo er besser nach seinen eigenen Eingebungen handeln würde.

Macht ist jedoch weder in Angelegenheiten der Familie noch in Angelegenheiten des Staates ein Ersatz für Freiheit. Die Frau erhält durch ihre Macht über den Mann oft das, worauf sie kein Recht hat, aber ihre eigenen Rechte werden ihr dadurch nicht gesichert. Die Favoritsklavin eines Sultans hat Sklavinnen unter sich, die sie tyrannisiert, das Wünschenswerteste wäre aber, sie besäße keine Sklavinnen und wäre selbst nicht eine solche. Eine Frau kann, wenn sie ihre Existenz ganz in die des Mannes aufgehen läßt, in allen gemeinschaftlichen Beziehungen keinen andern Willen hat als den seinigen (oder ihn wenigstens überredet, daß sie keinen andern Willen habe), und indem sie es zur Aufgabe ihres Lebens macht, seine Gesinnungen zu beeinflussen, sich vielleicht die Genugtuung verschaffen, auf sein Verhalten in äußern Dingen einzuwirken, selbst dann, wenn sie dieselben zu beurteilen gar nicht befähigt ist, sondern dabei wiederum von andern Personen oder von Vorurteil oder Parteilichkeit gänzlich beeinflußt wird. Demzufolge werden, wie die Dinge jetzt liegen, gerade diejenigen, welche sich gegen ihre Frauen am freundlichsten benehmen, durch dieselben in allen sich über die Familie hinaus erstreckenden Interessen öfter zum Bösen als zum Guten gelenkt. Man lehrt die Frau, sie habe sich nicht um Angelegenheiten, die außerhalb ihrer Sphäre liegen, zu bekümmern, sie hat deshalb selten eine redliche, gewissenhafte Ansicht darüber, und wenn sie sich in dieselben mischt, so tut sie dies selten in einer ehrenhaften Absicht, sondern hat gewöhnlich eigennützige Zwecke dabei. Sie weiß nicht und fragt auch nicht danach, auf welcher Seite in der Politik das Recht liege, aber sie weiß sehr genau, von welcher Geld oder Einladungen oder ein Titel für ihren Mann oder eine Stellung für ihren Sohn eine gute Partie für ihre Tochter zu erwarten stehen.

Aber, wird man fragen, kann denn eine Gesellschaft ohne Regierung bestehen? In einer Familie, wie in einem Staate, muß doch einer der oberste Herrscher sein. Wer soll entscheiden, wenn Eheleute in ihren Meinungen voneinander abweichen? Sie können nicht jeder seinen Weg für sich gehen, also muß es doch eine Instanz geben, die bestimmt, wer sich dem andern zu fügen habe.

Dieser Einwurf ist insofern nicht zutreffend, als nicht in allen Verbindungen, welche Menschen freiwillig miteinander eingehen, einer von ihnen absolut der Herr sein muß und noch weniger das Gesetz zu bestimmen hat, welcher von ihnen es sein soll. Die nächst der Ehe am häufigsten vorkommende freiwillige Verbindung ist Geschäftsteilhaberschaft, und man findet es in keinem solchen Falle für notwendig, einem der Teilhaber die ganze Leitung des Geschäftes zu übertragen und dem andern die Verpflichtung aufzuerlegen, seinen Befehlen zu gehorchen. Niemand würde in ein Verhältnis eintreten, das ihm die ganze Verantwortlichkeit des Prinzipals auferlegte und ihm nur die Macht und die Privilegien eines Kommis oder Agenten gewährte. Verführe das Gesetz bei allen Kontrakten nach denselben Grundsätzen wie bei dem Ehekontrakt, so würde es verordnen, daß ein Teilhaber das ganze Geschäft verwaltete, als ob es seine Privatangelegenheit sei, während der andere nur im Auftrage des erstern zu handeln befugt wäre, und diese ungleiche Teilung von einer allgemeinen Vorausbestimmung des Gesetzes abhängig machen, also z.B. die Macht dem Ältesten übertragen. Das Gesetz denkt an dergleichen nicht, und die Erfahrung lehrt, daß nicht die geringste Notwendigkeit für eine theoretische Ungleichheit der Macht zwischen den Geschäftsteilhabern vorhanden ist, oder daß die Teilhaberschaft noch anderer Bedingungen bedürfe, als die Beteiligten selbst in dem von ihnen eingegangenen Vertrage festzustellen für gut finden. Und doch wäre in diesem Falle die

Erteilung der exklusiven Gewalt an den einen vielleicht mit weniger Gefahren für den Untergeordneten verbunden als bei der Ehe, da ihm die Freiheit bleibt, durch den Rücktritt von dem Geschäfte die Herrschaft von sich abzuschütteln. Die Frau hat diese Macht nicht, und selbst wenn sie solche hat, ist es doch wünschenswert, alle andern Maßregeln zu versuchen, ehe zu dieser gegriffen wird.

Es ist sehr richtig, daß in Dingen, die jeden Tag entschieden werden müssen, die nicht nach und nach beigelegt werden oder auf einen Kompromiß warten können, eine Person die erste, den Ausschlag gebende Stimme haben muß. Es folgt daraus jedoch keineswegs, daß dies immer dieselbe Person sein muß. Die natürlichste Einrichtung ist eine Teilung der Gewalt zwischen beiden, so daß jeder absolut in seinem Departement wäre und jede Veränderung im System und den Grundlagen der Zustimmung beider bedürfte. Eine derartige Teilung kann nicht und dürfte auch nicht vom Gesetze vorher bestimmt werden, da sie sehr von individuellen Fähigkeiten und von der Zweckmäßigkeit in jedem einzelnen Falle abhängen wird. Erscheint es den beiden Personen angemessen, so können sie ja Bestimmungen darüber in den Ehekontrakt aufnehmen, ebensogut, wie man darin jetzt so oft pekuniäre Arrangements trifft. Es dürfte sehr selten vorkommen, daß Dinge in der Ehe nicht durch die Zustimmung beider Teile zu erledigen wären, oder das Verhältnis der Ehegatten müßte eins jener trostlosen sein, wo alles zum Gegenstande des Streites und Haders wird. Der Teilung der Rechte würde notwendigerweise die Teilung der Pflichten und Funktionen folgen, und diese hat man in der Tat durch gegenseitige Einwilligung schon vorgenommen, nicht durch das Gesetz, sondern durch das allgemeine Herkommen, das nach dem Gefallen der dabei beteiligten Personen Veränderungen unterliegen kann.

Welcher Art der Entscheidung in den gemeinschaftlichen Angelegenheiten auch die gesetzliche Autorität verliehen werden möchte, in der praktischen Wirklichkeit wird sie doch immer, wie dies auch jetzt der Fall ist, am meisten von den beziehlichen Fähigkeiten abhängen. Schon der einfache Umstand, daß der Mann gewöhnlich der ältere ist, wird ihm in den meisten Fällen das Übergewicht geben, wenigstens so lange, bis beide ein Lebensalter erreicht haben, in dem der Unterschied der Jahre nicht mehr von Bedeutung ist. Ebenso wird ganz naturgemäß eine gewichtigere Stimme auf der Seite, sei es welche es wolle, sein, von welcher die Existenzmittel herkommen. Ungleichheit, die aus dieser Quelle stammt, hängt nicht vom Ehekontrakte ab, sondern von den allgemeinen Bedingungen der Gesellschaft, wie sie heute konstituiert ist. Von großem Gewichte wird selbstverständlich auch der Einfluß der geistigen Überlegenheit im allgemeinen wie in speziellen Fällen und ebenso die größere Entschiedenheit des Charakters sein. Es ist dies ja jetzt schon überall so. Und dieser Umstand beweist schon, wie hinfällig die Annahme ist, die Macht und Verantwortlichkeit könne zwischen Gefährten für das Leben nicht ebensogut wie zwischen Gefährten für ein Geschäft durch ein zwischen ihnen vereinbartes Übereinkommen geteilt werden. Tatsächlich vereinbart man sie ja so in allen Fällen, wo die Ehe nicht als ein leidiges Mißverhältnis zu betrachten ist. Eine Ehe, in welcher die zu treffenden Maßregeln nicht anders zur Ausführung kommen als durch strikte Gewalt von der einen und Gehorsam von der andern Seite, ist eine so unglückliche, daß es für beide Teile ein Segen wäre, von ihr erlöst zu werden. Man möchte vielleicht den Einwand erheben, das Bewußtsein der im Rückhalt befindlichen gesetzlichen Macht sei es eben, was ein freundschaftliches Übereinkommen bei Meinungsverschiedenheiten ermögliche, wie Leute sich einem schiedsrichterlichen Ausspruch fügen, weil sie wissen, daß im Hintergrund ein Gerichtshof ist, der Gehorsam von ihnen erzwingen kann. Wollen wir jedoch die beiden Fälle einander ganz parallel machen, so müssen wir auch annehmen, der im Hintergrund befindliche Gerichtshof sei nur da, um immer derselben Seite, sagen wir dem Verklagten, recht zu geben, nicht um die Sache zu untersuchen. Wäre dem so, dann würde die Rücksicht darauf den Kläger allerdings zur Annahme jedes schiedsrichterlichen Spruches bestimmen; ganz das Gegenteil dürfte aber bei dem Verklagten der Fall sein. Die durch das Gesetz dem Manne verliehene despotische Macht wird für die Frau allerdings ein Grund werden, jedem Kompromiß, durch welchen die Macht praktisch zwischen beiden geteilt wird, zuzustimmen; für den Mann kann aber daraus nimmermehr ein Anlaß dafür erwachsen. Der Umstand, daß unter anständigen, gebildeten Leuten praktisch schon solch ein Kompromiß stattgefunden hat, obgleich wenigstens der eine Teil weder unter einer moralischen noch physischen Notwendigkeit, darauf einzugehen, sich befand, zeigt wiederum, daß die natürlichen Motive, welche zu einem beiden Ehegatten gleich annehmbar erscheinenden Ausgleich führen, mit Ausnahme von sehr ungünstigen Fällen, im ganzen vorherrschend sind. Die Angelegenheit wird dadurch wahrlich nicht verbessert, wenn man es als eine gesetzliche Bestimmung feststellt, daß der Bau eines freien Gouvernements eine legale Basis des Despotismus auf der einen, der Unterwerfung auf der andern haben soll, und das jedes Zugeständnis, welches zu machen dem Despoten vielleicht beliebt, nach seinem Gefallen und ohne jede Aufkündigung zurückgenommen werden kann. Eine Freiheit, die man in so prekärer Weise zum Lehen hat, taugt nicht viel, ihre Bedingungen können kaum die billigsten sein, sobald das Gesetz ein so großes Gewicht in die eine Waagschale wirft. Der Ausgleich zwischen zwei Personen, von denen die eine als die zu allem berechtigte erklärt wird, während man der andern kein Recht zugesteht als das, welches ihr durch den guten Willen der ersten, aber unter der strengsten moralischen und religiösen Verpflichtung, sich auch gegen die äußerste Bedrückung nicht aufzulehnen, gewährt wird, ist kaum als ein solcher zu betrachten.

Ein hartnäckiger, bis zum Äußersten getriebener Widersacher könnte nun noch sagen, Ehemänner wären in der Tat willig, ihren Lebensgefährtinnen billige Zugeständnisse zu machen, ohne dazu gezwungen zu sein, Frauen dagegen nicht. Diese würden, sobald man ihnen gewisse Rechte als ihnen zuständig einräumte, kein Recht für einen andern mehr anerkennen und nie in irgendeiner Hinsicht nachgeben, wenn sie nicht durch die Autorität des Mannes gezwungen würden, sich in jeder Hinsicht zu fügen. Einige Generationen früher, als Satiren auf Frauen an der Tagesordnung waren und Männer es für geistreich hielten, Frauen zu insultieren, weil sie das waren, wozu die Männer sie gemacht hatten, würde diese Behauptung wohl von vielen aufgestellt worden sein. Gegenwärtig wird es jedoch kein Mensch mehr sagen, der einer ernsthaften Antwort überhaupt wert ist. Die Jetztzeit lehrt nicht mehr, daß die Frauen guten Gefühlen und Rücksichten für diejenigen, mit denen sie durch die engsten Bande verbunden sind, sich weniger zugänglich zeigten als die Männer. Im Gegenteil, wir bekommen fortwährend zu hören, Frauen wären besser als Männer, und zwar von solchen, welche hartnäckig dagegen sind, sie so zu behandeln, als ob sie gut wären. Das Gerede wird dadurch in der Tat langweilig und hat anscheinend keinen andern Zweck, als eine Injurie in das Gewand einer Schmeichelei zu kleiden, ähnlich den feierlichen Akten königlicher Gnade, welche, wie Gulliver erzählt, der König der Liliputaner immer seinen blutigsten Dekreten voransetzte. Wenn Frauen in irgendeiner Hinsicht besser sind als Männer, so sind sie dies gewiß in ihrer persönlichen Aufopferung für die Glieder ihrer Familie. Ich lege darauf jedoch wenig Gewicht, solange man ihnen allgemein predigt, daß sie zur Aufopferung geboren und geschaffen seien. Ich glaube, die Gleichheit der Rechte würde die Übertreibungen der Selbstverleugnung, welche gegenwärtig das künstliche Ideal des Frauencharakters ist, auf ihr richtiges Maß zurückführen, und eine gute Frau würde nicht selbstverleugnender sein als ein guter Mann; dagegen bin ich überzeugt, die Männer würden weniger Selbstsucht und mehr Selbstverleugnung besitzen, als sie jetzt im allgemeinen haben, weil man sie nicht länger lehrte, ihren eigenen Willen als etwas so Erhabenes zu verehren, daß er einem andern vernünftigen Wesen als unumstößliches Gesetz zu gelten hat. Nichts lernen die Männer schneller als diese Selbstvergötterung, zu welcher alle bevorrechteten Personen und bevorrechteten Klassen nur gar zu leicht gelangen. Je tiefer wir die Stufenleiter der Menschheit hinabsteigen, desto intensiver wird sie, und am meisten bei denen, welche über niemand stehen und auch nicht erwarten dürfen, jemals über irgend jemand erhoben zu werden, als über ein armes Weib und Kinder. Die ehrenvollen Ausnahmen sind in diesem Falle geringer als bei irgendeiner andern menschlichen Schwäche. Philosophie und Religion sind, statt diesen Fehler zu bekämpfen, im Gegenteil im allgemeinen geneigt, ihn zu verteidigen, und nichts hält ihn in Schranken als das praktische Gefühl der Gleichheit aller Menschen, das zwar die Theorie des Christentums ist, das aber das Christentum niemals praktisch lehren wird, solange es Institutionen sanktioniert, die auf der willkürlichen Bevorzugung eines menschlichen Wesens gegen das andere begründet sind.

Ohne Zweifel gibt es Frauen, so gut wie es Männer gibt, denen mit einer gleichen Berücksichtigung kein Genüge geschieht, mit denen es keinen Frieden gibt, solange noch irgendein Wunsch oder Wille außer ihrem eigenen in Betracht kommt. Solche Personen sind ein geeigneter Gegenstand für das Scheidungsgesetz. Sie sind nur für das Alleinleben geschaffen, und kein menschliches Wesen sollte gezwungen sein, mit dem ihrigen sein Leben zu verbinden. Die gesetzliche Hörigkeit dient jedoch weit eher dazu, solche Charaktere unter den Frauen häufiger als seltener zu machen. Bedient sich der Mann seiner vollen Gewalt, so ist die Frau natürlich niedergehalten; wird sie dagegen nachsichtig behandelt, gestattet man ihr, sich selbst der Gewalt zu bemächtigen, so gibt es kein Gesetz, ihren Übergriffen Schranken zu ziehen. Indem das Gesetz ihr keine Rechte zumißt und theoretisch ihr gar keine erlaubt, erklärt es praktisch, das Maß dessen, was sie zu tun ein Recht habe, richte sich nach dem, was sie zu tun vermag.

Die Gleichheit der Eheleute vor dem Gesetz ist nicht allein die einzige Art, dieses Verhältnis nach beiden Seiten mit der Gerechtigkeit in Übereinstimmung zu bringen und zu einer Quelle wahren Glückes für beide Teile zu machen, sondern auch das einzige Mittel, das tägliche Leben der Menschheit im höheren Sinne des Wortes zu einer Schule moralischer Veredlung zu gestalten. Mag diese Wahrheit auch noch von mehr als einer Generation, die nach uns kommt, nicht gefühlt oder nicht allgemein anerkannt werden, es bleibt doch dabei: die einzige Schule einer edleren moralischen Gesinnung ist der Verkehr zwischen Gleichstehenden. Die moralische Erziehung des Menschengeschlechtes ging bis vor kurzem hauptsächlich von dem Gesetze der Gewalt aus und ist beinahe einzig den Beziehungen angepaßt, welche aus der Gewalt erwachsen. Auf den niedrigsten Stufen der Kultur erkennen die Menschen in der Gesellschaft Beziehungen zu ihnen Gleichstehenden nur sehr schwer an. Ein Gleichstehender ist soviel wie ein Feind. Die Gesellschaft von ihrem höchsten bis zu ihrem niedrigsten Platze ist eine lange Kette oder besser eine Leiter, auf welcher jedes Individuum entweder über oder unter seinem nächsten Nachbar steht und gehorchen muß, falls es nicht befiehlt.
Die existierende Sittenlehre ist demzufolge vornehmlich geeignet für die Beziehungen zwischen Befehlenden und Gehorchenden. Da aber Befehlen und Gehorchen nichts als unglückliche Notwendigkeiten des menschlichen Lebens sind, so ist Gleichheit sein Normalzustand. Schon werden im modernen Leben, je weiter es in seiner Vervollkommnung fortschreitet, Befehlen und Gehorchen mehr und mehr zu Ausnahmefällen und Verbindung unter Gleichstehenden zur allgemeinen Regel. Das Sittengesetz der ersten Jahrhunderte beruhte auf der Verpflichtung, sich der Gewalt zu unterwerfen; das der folgenden Jahrhunderte auf dem Rechte, das die Schwachen auf die Nachsicht und den Schutz der Starken hatten. Wieviel längere Zeit braucht eine Form der Gesellschaft und des Lebens, um

sich mit dem für eine andere Form der Gesellschaft und des Lebens gegebenen Sittengesetz abzufinden! Wir hatten die Moralität der Hörigkeit und die Moralität der Ritterlichkeit und der Großmut; jetzt ist die Zeit für die Moralität der Gerechtigkeit gekommen.

Sooft in früheren Jahrhunderten ein Schritt vorwärts zur gesellschaftlichen Gleichheit getan ward, verteidigte die Gerechtigkeit ihre Ansprüche aufgrund der Tugend. So war es in den freien Republiken des Altertums; aber selbst in den besten beschränkten sich die Gleichstehenden auf die freien männlichen Bürger; Sklaven, Frauen und die freigelassenen Einwohner standen unter dem Gesetze der Gewalt. Der vereinte Einfluß des Christentums und der römischen Zivilisation vertilgte diesen Unterschied und verkündete in der Theorie (wenn auch nur teilweise in der Praxis), daß die Rechte jedes menschlichen Wesens als solches allen andern vorangingen, die sich aus dem Geschlecht, der Klasse, der politischen Stellung herleiten ließen. Die nordischen Eroberungen richteten die Schranken, welche man niederzulegen begonnen hatte, wieder auf, und die ganze neuere Geschichte besteht in dem langsamen Prozeß, sie hinwegzuräumen.

Wir sind jetzt in einen Zustand der Dinge getreten, in dem die Gerechtigkeit wieder die erste aller Tugenden sein wird; ebenso wie früher auf Tugend, gleichzeitig aber auch auf teilnehmende Verbindungen sich gründend, wurzelt sie nicht länger im Instinkt der Gleichstehenden für den Selbstschutz, sondern in einer veredelten Sympathie zwischen ihnen, schließt niemand aus, sondern umfaßt alle in gleichem Maße. Es ist nichts Neues, daß die Menschheit die sich in ihr vollziehenden Veränderungen nicht deutlich vorhersieht und mit ihren Gesinnungen mehr der vergangenen als der kommenden Zeit angehört. Die Zukunft unseres Geschlechtes vorherzusehen, war immerdar das Privilegium der geistig Auserwählten oder derjenigen, die von ihnen gelernt hatten; die Gesinnungen der Zukunft zu haben, war aber stets die Auszeichnung und gewöhnlich auch das Märtyrertum Auserwählter noch seltener Art. Einrichtungen, Bücher, Erziehung und Gesellschaft, alles fährt fort, die Menschen noch für das Alte zu schulen, selbst wenn das Neue schon da, um wieviel mehr, wenn es nur erst im Kommen ist. Die wahre Tugend der Menschen besteht darin, daß sie geschickt sind, auf der Stufe der Gleichheit miteinander zu leben, nichts für sich selbst zu verlangen, als was sie willig auch jedem andern zugestehen; ferner darin, Herrschaft irgendwelcher Art als eine ausnahmsweise Notwendigkeit und in allen Fällen als etwas Zeitweiliges zu betrachten und, wenn irgend möglich, jedem andern Verkehr den Umgang mit solchen vorzuziehen, bei denen das Leiten und Folgen abwechselnd und gegenseitig sein kann. Das Leben, wie es jetzt eingerichtet ist, gibt aber nirgends Gelegenheit, sich durch Übung in dieser Tugend zu vervollkommnen. Die Familie ist eine Schule des Despotismus, in welcher alle Tugenden, aber auch alle Laster desselben die reichlichste Nahrung finden. Das Bürgertum in freien Staaten ist zum Teil die Schule der Gesellschaft in der Gleichheit; allein in unserem modernen Leben nimmt das Bürgertum nur einen kleinen Platz ein und berührt die täglichen Gewohnheiten oder innersten Empfindungen wenig oder gar nicht. Wäre die Familie in richtiger und gerechter Weise konstituiert, so würde sie eine Schule aller Tugenden der Freiheit sein, wie sie eine solche ganz gewiß für alle anderen Dinge ist. Die Familie wird stets eine Schule der Herrschaft für die Eltern, des Gehorsams für die Kinder sein; was aber not tut, ist, daß sie eine Schule der Sympathie in der Gleichheit, eines Zusammenlebens in Liebe, ohne Gewalt von der einen, ohne Gehorsam von der andern Seite werde, und zwar durch das Verhältnis der Eltern zueinander. Nur so kann sie zu einer Übung in allen den Tugenden werden, deren jeder bedarf, um für alle anderen Verbindungen geeignet zu sein, nur in diesem Sinne vermag sie den Kindern als Muster zu dienen für die Gesinnungen und das Betragen, welche die Erziehung vermittels des Ge-

horsams ihnen zur Gewohnheit und damit zur Natur zu machen bezweckt. Die sittliche Erziehung des Menschengeschlechtes wird niemals mit den Bedingungen des Lebens, für das alle andern menschlichen Fortschritte eine Vorbereitung sind, in Einklang gebracht werden, solange man nicht in der Familie dasselbe Gesetz der Moral übt, das der normalen Konstitution der menschlichen Gesellschaft entspricht. In einem Manne, der nur mit solchen in den nächsten und innigsten Beziehungen steht, deren absoluter Gebieter er ist, kann nicht jene erhabene Liebe zur Freiheit, die das Christentum lehrt, wohnen, sondern nur jene Freiheitsliebe des Altertums oder Mittelalters, bestehend aus einem sehr intensiven Gefühl der Würde und Wichtigkeit seiner eigenen Person, vermöge welcher er für sich selbst jedes Joch verachtet, eigentlich aber durchaus keinen Abscheu dagegen hat und stets bereit ist, es zum Zwecke seines eigenen Vorteils und seiner eigenen Verherrlichung andern im ausgedehntesten Maße aufzuerlegen.
Ich gebe bereitwillig zu und gründe darauf sogar meine Hoffnungen, daß selbst unter dem gegenwärtigen Gesetz eine große Menge von Familien (von den höheren Klassen Englands wahrscheinlich die große Mehrzahl) im Sinne eines gerechten Gesetzes der Gleichheit leben. Die Gesetze würden niemals eine Verbesserung erfahren, wenn es nicht zu allen Zeiten Leute gäbe, deren moralische Gesinnungen besser sind als das bestehende Gesetz. Diese Personen sollten die hier befürworteten Grundsätze unterstützen, deren einziger Zweck ja nur ist, alle anderen Ehepaare zu dem zu machen, was sie bereits sind. Aber selbst Leute von ganz bedeutendem sittlichen Werte sind, wenn sie nicht zugleich auch Denker sind, sehr geneigt zu glauben, daß Gesetze und Einrichtungen, deren Nachteile sie nicht durch persönliche Erfahrungen kennengelernt haben, nicht allein nicht schädlich sind, sondern, besonders, wenn sie anscheinend allgemein gebilligt werden, wahrscheinlich Gutes stiften, und daß es daher unrecht sei, ihnen entgegenzutreten. Dergleichen Ehepaare befinden sich indes in einem großen Irrtume, wenn sie mei-

nen, weil ihnen kaum alle Jahre einmal die legalen Bedingungen des sie vereinenden Bandes ins Gedächtnis kommen, weil sie in jeder Hinsicht sich einander völlig ebenbürtig fühlen und so miteinander leben, so müsse es ebenso sein bei allen andern Ehepaaren, wo der Mann nicht ein notorischer Schurke ist. Eine derartige Voraussetzung gäbe Zeugnis von einer großen Unkenntnis der menschlichen Natur und des menschlichen Charakters. Je weniger geeignet ein Mensch für den Besitz der Macht ist, je weniger wahrscheinlich es ist, daß jemand ihm freiwillig irgendwelche Macht über sich einräumen würde – um desto mehr liebäugelt er mit der Macht, die ihm das Gesetz zuspricht, besteht er auf seinen gesetzlichen Rechten bis zu dem äußersten Punkte, den der Gebrauch (und zwar der Gebrauch seinesgleichen) duldet, und hat ein Vergnügen an der Ausübung seiner Macht lediglich deshalb, weil er dadurch das angenehme Gefühl ihres Besitzes in sich immer wieder lebendig macht.

Noch mehr; bei dem von Natur am rohesten und moralisch am wenigsten erzogenen Teile der untersten Klassen ruft die gesetzliche Sklaverei der Frau und gewissermaßen auch schon der Umstand, daß dieselbe physisch seinem Willen als Werkzeug unterworfen ist, ein solches Gefühl der Geringschätzung und Verachtung des Mannes gegen die eigene Frau hervor, wie er gegen keine andere Frau und überhaupt keinen andern Menschen, mit dem er in Berührung kommt, empfindet und vermöge dessen er sie für einen geeigneten Ableiter für alle seine Launen und Roheiten hält. Ich ersuche jeden genauen Beobachter von Gefühlsäußerungen, der die dazu erforderliche Gelegenheit hat, sich durch eigene Anschauung zu überzeugen, ob die Sache sich nicht so verhält, und wenn er sie bestätigt gefunden hat, so wolle er sich nicht mehr wundern über die hohe Summe des Unwillens und Abscheus, die Institutionen zu erregen vermögen, welche das menschliche Herz naturgemäß zu einem solchen Zustande der Entartung führen müssen.

Man wird uns wahrscheinlich noch die Lehren der Religion entgegenhalten, welche auch die Pflicht der Frauen, ihren Männern Gehorsam zu leisten, stark betonen, wie ja jede bestehende Einrichtung, die zu schlecht ist, um irgendeine andere Verteidigung zuzulassen, uns stets als ein Gebot der Religion hingestellt wird. Im Ritual der Kirche befindet es sich allerdings, schwer sollte es aber sein, irgendein solches Gebot aus dem Christentum herzuleiten. Man wirft uns ein, Paulus habe gesagt: „Ihr Weiber seid gehorsam euren Ehemännern"; aber er hat auch gesagt: „Ihr Sklaven seid gehorsam euren Herren." Des Apostels Zweck und Aufgabe war die Ausbreitung des Christentums, und um diese zu fördern, mußte er sich wohl hüten, aufrührerische Gesinnungen gegen die bestehenden Gesetze zu verbreiten.
Wenn Paulus alle sozialen Einrichtungen so annahm, wie er sie vorfand, so darf dies ebensowenig als eine Mißbilligung der Versuche, sie zu geeigneter Zeit zu verbessern, gedeutet werden, wie seine Erklärung über „die von Gott eingesetzte Obrigkeit" den Militär-Despotismus als einzige christliche Form einer politischen Regierung sanktioniert und passiven Gehorsam gegen denselben befiehlt. Mit der Behauptung, das Christentum sei bestimmt gewesen, die bestehenden Formen der Regierung und Gesellschaft stereotyp zu machen und gegen jede Veränderung zu schützen, drückte man es auf den Standpunkt des Islam oder Brahmaismus hinab. Eben weil das Christentum dergleichen nicht getan hat, ist es die Religion des fortschreitenden Teiles der Menschheit, während Islam, Brahamaismus usw. die des stehenbleibenden oder vielmehr, da ein wirkliches Stehenbleiben in der Gesellschaft nicht möglich ist, die des zurückgehenden Teiles sind. In jedem Zeitalter des Christentums hat es Leute in Menge gegeben, die versucht haben, etwas Ähnliches daraus zu machen, uns in eine Art christlicher Muselmänner, deren Koran die Bibel ist, umzuwandeln und jeden Fortschritt zu verhindern; ihre Macht ist groß gewesen, und viele, die ihnen Widerstand leisteten, haben dafür ihr Leben zum Opfer bringen müssen. Aber es ist ihnen Widerstand geleistet wor-

den, und dieser Widerstand hat uns zu dem gemacht, was wir sind, und wird uns noch zu dem machen, was wir sein sollen.

Nach allem, was über die Pflicht des Gehorsams gesagt ist, erscheint es beinahe überflüssig, noch etwas über einen in dem allgemeineren Punkte enthaltenen spezielleren Punkt zu erwähnen, nämlich über das Recht einer Frau auf ihr Eigentum, denn ich habe ohnehin nicht die Hoffnung, daß diese Abhandlung irgendeinen Eindruck auf diejenigen machen werde, welche erst noch überzeugt werden müssen, daß einer Frau ihr ererbtes oder erworbenes Vermögen ebensogut nach der Heirat wie vor derselben gehören sollte. Die Regel ist sehr einfach: Was Eigentum der Frau oder des Mannes sein würde, wenn sie nicht verheiratet wären, sollte auch in der Ehe unter ihrer ausschließlichen Verfügung bleiben, ohne damit dem Rechte, Vermögen als Leibgedinge festzustellen, um es den Kindern zu sichern, Eintrag zu tun. Die Idee, daß Eheleute in Geldangelegenheiten getrennte Interessen haben sollen, verletzt viele Leute, weil sie ihnen unvereinbar mit dem Ideal der Vereinigung zweier Leben zu einem einzigen dünkt. Was mich anbetrifft, so bin ich einer der lebhaftesten Verteidiger der Gütergemeinschaft, vorausgesetzt, dieselbe sei das Resultat einer vollständigen Übereinstimmung der Besitzer in den Gefühlen, welche alle Dinge zwischen ihnen gemeinsam machen. Ich kann jedoch einer Gütergemeinschaft keinen Geschmack abgewinnen, die auf dem Satze beruht: Was dein ist, ist mein, aber was mein ist, ist nicht dein! Wäre ich auch diejenige Person, welcher dabei der Vorteil zufiele, ich würde es doch ablehnen, ein derartiges Übereinkommen mit jemand zu schließen.

Dieser besonderen gegen die Frauen geübten Bedrückung, welche schon bei einer oberflächlicheren Beschäftigung mit dem Gegenstande als eine Ungerechtigkeit hervortritt, könnte man abhelfen, ohne an den andern Mißbräuchen zu rütteln, und hier wird auch ohne Zweifel zuerst Abhilfe geschaffen werden. Bereits sind in die geschriebenen Konstitutionen mehrerer der alten Staaten der Amerikanischen Konföderation Paragraphen aufgenommen worden, welche den Frauen in dieser Hinsicht gleiche Rechte sichern. Dadurch ist denn die materielle Stellung der Ehefrauen, wenigstens der begüterten, eine viel günstigere geworden; blieb ihnen doch *ein* Instrument der Macht. Außerdem wird dadurch auch jenem schmachvollen Mißbrauch der Ehegesetze vorgebeugt, dessen sich Männer schuldig machen, welche Mädchen in listiger Weise zu einer Heirat ohne besondere Sicherstellung ihres Vermögens verlocken, in der einzigen Absicht, sich des Geldes zu bemächtigen. Wird der Unterhalt einer Familie nicht durch die Zinsen des Vermögens, sondern durch den Ertrag der Arbeit bestritten, so scheint mir im allgemeinen die richtigste Teilung der Arbeit zwischen den beiden Personen die gewöhnliche Einrichtung zu sein, vermöge welcher der Mann erwirbt und die Frau den Haushalt führt. Unterzieht sich die Frau neben dem physischen Leiden des Gebärens der Kinder und der ganzen Verantwortlichkeit ihrer Pflege und Erziehung in den ersten Jahren noch zum allgemeinen Behagen der Familie der gewissenhaften und sparsamen Verwaltung dessen, was der Mann erwirbt, so übernimmt sie nicht allein ihren redlichen, sondern gewöhnlich den ungleich größeren Teil der körperlichen und geistigen Anstrengungen, welche ihre gemeinschaftliche Existenz erfordert.

Nimmt sie von dem andern Teile der Pflichten auch etwas auf sich, so befreit sie das selten von dem ihr zufallenden, sondern verhindert sie nur, ihm in geeigneter Weise gerecht zu werden. Die Sorge für den Haushalt und die Kinder übernimmt, wenn sie dazu selbst außerstande ist, niemand; die Kinder, welche nicht sterben, wachsen auf, so gut sie eben können, und die Führung der Wirtschaft geht so schlecht, daß dadurch schon in ökonomischer Beziehung ein großer Teil vom Gewinne der Frau wieder verloren wird. Mir scheint es daher bei einem anderweitig gerechten Zustande der Dinge kein wünschenswerter Gebrauch, daß die Frau durch ihre Arbeit zum Einkommen der Familie beitrage. Bei ungerechten Verhältnissen mag dergleichen ganz vorteilhaft für sie sein, indem es ihr einen höheren Wert in den Augen des Mannes gibt, der gesetzlich ihr Herr ist; von der andern Seite ermöglicht es ihm freilich auch, seine Macht in noch ausgedehnterem Maße zu mißbrauchen, indem er sie zwingt, zu arbeiten und durch den Ertrag ihrer Anstrengungen die Familie zu erhalten, während er die meiste Zeit in Trunkenheit und Trägheit zubringt. Die Fähigkeit des Erwerbens ist für die Würde einer Frau, wenn sie kein unabhängiges Vermögen hat, sehr wesentlich. Wäre aber die Ehe ein für beide Teile gleicher Kontrakt, der nicht dem einen die Herrschaft über den andern einräumte, würde die Verbindung nicht, auch gegen den augenscheinlich unterdrückten Teil, zwangsweise aufrechterhalten; sondern könnte vielmehr jede Frau, die moralisch dazu berechtigt ist, unter gerechten Bedingungen eine Trennung (ich spreche jetzt nicht von der Scheidung) ihrer Ehe erlangen und stünde ihr alsdann das Feld ehrenhafter Tätigkeit so ungehindert offen wie den Männern, es würde für ihren Schutz nicht nötig sein, daß sie, solange sie in der Ehe lebt, noch einen besonderen Gebrauch von ihren Kenntnissen und Fähigkeiten machte.

Wie sich ein Mann für irgendeine Wissenschaft oder ein Gewerbe als seinen Lebensberuf entscheidet, so sollte man im allgemeinen annehmen, daß eine Frau, indem sie heiratet, die Führung der Wirtschaft und die Pflege und Erziehung einer Familie für so viele Jahre ihres Lebens, als zu diesem Zwecke erforderlich sind, zu ihrer vornehmsten Lebensaufgabe mache, und daß sie zwar nicht allen andern Bestrebungen und Beschäftigungen entsage, wohl aber solchen, welche sich mit der Erfüllung jener nicht vertragen.

Dem größeren Teile der verheirateten Frauen wäre es nach diesem Prinzip praktisch verwehrt, in einer gewohnheitsmäßigen, systematischen Weise Beschäftigungen obzuliegen, die nicht im Hause verrichtet werden können. In der Anwendung allgemeiner Regeln auf individuelle Bedürfnisse muß indes selbstverständlich der größte Spielraum gelassen werden, und Fähigkeiten, die in ganz besonderer Weise für die Ausübung einer Tätigkeit geeignet sind, sollten derselben auch durch die Heirat nicht absolut entzogen werden müssen. In diesem Falle ließen sich ja Anordnungen treffen, durch welche der dadurch unvermeidliche Ausfall in der Erfüllung ihrer vollen Pflichten als Hausfrau ergänzt würde. Diese Dinge könnten, sobald nur erst die allgemeine Meinung über den Gegenstand richtig gelenkt sein wird, unbedenklich auch der individuellen Meinung als eine Sache, die sie zu regeln hat, überlassen bleiben und bedürften nicht der Einmischung der Gesetze.

Drittes Kapitel

Ich komme jetzt zu einem andern Teile meiner Abhandlung, und zwar zu der von der Gerechtigkeit geforderten Zulassung der Frauen zu allen Ämtern und Beschäftigungen, die ihnen bisher als Monopol des stärkern Geschlechtes vorenthalten wurden, und hoffe keine Schwierigkeiten zu finden, die zu überzeugen, welche mir durch das Kapitel über die Gleichstellung der Frauen in der Familie gefolgt sind. Ich glaube, man hat ihnen alle Möglichkeit dazu nur so konsequent abgeschnitten, um ihre Unterordnung im häuslichen Leben aufrechtzuerhalten, da das männliche Geschlecht in seiner großen Mehrzahl nun einmal den Gedanken nicht ertragen kann, an der Seite eines gleichstehenden Wesens zu leben. Waltete dieser Grund nicht vor, so glaube ich, würde bei unsern gegenwärtigen politischen und nationalökonomischen Ansichten beinahe jeder zugeben, daß in der Ausschließung der einen Hälfte der Menschheit von dem bei weitem größten Teil aller lukrativen Beschäftigungen ein Unrecht liege; daß es eine Unbilligkeit sei, zu bestimmen: die Frauen können von ihrer Geburt an und vermöge derselben zu den Beschäftigungen, welche gesetzlich dem einfältigsten, untergeordnetsten Geschöpfe männlichen Geschlechts offenstehen, entweder durchaus nicht tüchtig werden, oder ihnen müsse, so befähigt sie auch dafür sein mögen, die Ausübung dieser Beschäftigungen doch verwehrt bleiben, damit dem Manne der ausschließliche Vorteil davon gewahrt werde. Suchte man in den letzten zwei Jahrhunderten – was allerdings nicht oft geschah – für die Ausschließung der Frauen von Ämtern und gewerblicher Tätigkeit noch nach einem andern Grunde als dem meist hinlänglich genügend erscheinenden: sie sei einmal hergebracht, so wurde nur selten die geringere geistige Kapazität des weiblichen Geschlechts angeführt. Im Ernste glaubte niemand daran; in Zeiten einer wirklichen

Prüfung der persönlichen Fähigkeiten, in den Kämpfen des öffentlichen Lebens, von denen Frauen nicht ausgeschlossen blieben, war ihre Begabung ja oft genug erprobt worden. Der Grund, welchen man damals angab, war nicht die Unfähigkeit der Frauen, sondern das Interesse der Gesellschaft, was soviel hieß wie das Interesse der Männer; gerade so wie die Staatsräson, d.h. das, was der Regierung behagte und zur Aufrechthaltung der bestehenden Herrschaft diente, als genügende Erklärung und Entschuldigung für das schreiendste Verbrechen galt. In unsern Tagen führen die Inhaber der Gewalt eine sanftere Sprache und suchen ihren Hörigen begreiflich zu machen, es geschehe alles nur zu ihrem eigenen Besten. Bei allem, was man den Frauen verbietet, hält man daher für notwendig, zu sagen, und wünschenswert, zu glauben, sie wären unfähig dafür und würden sich, wenn sie nach solchen Dingen trachteten, nur vom Wege zu ihrem Glücke und ihrer Wohlfahrt entfernen. Um diesen Grund plausibel – ich sage nicht triftig – zu machen, müssen die, welche ihn anführen, aber darauf gefaßt sein, ihm eine größere Ausdehnung zu geben, als man angesichts unserer heutigen Erfahrung so leicht wagen darf. Es reicht nicht aus, zu behaupten, Frauen wären durchschnittlich weniger mit gewissen höhern geistigen Fähigkeiten begabt, als es Männer im Durchschnitt sind, oder die Zahl der für ein Amt von der höchsten intellektuellen Beschaffenheit geeigneten Frauen sei viel kleiner als die solcher Männer; sondern es ist notwendig, zu behaupten, es sei überhaupt keine Frau dafür befähigt, und die bedeutendsten Frauen stünden in geistiger Hinsicht tief unter den mittelmäßigsten Männern, denen man gegenwärtig doch solche Funktionen überträgt. Wäre dem nun so und wäre zur Ausübung solcher Funktionen nur zu gelangen durch Mitbewerbung oder durch irgendeinen Wahlmodus, welcher dem öffentlichen Interesse Sicherheit gewährte, so brauchte man ja gar nicht zu fürchten, daß irgendein wichtiges Amt in die Hände von Frauen fiele, da sie den Männern und folglich auch ihren männlichen Mitbewerbern im Durchschnitt so untergeordnet sind. Ließe man also eine solche Mitbewerbung zu, so würde ihr Resultat immer nur sein, daß im Verhältnis zu den Männern eine sehr kleine Zahl von Frauen zu solchen Beschäftigungen gelangte, ein Resultat, das übrigens sich auf jeden Fall sicher ergeben wird, wenn auch nur deshalb, weil die Mehrzahl der Frauen wahrscheinlich dem Berufe den Vorzug geben dürfte, in welchem sie keine Mitbewerbung haben. Mag nun aber jemand eine noch so geringe Meinung von den Frauen haben, so wird er doch nicht zu leugnen wagen, daß, wenn wir die Erfahrungen der jüngsten Zeit mit denen vergangener Jahrhunderte verbinden, sich Frauen, und nicht nur einzelne, sondern viele Frauen, vielleicht ohne eine einzige Ausnahme, für alle Zweige menschlichen Wissens und Könnens befähigt gezeigt und darin Anerkennswertes geleistet haben. Das Höchste, was man gegen sie sagen könnte, wäre, daß sie in manchen Dingen es nicht zu einer solchen Vollkommenheit gebracht wie einige Männer, und daß es viele gibt, in denen sie nicht den höchsten Rang erreicht haben. Es gibt indes nur äußerst wenig Zweige der Tätigkeit, die nur von geistigen Fähigkeiten abhängen, in denen sie nicht einen dem höchsten nahekommenden Rang erzielten. Ist dies nicht genug und viel mehr als genug, es zu einer Tyrannei gegen die Frauen und zu einer Beraubung der Gesellschaft zu stempeln, daß man ihnen nicht erlaubt, sich ebensogut wie die Männer um solche Ämter und Beschäftigungen zu bewerben? Wäre es nicht die nackte Wahrheit, wenn man sagte: solche Ämter werden sehr oft von Männern ausgefüllt, die weit weniger dafür befähigt sind als zahlreiche Frauen, so daß sie von diesen bei jeder ehrlichen Konkurrenz aus dem Felde geschlagen würden? Was macht es für einen Unterschied, daß es außerdem Männer gibt, noch befähigter für die in Rede stehenden Dinge als jene Frauen, aber vollauf in anderer Weise beschäftigt? Findet nicht Ähnliches bei jeder Konkurrenz statt? Haben wir einen solchen Überfluß an Menschen, die sich für die Erfüllung höherer Aufgaben eigenen, daß die Gesellschaft die Dienste irgendeiner kompetenten Person abweisen darf? Sind wir so sicher, für jeden vakant werdenden Platz immer den entsprechenden Mann zu finden, daß wir nicht darunter leiden, wenn wir die Hälfte der Menschheit unter einen Bann legen und es von vornherein ablehnen, ihre Fähigkeiten, so hervorragend dieselben auch sein mögen, nutzbar zu machen? Und selbst wenn wir ihrer entbehren könnten, ist es mit der Gerechtigkeit vereinbar, den Frauen den ihnen gebührenden Anteil an Ehre und Auszeichnung vorzuenthalten oder ihnen das für alle Menschen gleiche moralische Recht abzustreiten, ihre Beschäftigung, ohne Beeinträchtigung anderer, sich selbst nach ihren Neigungen und auf ihre eigene Gefahr zu wählen? Die Ungerechtigkeit beschränkt sich aber nicht allein auf die Frauen, sondern erstreckt sich auf alle, welche in der Lage wären, von ihren Diensten Vorteil zu ziehen. Im voraus bestimmen, daß Personen einer gewissen Gattung nicht Ärzte oder Advokaten oder Parlamentsmitglieder sein sollen, heißt nicht nur sie, sondern auch die beeinträchtigen, welche Ärzte, Advokaten hervorragende Parlamentsmitglieder brauchen und welche des anspornenden Einflusses der größeren Mitbewerbung auf den Eifer der Kandidaten beraubt und außerdem auf einen viel engeren Kreis für ihre individuelle Auswahl beschränkt werden.

Es wird vielleicht genügen, wenn ich mich mit den Einzelheiten meiner Argumente auf Funktionen öffentlicher Natur beschränke, denn tue ich dies mit Erfolg, so wird man mir leicht zugeben, daß Frauen auch zu allen anderen Beschäftigungen, für die es wichtig ist, ob man sie zuläßt oder nicht, geeignet sind. Ich möchte hier mit einer Wirksamkeit beginnen, die von jeder anderen wesentlich verschieden und auf welche ihr Recht gänzlich unabhängig ist von der Frage, die betreffs ihrer Fähigkeiten erhoben werden kann. Ich meine das Stimmrecht, sowohl für das Parlament wie für die Munizipalämter.

Das Recht der Teilnahme an der Wahl solcher Personen, denen ein öffentliches Vertrauensamt übertragen wird, ist gänzlich verschieden von dem, sich um ein solches Amt bewerben zu dürfen. Könnten nur diejenigen für ein Parlamentsmitglied stimmen, welche selbst die erforderlichen Eigenschaften eines Kandidaten dafür besitzen, so würde die Regierungsform eine beschränkte Oligarchie sein. Der Besitz einer Stimme bei der Wahl derer, von denen man regiert wird, ist ein Mittel des Selbstschutzes, das jedem zustehen sollte, bliebe er auch für immer von der Teilnahme an der Regierung ausgeschlossen; und daß es Frauen nicht an den Fähigkeiten für die geeignete Ausübung dieses Rechtes gebrechen kann, läßt sich doch, dächte ich, aus dem Umstande folgern, daß ihnen das Gesetz schon jetzt das Wahlrecht in dem für sie am allerwichtigsten Falle gewährt. Ist ja doch die Wahl des Mannes, der ihr ganzes Leben lang über sie herrschen soll, wie man wenigstens anzunehmen pflegt, in ihren freien Willen gestellt. Aufgabe jeder konstitutionellen Verfassung ist es, das Recht der Wahl für alle öffentlichen Vertrauensämter mit Gesetzen zu umgeben, welche die nötigen Garantien und Beschränkungen bieten; aber es bedarf für das weibliche Geschlecht durchaus keiner andern Vorsichtsmaßregeln, als für das männliche geboten sind. Es gibt nicht den Schatten eines gerechten Grundes dafür, daß man die Frauen nicht unter denselben Bedingungen und innerhalb derselben Grenzen, wie man sie für die Männer aufgestellt, zur Wahl zuläßt. Die Majorität der Frauen aus einer Klasse würde in ihrer politischen Ansicht höchstwahrscheinlich nicht viel von der politischen Ansicht der Männer derselben Klasse abweichen, es sei denn, die Frage beträfe Dinge, in welchen das Interesse der Frauen als solche besonders verflochten wäre. Gibt es aber solche Fälle, so bedürfen Frauen um so mehr des Stimmrechtes als der besten Garantie für eine gerechte und unparteiische Vertretung. Dies, dächte ich, müßte sogar denen einleuchten, welche sonst in keinem andern der von mir verteidigten Punkte mit mir übereinstimmen. Wäre selbst jede Frau verheiratet und müßte jede Ehefrau eine Sklavin sein, so bedürften diese Sklavinnen ja um so mehr des gesetzlichen

Schutzes, und wir kennen den gesetzlichen Schutz, der den Sklaven durch Gesetze zuteil wird, die ihre Herren machen.
Was nun die Fähigkeit der Frauen anbetrifft, nicht allein das Wahlrecht auszuüben, sondern selbst Ämter zu verwalten oder Berufszweigen obzuliegen, mit denen eine wichtige Verantwortlichkeit der Öffentlichkeit gegenüber verbunden ist, so habe ich bereits bemerkt, daß diese Erwägung für die praktische Behandlung der vorliegenden Frage nicht wesentlich ist, da jede Frau, die in einem freien Gewerbe etwas leistet, dadurch den besten Beweis liefert, daß sie dafür qualifiziert ist. Hinsichtlich der öffentlichen Ämter aber sind zwei Fälle möglich: entweder das politische System des Landes schließt unfähige Männer von ihnen aus, dann wird es mit unfähigen Frauen dasselbe tun, oder es läßt ohne Prüfung jeden Mann zu, dann wird der Umstand, daß die unbefähigte Person eine Frau statt eines Mannes ist, das Übel nicht ärger machen. Sobald man daher zugeben muß, daß Frauen, und sollten dies auch nur wenige sein, für derartige Ämter die erforderlichen Eigenschaften besitzen, können die Gesetze, welche solchen Ausnahmen dazu den Zugang versperren, keine Rechtfertigung in den im allgemeinen über die Kapazität der Frauen vorwaltenden Ansichten finden. Ist dieser letztere Grund auch nicht gerade einer der wesentlichsten, so ist er doch ein durchaus sachgemäßer. Eine vorurteilslose Erwägung desselben wird den Argumenten gegen die Untüchtigkeit der Frauen immer eine Verstärkung zuführen, besonders auch durch ernste Gründe der praktischen Nützlichkeit.
Sehen wir zuvörderst ab von allen psychologischen Erwägungen, welche dartun sollen, daß alle angeblich zwischen den beiden Geschlechtern existierenden geistigen Unterschiede nur die natürliche Folge von Erziehung und Verhältnissen sind und keineswegs ein von Natur radikaler Unterschied oder gar eine radikale Überlegenheit von der einen, Unterordnung von der andern Seite. Betrachten wir die Frauen einfach, wie sie jetzt sind oder wie man sie bis jetzt gekannt hat, und fassen wir die von ihnen bereits prak-

tisch bewährten Fähigkeiten ins Auge. Wenn nichts weiter, so beweist das, was sie bis jetzt getan haben, doch wenigstens, daß sie das tun können. Wenn wir bedenken, wie geflissentlich ihre Erziehung sie von allen den Männern vorbehaltenen Beschäftigungen und Aufgaben entfernt hält, statt sie dafür vorzubilden, so nehme ich für sie doch wahrlich einen sehr bescheidenen Standpunkt in Anspruch, wenn ich ihre Sache nur auf das begründe, was sie wirklich vollbracht haben. Denn eine negative Evidenz gilt in diesem Falle sehr wenig, während jede positive Evidenz entscheidend ist.

Aus dem Umstande, daß bis jetzt noch keine Frau Werke hervorgebracht, die mit denen eines Homer, eines Aristoteles, eine Michelangelo oder eines Beethoven auf gleicher Höhe stehen, läßt sich nicht folgern, daß die Frauen überhaupt nicht imstande sind, in den Künsten und Wissenschaften, in denen diese Meister Unsterbliches geleistet haben, das Höchste zu erreichen. Diese negative Beweisführung läßt die Frage ungewiß und jeder psychologischen Diskussion offen. Es ist dagegen ganz gewiß, daß eine Frau eine Königin Elisabeth, eine Deborah, eine Jeanne d'Arc sein kann, denn wir haben es hier nicht mit einer Folgerung oder Voraussetzung, sondern mit einem Faktum zu tun, und es ist eine ganz eigentümliche Erscheinung, daß die bestehenden Gesetze die Frauen gerade von den Dingen ausschließen, von denen sie den Beweis geliefert, daß sie dafür befähigt sind. Es gibt kein Gesetz, das eine Frau verhindert hätte, alle Dramen Shakespeares zu schreiben oder sämtliche Opern Mozarts zu komponieren. Hätten aber Königin Elisabeth oder Königin Victoria nicht den Thron geerbt, so würde man ihnen auch nicht das kleinste Teilchen einer politischen Wirksamkeit anvertraut haben, in welcher sich doch die erstere den bedeutendsten Staatslenkern ebenbürtig gezeigt hat.

Wäre es möglich, ohne jegliche psychologische Analyse, nur durch Schlüsse, die aus der Erfahrung gezogen sind, über etwas zu urteilen, wir könnten zu dem Satze kommen:

Diejenigen Dinge, welche man den Frauen nicht zu tun erlaubt, sind gerade die, zu welchen sie die meiste Befähigung besitzen; so ist ohne Zweifel ihr Beruf für die Regierungskunst bei den wenigen Gelegenheiten, die ihnen zur Ausübung derselben geboten waren, glänzend zutage getreten, während in andern Zweigen der Kunst und Wissenschaft, die ihnen anscheinend immer offengestanden haben, sich keine in so eminenter Weise ausgezeichnet hat. Wir wissen, welche kleine Zahl regierender Königinnen die Geschichte im Vergleich zu den Königen aufzuweisen hat. Von dieser kleinen Zahl hat nun aber verhältnismäßig ein weit größerer Teil Talent für die Regierung gezeigt, obschon viele davon den Thron zu sehr verschiedenen Perioden, also auch unter ganz verschiedenen Bedingungen eingenommen haben. Merkwürdig ist außerdem, daß die gekrönten Frauen sich, wie sich an vielen Beispielen erweisen läßt, häufig durch Vorzüge ausgezeichnet haben, die der herkömmlichen Vorstellung vom weiblichen Charakter schnurstracks entgegen sind, nämlich Willenskraft, Festigkeit und Intelligenz. Vervollständigen wir die Zahl der Königinnen und Kaiserinnen noch durch Regentinnen und Statthalterinnen von Provinzen, so dehnt sich die Liste der Frauen, welche sich als ausgezeichnete Herrscherinnen bewiesen haben, zu einer großen Länge aus*. Es ist dies auch eine so unleugbare Tatsache, daß

*Um die ganze Wahrheit dieses Satzes zu ermessen, dürfen wir uns nicht auf Europa beschränken, sondern müssen auch Asien mit in den Kreis unserer Betrachtungen ziehen. Ist ein indisches Fürstentum kräftig, sorgsam und sparsam regiert, wird daselbst Ordnung ohne Bedrückung aufrechterhalten, schreitet die Kultur vor, wird das Volk wohlhabend, so ist in drei Fällen von vier darauf zu wetten, daß dieses Land unter der Herrschaft einer Frau steht. Ich habe diese mir ganz unerwartet gekommene Tatsache einem langen offiziellen Berichte über die Regierungen von Hindustan entnommen. Die vorkommenden Beispiele dafür sind häufig; denn obwohl nach den indischen Einrichtungen eine Frau nicht selbständig zur Regierung gelangen kann, so ist sie doch die gesetzliche Regentin während der Minderjährigkeit ihres den Thron erbenden Sohnes, solche Minderjährigkeit tritt aber oft ein, da dem Leben der männlichen Herrscher durch Trägheit und sinnliche Ausschweifungen häufig ein vorzeitiges Ende bereitet wird. Erwägen wir nun, daß diese Prinzessinnen niemals öffentlich erschie-

man schon vor langer Zeit versucht hat, das Argument umzudrehen und die Wahrheit, die man zugeben mußte, in einen Schimpf zu verwandeln, indem man sagte, Königinnen wären besser als Könige, denn unter den Königen regierten die Frauen, aber unter den Königinnen die Männer. Es mag wie eine Vergeudung der Beweisgründe erscheinen, wenn man dieselben auch gegen einen schlechten Scherz ins Feld führt; ein solcher setzt sich jedoch bei den Leuten oft fester als eine ernste Wahrheit, und ich habe den hier erwähnten von Leuten mit einer Miene wiederholen hören, als hätten sie damit etwas außerordentlich Gewichtiges und Tiefsinniges ausgesprochen. Auf jeden Fall kann dieser Ausspruch ebensogut wie etwas anderes unserer Diskussion zum Anknüpfungspunkte dienen. Zuvörderst bestreite ich also den erstern Teil des Satzes und sage: Es ist nicht wahr, daß unter Königen Frauen regieren. Solche Fälle sind große Ausnahmen, und schwache Könige sind zu ihrer schlechten Regierung ebensooft durch den Einfluß männlicher als durch den Einfluß weiblicher Günstlinge verleitet worden. Läßt sich ein König lediglich infolge eines zwischen beiden bestehenden Liebesverhältnisses von einer Frau beherrschen, so ist allerdings keine gute Regierung zu erwarten, obgleich es selbst in diesem Falle Ausnahmen gibt. Dagegen zählt die französische Geschichte zwei Könige, welche die Leitung der Geschäfte während vieler Jahre freiwillig, der eine in die Hände seiner Mutter, der andere in die seiner Schwester legte. Der eine dieser Könige, Karl der Achte, war allerdings ein bloßer Knabe, folgte jedoch mit dieser Handlung den Intentionen seines Vaters, Ludwigs des Elften, eines der größten Könige seiner Zeit; der andere, Ludwig der Heilige, war dagegen der beste und einer der kräf-

nen sind, nie mit einem nicht zu ihrem engsten Familienkreise gehörigen Mann gesprochen haben, ohne von ihm durch einen Teppich getrennt zu sein, daß sie nicht lesen können und daß es, wenn sie dies selbst verstünden, in ihrer Sprache kein Buch gibt, das ihnen nur über die geringste politische Angelegenheit Ratschläge erteilen könnte, so muß man zugestehen, daß sie ein sehr schlagendes Beispiel der Geschicklichkeit der Frauen für die Regierungskunst liefern.

tigsten Herrscher, die Frankreich seit Karl dem Großen gehabt hatte. Beide Fürstinnen regierten in einer Weise, der es wenige ihrer zeitgenössischen Fürsten gleichzutun vermochten. Kaiser Karl der Fünfte, der staatsklügste Fürst seiner Zeit, der eine so große Anzahl tüchtiger Männer in seinen Diensten hatte, wie sie nur jemals einem Herrscher zu Gebote standen, der sicherlich der letzte von allen Souveränen war, dem es zuzutrauen gewesen wäre, daß er seine Interessen seinen persönlichen Gefühlen aufopfern könnte, ernannte zwei Prinzessinnen seines Hauses hintereinander zu Statthalterinnen der Niederlande. Er ließ eine derselben ihr ganzes Leben lang auf diesem Posten (später folgte ihnen sogar noch eine dritte Prinzessin aus derselben Familie). Beide regierten mit dem besten Erfolge, und eine von ihnen, Margaretha von Österreich, war eine der geschicktesten Politikerinnen jener Zeit. Soviel über den ersten Teil des Satzes, und nun zum zweiten. Meint man mit dem Ausspruche, daß unter Königinnen Männer regieren, dasselbe, was man andeuten will, wenn man sagt, Könige würden von Frauen beherrscht? Will man damit zu verstehen geben, Königinnen wählten zu Werkzeugen ihrer Regierung immer die Gefährten ihrer persönlichen Ergötzlichkeiten? Der Fall ist selten vorgekommen, selbst bei solchen Fürstinnen, die in dem letzteren Punkt so wenig skrupulös waren wie Katharina die Zweite, und nicht aus diesen Fällen lassen sich die Beispiele für das angeblich durch das männliche Regiment gestiftete Gute herleiten. Wenn es sich also wirklich bewährt, daß unter einer Königin sich die Verwaltung des Staates in den Händen besserer Männer befindet, als dies durchschnittlich unter Königen der Fall ist, so ließe sich das nur erklären aus der größeren Fähigkeit der Königinnen, solche Männer auszuwählen. Daraus ginge hervor, Frauen wären nicht allein nur besser geeignet für das Amt des Monarchen, sondern auch für das des Premierministers; denn die Hauptaufgabe des Premierministers besteht nicht darin, daß er in Person regiert, sondern daß er jedes Departement der öffentlichen Angelegenheiten den dafür tüchtigsten Personen zur Leitung anvertraut. Es wird allgemein zugegeben, Frauen seien den Männern darin überlegen, daß sie eine schnellere Einsicht in den Charakter eines Menschen gewinnen, und diese Eigenschaft muß sie allerdings bei einigermaßen gleicher Befähigung in jeder andern Hinsicht geschickter als die Männer in jener Auswahl von Werkzeugen machen, worin beinahe die wichtigste Aufgabe aller, die mit Regierungsgeschäften zu tun haben, besteht. Selbst die grundsatzlose Katharina von Medici konnte den Wert eines Kanzlers de l'Hopital begreifen. Es ist indes nicht minder wahr, daß große Königinnen durch ihr eigenes Regierungstalent groß gewesen sind und aus diesem Grunde gute Diener gehabt haben. Sie behielten die oberste Leitung der Staatsangelegenheiten in ihren eigenen Händen, und wenn sie guten Ratgebern Gehör schenkten, so gaben sie dadurch den stärksten Beweis, wie sehr ihre Urteilskraft sie zur Entscheidung der größten Regierungsfragen tüchtig machte.

Ist es nun vernünftig, anzunehmen, diejenigen, welche für die größeren politischen Funktionen geeignet sind, wären unfähig, die geringeren zu verwalten? Liegt in der Natur der Dinge irgendein Grund dafür, daß Frauen und Schwestern von Fürsten, sobald sie zur Regierung berufen werden, sich dieser Aufgabe ebenso gewachsen zeigen können wie die Fürsten selbst, hingegen Frauen und Schwestern von Staatsmännern, Administratoren, Direktoren von Kompanien und Vorstehern öffentlicher Institute nicht imstande sein sollten, das zu tun, was ihre Männer und Brüder verrichten? Es gibt allerdings einen solchen Grund, und er ist einfach genug. Der Rang jener Prinzessinnen erhebt sie so hoch über die allgemeine Menschheit, daß auf sie die für ihr Geschlecht geltenden Gesetze der Unterordnung keine Anwendung gefunden haben; daß man sie nie lehrte, die Beschäftigung mit der Politik sei unstatthaft für sie, sondern ihnen erlaubte, sich ungehindert dem jedem gebildeten Menschen natürlichen Interesse für die ringsum sich vollziehenden großen Verhandlungen zu überlassen, an welchen teilzunehmen sie vielleicht selbst noch berufen werden konnten. Die Damen der regierenden Familien sind die einzigen Frauen, denen derselbe Grad und dieselbe Freiheit der Entwicklung gestattet ist wie den Männern, und so stehen sie denn diesen auch nicht nach. Überall, wo die Befähigung der Frauen für die Regierung erprobt wurde, zeigte dieselbe sich dem Herrschertalent des Mannes verhältnismäßig ganz gleichkommend.

Diese Tatsache steht in Verbindung mit den besten allgemeinen Folgerungen, welche die unvollkommene Erfahrung der Welt über die Frauen, wie sie bis jetzt gewesen sind, d.h. über ihre besondern Eigentümlichkeiten und charakteristischen Fähigkeiten, an die Hand gibt. Ich sage, wie sie bis jetzt gewesen sind, nicht wie sie fortdauernd sein werden, denn ich habe es bereits mehrfach ausgesprochen: ich halte es bei jedem für Vermessenheit, bestimmen zu wollen, was Frauen ihrer natürlichen Veranlagung nach sein oder nicht sein, tun oder nicht tun können. Sie sind bis jetzt, was die freiwillige Entwicklung anbetrifft, in einem so unnatürlichen Zustande erhalten worden, daß ihre Natur notwendigerweise verzerrt und entstellt sein muß. Niemand kann mit Gewißheit sagen, welch ein hauptsächlicher Unterschied oder ob überhaupt ein Unterschied zwischen dem Charakter und den Fähigkeiten des Mannes und der Frau sein würde, wenn die Natur der letztern sich so frei hätte entfalten dürfen wie die des Mannes und keinen andern künstlichen Schliff bekommen hätte, als durch die Verhältnisse der menschlichen Gesellschaft absolut bedingt ist und beiden Geschlechtern in gleichem Maße gegeben wird. Ich werde sogleich nachweisen, daß selbst diejenigen der jetzt bestehenden Unterschiede, welche sich am wenigsten ableugnen lassen, von einer Beschaffenheit sind, vermöge welcher sie lediglich durch die Macht der Umstände, ohne jeden Unterschied der Naturanlagen, erzeugt sein können.

Betrachtet man die Frauen, wie die Erfahrung sie kennen lehrt, so darf man wohl mit mehr Wahrheit, als sonst die meisten allgemeinen Behauptungen über dieses Thema für sich haben, sagen: die Richtung ihres Talentes gehe im allgemeinen auf das Praktische. Diese Wahrnehmung steht im Einklang mit der Geschichte der Frauen in der Gegenwart wie in der Vergangenheit und wird durch die tägliche Erfahrung bestätigt. Betrachten wir die spezielle Natur der geistigen Fähigkeiten einer talentvollen Frau. Sie sind alle derartig, daß sie dadurch für die Praxis befähigt und nach dieser Seite hingewiesen wird. Was versteht man unter der Fähigkeit der Frau für unmittelbare Wahrnehmung? Nichts anderes als schnelle und richtige Einsicht in vorhandene Tatsachen; von allgemeinen Prinzipien ist dabei nicht die Rede. Niemand entdeckte je ein wissenschaftliches Naturgesetz durch Intuition oder gelangte dadurch zu einer allgemeinen Vorschrift der Pflicht oder der Klugheit. Dies sind nur Resultate langsam und sorgfältig gesammelter Erfahrungen und daraus gezogener Folgerungen und Vergleiche. Weder Frauen noch Männer der Intuition pflegen auf diesem Gebiete zu glänzen, wenn nicht etwa die dazu nötige Erfahrung derartig ist, daß sie dieselbe durch sich selbst zu erlangen vermögen; denn dasjenige, was man als ihren unmittelbar erkennenden Scharfsinn bezeichnet, macht sie eben besonders geschickt, solche allgemeine Wahrheiten, die durch ihr individuelles Beobachtungsvermögen gesammelt werden können, zu einem Ganzen zusammenzustellen. Sind daher Frauen *zufällig* durch Studium und Erziehung ebenso gut wie Männer mit den Ergebnissen der Erfahrung anderer Leute versehen, so sind sie besser, als dies im allgemeinen bei Männern der Fall ist, mit den Haupterfordernissen einer geschickten und erfolgreichen Praxis ausgerüstet. Ich habe absichtlich das Wort „zufällig“ gebraucht, denn diejenigen Frauen, die Kenntnisse besitzen, welche sie für größere Lebensaufgaben geschickt machen, besitzen diese lediglich als ein Resultat der Selbsterziehung. – Männern, die sehr viel gelernt haben, gebricht es leicht am Sinn für vorhandene Tatsachen; sie sehen in den ihnen vorliegenden Dingen nicht das, was letztere wirklich sind, sondern was man sie davon zu erwarten gelehrt hat. Bei Frauen, welche nur einigermaßen Fähigkeiten haben, wird dies selten der Fall sein. Ihre Gabe der „Intuition“ bewahrt sie davor. Bei der gleichen Erfahrung und allgemeinen Begabung sieht eine Frau gewöhnlich mehr von den Dingen, die unmittelbar vor ihr sind, als ein Mann. Dieses Empfindungsvermögen für das Gegebene ist es aber eben, wovon die Fähigkeit für die Praxis abhängt. Die Entdeckung allgemeiner Grundlehren gehört den spekulativen Fähigkeiten an; aber das Unterscheiden und Abwägen derjenigen Fälle, in denen sie anwendbar oder nicht anwendbar sind, bedingt praktisches Talent, und das ist den Frauen, wie sie jetzt sind, ganz besonders eigen. Ich gebe zu, daß ohne Grundlehren keine gute Praxis denkbar ist und daß das Übergewicht, welches die Schnelligkeit der Beobachtung unter den Fähigkeiten einer Frau hat, sie leicht verleitet, vorschnelle Generalisationen auf ihre eigenen Beobachtungen zu bauen, obschon sie gleichzeitig nicht weniger schnell bereit ist, sobald ihre Beobachtungen einen weiteren Gesichtskreis erlangen, nach diesen die früher geformten Generalisationen zu berichtigen. Das Heilmittel gegen dieses Übel ist aber dem ganzen Menschengeschlechte zugänglich – es heißt: allgemeines Wissen, und wird am besten durch die Erziehung gewonnen. Die Fehler einer Frau sind genau dieselben, die ein gescheiter Mann, dessen Bildung ein Produkt der Selbsterziehung ist, zu begehen pflegt; er sieht oft, was Männer, welche eine regelmäßige Bildung erhalten haben, nicht gesehen, irrt jedoch aus Mangel an Kenntnissen in längst bekannten Dingen. Ein solcher Mann hat sich selbstverständlich ein gutes Teil des vorhandenen Wissens angeeignet, denn sonst hätte er es überhaupt zu nichts bringen können; aber er hat, was er weiß, gerade wie die Frauen, in Fragmenten aufgelesen und nicht nach einem festen, einheitlichen System erworben.

Während nun allerdings die Gravitation des weiblichen Geistes zum Vorhandenen, Wirklichen der gegebenen Tatsache in ihrer Ausschließlichkeit eine Quelle der Irrtümer wird, dient sie doch auch dem entgegengesetzten Irrtum als ein sehr nützliches Gegengewicht. Die hauptsächlichste und charakteristische Verirrung spekulativer Geister als solche entsteht gerade aus dem Mangel der lebhaften Beobachtung und beständig gegenwärtigen Wahrnehmung objektiver Tatsachen. Weil ihnen dies gebricht, übersehen sie oft nicht nur den Widerspruch, in welchem äußere Tatsachen zu ihren Theorien stehen, sondern verlieren auch den eigentlichen Zweck der Spekulation ganz und gar aus den Augen und gestatten ihren spekulativen Fähigkeiten, in Regionen abzuschweifen, die nicht bevölkert sind mit wirklichen Wesen, möchten dieselben nun beseelt oder unbeseelt oder idealisiert sein, sondern mit personifizierten Schatten, die durch die Illusionen der Metaphysik oder auch durch bloße Worte gebildet sind, und halten diese Schatten für die eigentlichen Objekte der höchsten, übersinnlichsten Philosophie. Für einen Mann der Theorie und Spekulation, der sich nicht damit begnügt, eine Masse des Wissens durch die Beobachtung anzuhäufen, sondern der dasselbe durch ernste Gedankenarbeit in gedrängte und umfassende wissenschaftliche Wahrheiten und Lebensgesetze umwandeln will, kann es kaum etwas Wertvolleres geben als die Möglichkeit, seine Forderungen in Gemeinschaft und unter der Kritik einer geistig wirklich hochstehenden Frau ausführen zu können. Nichts ist besser geeignet, seine Gedanken innerhalb der Grenzen des Wirklichen und der in der Natur bestehenden Tatsachen zu halten. Eine Frau wird sehr selten unbesonnen einer Abstraktion nachlaufen. Sie ist geneigt und gewöhnt, sich mehr mit Individuen als mit Gruppen zu beschäftigen, und hegt – was damit in engster Verbindung steht – ein viel lebhafteres Interesse als der Mann für die augenblicklichen Gefühle der Personen, vermöge dessen sie bei allem, was mit dem Anspruche, von ihr ausgeführt zu werden, an sie herantritt, zuerst überlegt, welchen Einfluß es auf die Personen üben wird. Diese beiden Eigen-

schaften machen es ihr außerordentlich schwierig, irgendeiner Spekulation Vertrauen zu schenken, welche die Individuen aus den Augen verliert und die Dinge behandelt, als ob sie zum Besten irgendeiner imaginären Wesenheit, eines bloßen, nicht auf die Gefühle lebender Geschöpfe beziehbaren Gebildes der Phantasie existierten. Es ist mithin für denkende Männer ebenso nützlich, daß ihren Gedanken durch die der Frauen Wirklichkeit gegeben werde, wie die Gedanken der Männer den Frauen nützlich sind, um den Kreis der ihrigen zu erweitern und zu vergrößern. Was die Tiefe, wohl unterschieden von der Breite, anbetrifft, so bezweifle ich, ob selbst jetzt die Frauen, im Vergleich zu den Männern, im Nachteil sind.
Sind die jetzt bestehenden charakteristischen geistigen Eigenschaften der Frauen schon eine wertvolle Hilfe für die Spekulation, so sind sie noch weit wichtiger, sobald die Spekulation ihr Werk vollendet hat und es sich darum handelt, die gewonnenen Resultate in die Praxis überzuführen. Aus den bereits angeführten Gründen verfallen Frauen lange nicht so leicht in den gewöhnlichen Irrtum der Männer, sich auf Regeln zu versteifen in einem Falle, dessen Spezialität ihn entweder als eine Ausnahme von der Klasse, auf welche die Regeln sich beziehen, kennzeichnet oder eine besondere Anwendung derselben bedingt.
Betrachten wir nun eine andere der Eigenschaften, in welchen man den Frauen eine größere Überlegenheit einräumt, nämlich eine größere Schnelligkeit im Begreifen. Ist dies nicht vornehmlich eine Eigenschaft, welche eine Person für die Praxis geeignet macht? In der Tätigkeit hängt fortdauernd alles von der schnellen Entscheidung ab; bei der Forschung gar nichts. Ein Denker kann warten, kann Zeit zum Überlegen nehmen, kann einen Beweis nach dem andern sammeln; er braucht seinen philosophischen Lehrsatz nicht sofort als fertig hinzustellen, aus Furcht, die rechte Zeit dafür könne verlorengehen. Das Vermögen, die bestmöglichen Schlüsse aus unzureichenden Daten zu ziehen, ist in der Philosophie in der Tat nicht nutzlos, die Konstruktion einer

mit den vorhandenen Fakten vereinbarten vorläufigen Hypothese ist oft die notwendige Basis für weitere Forschungen. Diese Gabe ist in der Philosophie beinahe besser verwendbar als eine hohe Befähigung für sie, und der Philosoph kann sich sowohl für die Nebenarbeiten wie für seine Hauptaufgabe selbst so viel Zeit lassen, als ihm gefällt. Er bedarf, wie gesagt, nicht der Fähigkeit, das, was ihm zu tun obliegt, rasch zu tun; ihm ist weit mehr die Geduld notwendig, welche langsam fortarbeitet, bis ein ungewisses Licht zu einem gewissen geworden und eine Folgerung zu einem Lehrsatz herangereift ist.

Für diejenigen dagegen, welche es mit dem Flüchtigen, schnell Entschwindenden – mit den Dingen selbst, nicht bloß mit dem Wesen der Dinge – zu tun haben, ist die Schnelligkeit der Gedanken eine Eigenschaft, welche der Fähigkeit des Denkens selbst an Wichtigkeit am nächsten steht. Wem die Gedanken im Augenblick der Tat nicht unmittelbar zu Gebote stehen, der könnte sie ebensogut gar nicht haben. Er mag für das Kritisieren geeignet sein, für das Handeln ist er es nicht. Eingestandenermaßen zeichnen sich in dieser Eigenschaft die Frauen und diejenigen Männer aus, welche den Frauen am ähnlichsten sind, während anders geartete Männer, so weit überlegen auch ihre Geisteskräfte sein mögen, doch nur langsam zu einer vollen Herrschaft über dieselben gelangen. Schnelligkeit des Urteils und Schnelligkeit der überlegten Handlung sind bei ihnen selbst in Dingen, mit denen sie am besten vertraut sind, erst die allmählichen und letzten Resultate emsiger, zur Gewohnheit gewordener Anstrengungen.

Man wird vielleicht sagen, die größere nervöse Empfänglichkeit der Frau mache sie ungeeignet für jede andere Tätigkeit als die des häuslichen Lebens, da sie dadurch beweglich, veränderlich, zu lebhaft vom Augenblick beeinflußt, unfähig für eine stetige Beharrlichkeit, ungleich und ungewiß im Gebrauch ihrer Gaben würde.

Ich glaube mit diesen Phrasen die Mehrzahl der Bedenken zusammengefaßt zu haben, die gewöhnlich gegen die Befähi-

gung der Frauen für die höhere Klasse ernster Beschäftigungen erhoben werden. Ein Teil der weiblichen Reizbarkeit entspringt lediglich den zugrunde gehenden Überflüssen nervöser Energie und würde aufhören, sobald diese Energie auf ein bestimmtes Ziel gelenkt würde; ein anderer Teil ist nur die Folge einer bewußten oder unbewußten künstlichen Pflege, wie wir an dem beinahe gänzlichen Verschwinden der hysterischen Zufälle und Ohnmachten sehen, seit sie aus der Mode gekommen sind. Endlich – welche Erziehung gibt man vielen Frauen der höheren Klassen! Als eine Art von Treibhauspflanzen vor jedem schädlichen Luftzug gehütet, werden sie ferngehalten von jeder Beschäftigung und Bewegung, welche den Blutumlauf fördert und die Muskelkraft entwickelt, während man das Nervensystem, und besonders in seinen erregbarsten Teilen, in eine unnatürliche Tätigkeit versetzt. In manchen andern Ländern ist das noch viel schlimmer als in England. Ist es da ein Wunder, wenn diejenigen, welche nicht an der Schwindsucht sterben, mit einer Konstitution aufwachsen, welche durch die geringsten körperlichen oder geistigen Ursachen erschüttert werden kann; daß sie ohne Kraft sind für irgendeine Aufgabe, die fortgesetzte geistige oder physische Anstrengung erfordert?
Frauen, die erzogen sind, um für ihren Unterhalt zu arbeiten, zeigen dagegen keine derartigen Merkmale der Kränklichkeit, es sei denn, daß sie in engen, ungesunden Räumen an den Eisenring einer übertriebenen Arbeit gespannt sind, die sie zur sitzenden Lebensweise verurteilt. Frauen, welche in ihren Kinderjahren an der gesunden physischen Erziehung und körperlichen Freiheit ihrer Brüder teilnehmen durften und im späteren Leben reine Luft und Bewegung im ausreichenden Maße haben, leiden selten an einer zu großen Reizbarkeit der Nerven, so daß sie dadurch für diese oder jene Tätigkeit unfähig gemacht würden. Allerdings gibt es in beiden Geschlechtern eine gewisse Anzahl von Menschen, in deren Konstitution ein ungewöhnlicher Grad von Nervenreizbarkeit begründet und in einem so hervorstechenden Maße ausgebildet ist, daß sie den Zug der ganzen Organi-

sation ausmacht, welcher den größten Einfluß auf den ganzen Charakter der Lebenserscheinungen hat. Eine derartige Konstitution ist gleich andern physischen Bildungen erblich und wird sowohl auf Söhne wie auf Töchter verpflanzt; es ist jedoch möglich und wahrscheinlich, daß das nervöse Temperament – wie es genannt wird – sich häufiger auf das weibliche als auf das männliche Geschlecht vererbt. Wir wollen es sogar als ein Faktum annehmen, alsdann aber möchte ich fragen: hält man denn Männer mit nervösem Temperament nicht für geeignet für die verschiedenen Berufszweige, denen Männer sich gewöhnlich zu widmen pflegen?
Die Eigentümlichkeiten des Temperamentes sind ohne Zweifel in einer gewissen Begrenzung ein Hindernis für den Erfolg auf manchen Tätigkeitsgebieten, auf andern sind sie im Gegenteil wieder eine Hilfe. Wir haben fortdauernd Beispiele des glänzendsten Erfolges, den Männer von hoher nervöser Empfindsamkeit erzielten, wenn die von ihnen gewählte Wirksamkeit ihrem Temperamente entsprach, und zuweilen selbst dann, wenn sie ihm nicht entsprach. Ihre praktische Tätigkeit zeichnet sich namentlich dadurch aus, daß vermöge des höhern Grades der Erregbarkeit ihrer physischen Konstitution auch ihre geistigen Kräfte in der Erregung sich in höherm Maße steigern, als dies bei andern Leuten der Fall ist; sie werden gleichsam über sich selbst hinausgehoben und können Dinge tun, zu denen sie zu andern Zeiten ganz unfähig wären. Und diese erhabenere Erregbarkeit ist nicht nur, außer bei körperlich schwachen Konstitutionen, ein Aufleuchten, das augenblicklich wieder verschwindet, keine dauernden Spuren hinter sich läßt und unvereinbar mit der beharrlichen und stetigen Verfolgung eines Zieles ist. Das nervöse Temperament ist vielmehr, wie die Erfahrung lehrt, einer *anhaltenden* Erregung fähig und vermag in derselben während langer, fortgesetzter Anstrengungen zu verharren. Diese Eigentümlichkeit ist es, welche das edle Roß mit unverringerter Schnelligkeit so lange dahinbrausen läßt, bis es tot zusammenstürzt. Dieselbe Eigentüm-

lichkeit ist es, die schon mancher zarten Frau die Kraft verliehen hat, mit der erhabensten Standhaftigkeit nicht nur den grausamsten Tod durch Henkershand zu erleiden, sondern, was mehr ist, denselben Mut auch während der langen vorhergehenden geistigen und körperlichen Martern aufrechtzuerhalten. Leute von einem solchen Temperamente sind, das ist unverkennbar, ganz besonders geeignet für das, was man das ausführende Departement in der Führerschaft der Menschheit nennen könnte; sie sind das Material zu großen Rednern, großen Predigern, zu unwiderstehlichen Verbreitern neuer erhabender Wahrheiten. Weniger tauglich dürfte ihre Konstitution für die Stellung eines leitenden Staatsmannes oder Richters erscheinen, wenn aus dem Umstande, daß Leute erregbar sind, absolut zu folgern wäre, sie müßten sich immer in einem erregten Zustande befinden. Dies ist jedoch lediglich eine Frage der Erziehung. Das starke Fühlen ist auch das Instrument einer starken Selbstbeherrschung, aber es muß nach dieser Richtung hin ausgebildet sein; ist dies der Fall, so erzeugt es nicht allein die Helden des Impulses, sondern auch die Helden der Selbstüberwindung. Geschichte und Erfahrung lehren, daß die leidenschaftlichsten Charaktere gleichzeitig die fanatisch strengsten in ihrem Pflichtgefühl sind, sobald ihre Leidenschaft angehalten wurde, nach dieser Seite hin sich zu entfalten.
Der Richter, welcher in einer Sache, wo sein innerstes Gefühl nach der andern Seite hin interessiert ist, ein gerechtes Urteil fällt, zieht aus derselben Stärke des Gefühls das entschlossene Pflicht- und Rechtsbewußtsein, vermöge dessen er den Sieg über sich selbst zu erringen vermag. Die Fähigkeit für jenen erhabenen Enthusiasmus, die den Menschen über seinen alltäglichen Charakter erhebt, wirkt auf diesen alltäglichen Charakter selbst zurück. Das Wollen und Können seines Ausnahmezustandes werden der Maßstab, nach welchem er seine Gefühle und Bestrebungen zu andern Zeiten abwägt und würdigt, und demzufolge nehmen auch seine gewöhnlichen Vorsätze einen nach den Momenten höherer Erregung gebildeten und ihnen assimilierten Charakter an, obschon jene der

Natur des Menschen nach nur vorübergehend sein können.

Die an ganzen Völkern wie an einzelnen Individuen gemachten Erfahrungen zeigen nicht, daß im Durchschnitt die erregbaren Menschen weniger geeignet für Denken oder Handeln gewesen wären als die weniger erregbaren. Die Franzosen und Italiener sind unzweifelhaft von Natur erregbarer als die germanischen Rassen und führen, im Vergleich zu den Engländern wenigstens, alltäglich und gewöhnlich ein viel bewegteres Leben; aber sind sie deshalb in den Wissenschaften, den öffentlichen Angelegenheiten, in ihrer Gesetzgebung und Rechtspflege oder im Kriege weniger bedeutend gewesen? Zahlreiche Beweise sprechen dafür, daß die Griechen des Altertums eine der erregbarsten Rassen des Menschengeschlechtes waren, wie es ihre Abkömmlinge und Nachfolger noch heute sind.

Es ist überflüssig, zu fragen, in welcher unter allen Künsten und Wissenschaften der Menschheit die Griechen nicht exzelliert haben. Die Römer hatten als ein ebenso südliches Volk wahrscheinlich ursprünglich dasselbe Temperament, aber wie die Spartaner, so machte auch sie der strenge Charakter ihrer nationalen Erziehung zum Beispiel des entgegengesetzten Typus, und die größere Stärke ihrer natürlichen Gefühle machte sich hauptsächlich bemerkbar in dem hohen Maße, in dem es diesem ursprünglichen Temperament möglich geworden war, dem künstlichen zu weichen. Zeigen diese Fälle, was aus einem von Natur erregbaren Temperament gemacht werden kann, so liefern die irischen Kelten wieder das schlagendste Beispiel, wie es ist, wenn es sich selbst überlassen bleibt – vorausgesetzt, daß man von einem Volke, welches jahrhundertelang dem indirekten Einflusse einer schlechten Regierung und der direkten Leitung der katholischen Geistlichkeit und dem strengen Glauben an die katholische Kirchenlehre ausgesetzt war, sagen kann, es sei sich selbst überlassen geblieben. Der irische Charakter muß daher als ein ungünstiges

Beispiel betrachtet werden, und dennoch hat, sobald die Umstände dem Individuum günstig waren, kein Volk größere Naturanlage für die verschiedenste und mannigfachste individuelle Bedeutendheit gezeigt. Wie die Franzosen im Vergleich zu den Engländern, die Irrländer im Vergleich zu den Schweizern, die Griechen oder Italiener im Vergleich zu den Deutschen, so wird man auch finden, daß die Frauen im Vergleich zu den Männern im Durchschnitt dieselben Dinge mit einiger Verschiedenheit in besonderer Art der Vollendung tun; ich sehe jedoch nicht den geringsten Grund, daran zu zweifeln, daß sie im ganzen alles in einer völlig gleichen Vollendung ausführen würden, wenn ihre Erziehung und Bildung darauf gerichtet würde, die aus ihrem Temperamente entspringenden Mängel zu verbessern, statt daß sie jetzt dieselben geflissentlich vergrößert.

Nehmen wir indes als wahr an, daß die Frau von Natur beweglicheren Geistes als der Mann sei, weniger geeignet, lange dieselben fortgesetzten Anstrengungen zu machen, mehr geneigt, ihre Fähigkeiten auf mehrere Dinge zu verteilen, als auf einem Pfade zu dem höchsten Ziele menschlichen Lebens zu gelangen. Es ist dann aber nur wahr in bezug auf die Frauen, wie sie jetzt sind, obgleich auch da nicht ohne große und zahlreiche Ausnahmen, und mag erklären, weshalb sie hinter den Männern, die auf der höchsten Stufe stehen, gerade in den Dingen zurückgeblieben sind, welche die Hingabe des ganzen Menschen an eine Idee und eine Beschäftigung am meisten erfordern. Diese Verschiedenheit kann jedoch nur den Grad der Vortrefflichkeit, nicht die Vortrefflichkeit selbst oder ihren praktischen Wert berühren, und es ist erst noch zu beweisen, ob dieses gänzliche Hingeben an eine Idee und das Aufgehen in dieselbe, ob diese Konzentration in einer einzigen Wirksamkeit das normale und gesunde Verhältnis der menschlichen Fähigkeiten selbst für den spekulativen Gebrauch ist. Ich glaube, das, was durch diese Konzentration für die spezielle Entwicklung gewonnen wird, geht an Geistesfähigkeit für die andern Lebensaufgaben verloren, und es ist meine entschiedene Ansicht, daß der Geist mehr zu leisten imstande ist, wenn er häufig wieder zu einem schwierigen Problem zurückkehrt, als wenn er dabei ohne Unterbrechung verweilt. Für praktische Zwecke, mögen diese den höchsten oder geringsten Departements derselben angehören, ist es auf alle Fälle eine sehr wertvolle Fähigkeit, schnell von einem Gegenstande der Erwägung auf einen andern übergehen zu können, ohne daß dabei der eine zu kurz kommt; und diese Fähigkeit besitzen dank der Beweglichkeit, die man ihnen zum Vorwurf macht, Frauen in hervorragender Weise. Vielleicht besitzen sie dieselbe von Natur, ganz gewiß aber durch Gewöhnung und Erziehung; denn beinahe alle Beschäftigungen der Frauen bestehen aus kleinen, aber mannigfachen Details, auf denen, jedes einzeln genommen, der Geist nicht eine Minute lang verweilen kann, von denen er immer sogleich auf andere Dinge überzugehen hat, und erfordert etwas ein längeres Nachdenken, so muß die Zeit dazu förmlich abgestohlen werden. Es ist schon oft bemerkt worden, welche Fähigkeit die Frauen besitzen, unter Umständen und zu Zeiten zu denken, die beinahe jedem Mann eine genügende Entschuldigung sein würden, gar nicht erst einen Versuch damit zu machen; daß der Geist einer Frau, mag er immerhin nur mit kleinen Dingen beschäftigt sein, sich doch niemals eine völlige Trägheit gestattet, wie das der Mann so oft tut, wenn er nicht gerade mit dem beschäftigt ist, was er die Aufgabe seines Lebens nennt. Die Aufgabe des gewöhnlichen Lebens einer Frau sind die Dinge im allgemeinen, deshalb kann in ihrer Arbeit so wenig ein Stillstand eintreten wie in der Bewegung der Erde.

Aber – sagt man – es gibt ja einen anatomischen Beweis für die geistige Überlegenheit der Männer, sie haben ein größeres Gehirn. Ich erwidere, daß zuvörderst das Faktum an und für sich zweifelhaft ist. Es ist durchaus nich erwiesen, daß das Gehirn einer Frau kleiner sei als das eines Mannes.

Leitet man diese Behauptung lediglich von dem Umstande ab, daß der Frauenkörper im allgemeinen geringere Dimensionen hat als der männliche, so möchte dieses Kriterium doch zu seltsamen Konsequenzen führen. Ein großer, starkknochiger Mann müßte demnach einem kleinen, schwächlichen Manne in geistiger Hinsicht sehr weit überlegen sein und der Elefant oder Walfisch das Menschengeschlecht unermeßlich übertreffen. Nach dem Ausspruch der Anatomen variiert die Größe des Gehirns weit weniger als die Größe des Körpers oder selbst des Kopfes, und eins ist gar nicht nach dem andern zu bestimmen.

Es steht fest, daß es Frauen gibt, deren Gehirn ebensogroß ist wie das irgendeines Mannes. Ich weiß, daß ein Mann, der mehrere menschliche Gehirne gewogen, erklärt hat: das schwerste, welches man bis dahin gefunden, also noch schwerer als das Cuviers, sei das einer Frau gewesen. Ferner muß ich darauf aufmerksam machen, daß man über die Art der zwischen dem menschlichen Hirn und dem Denkvermögen bestehenden Beziehungen gar nicht einig ist, sondern daß darüber noch ein großer Streit schwebt. Daß eine sehr enge Verbindung zwischen beiden besteht, zieht niemand in Zweifel. Das Gehirn ist gewiß das Hauptorgan des Denkens und Empfindens, und ich gebe zu – abgesehen von der Kontroverse, wonach verschiedene Teile des Hirns verschiedenen geistigen Fähigkeiten als Organe dienen –, es wäre eine Anomalie und eine Ausnahme von allem, was wir über die allgemeinen Gesetze des Lebens und der Organisation wissen, wenn die Gestalt des Organs gänzlich ohne Einfluß auf die Funktion sein sollte und wenn aus der größeren Ausdehnung des Organs der Denkfähigkeit gar kein Zuwachs entstünde. Die Anomalie und Ausnahme wären aber ebenso groß, wenn das Organ *allein* durch seine Ausdehnung den Einfluß ausübte.

Bei allen zarteren Verrichtungen der Natur – von welchen die der belebten Schöpfung die zartesten und von diesen wieder die des Nervensystems die allerzartesten sind – hängen die Verschiedenheiten der Wirkung ebensowohl von der Verschiedenheit der betreffenden Organe nach ihrer Qualität wie nach ihrer Quantität ab, und wenn die Qualität eines Instrumentes nach der Feinheit und Sauberkeit des Werkes, das es verrichten kann, zu beurteilen ist, so weist dieser Schluß auf eine durchschnittlich feinere Qualität des Gehirnes und Nervensystems der Frauen als der Männer hin. Sieht man indes von allen abstrakten Unterschieden der Qualität ab, die zu belegen immer eine schwierige Sache bleibt, so weiß man doch, daß die Wirksamkeit eines Organes nicht allein von seinem Umfange, sondern von seiner Tätigkeit abhängt, und von dieser haben wir ein annäherndes Maß in der Kraft, mit welcher das Blut durch dasselbe zirkuliert, da sowohl der Stimulus wie die ersetzende Kraft hauptsächlich von dieser Zirkulation abhängt.

Es würde gar nicht so sehr erstaunlich sein und wäre in der Tat eine Hypothese, die eine gute Erklärung für die an der geistigen Tätigkeit der beiden Geschlechter beobachteten Unterschiede an die Hand gäbe, wenn die Männer im Durchschnitt ein größeres Gehirn und die Frauen eine größere Tätigkeit der zerebralen Zirkulation hätten. Die Resultate, zu welchen wir durch die auf dieser Analogie begründeten Schlußfolgerungen kämen, dürften mit denen übereinstimmen, die wir gewöhnlich wahrnehmen. Danach dürfte man zuvörderst die geistigen Verrichtungen der Männer für langsamer halten; sie würden weder im Denken noch im Fühlen so schnell wie die Frauen sein. Große Körper brauchen mehr Zeit, um in volle Tätigkeit zu kommen. Von der andern Seite würde das männliche Hirn, wenn es erst einmal in voller Bewegung ist, mehr Arbeit ertragen als das weibliche. Es würde ausdauernder in der einmal eingeschlagenen Richtung verharren, es würde ihm schwieriger sein, von einer Art der Tätigkeit zur andern überzugehen, aber bei der einen, die es einmal verrichtete, könnte es länger aushalten, ohne Kraft einzubüßen oder ein Gefühl der Ermüdung zu empfinden. Und finden wir nicht in der Tat, daß die Dinge, in welchen die Männer die Frauen am meisten übertreffen, solche sind, welche das meiste Kopfzerbrechen und ein langes Hämmern auf einen Gedanken erheischen, während die Frauen am besten tun, was sie schnell tun?

Das Gehirn einer Frau ist rascher ermüdet, rascher erschöpft, es ist aber auch anzunehmen, daß es sich schneller wieder erholen kann. Ich wiederhole es, diese Folgerung ist gänzlich hypothetisch und beansprucht nichts weiter, als eine Richtung für die Forschung anzugeben. Ich habe schon früher das als keineswegs gewiß bezeichnet, was man im allgemeinen über einen zwischen den männlichen und weiblichen Fähigkeiten des Geistes nach Stärke und Richtung bestehenden Unterschied behauptet, und darauf hingewiesen, daß eine noch größere Ungewißheit über die Art dieses Unterschiedes herrsche. Die Erwerbung bestimmter Kenntnisse in dieser Beziehung steht auch nicht zu hoffen, solange man sich so wenig mit dem Studium der psychologischen Gesetze unserer Charakterbildung selbst auf allgemeinerem Wege beschäftigt und die Details noch viel weniger wissenschaftlich untersucht. Die hervorstechendsten äußeren Ursachen der Charakterverschiedenheiten bleiben gewohnheitsmäßig unbeachtet, der Beobachter schenkt ihnen keine Aufmerksamkeit, die vorherrschenden Schulen der Naturforscher wie der Philosophen blicken mit vornehmer Geringschätzung auf dieselben herab. Mögen Naturforscher und Philosoph sich darin voneinander unterscheiden, daß der eine die Quelle dessen, was die menschlichen Geschöpfe hauptsächlich voneinander unterscheidet, in der Welt der Materie, der andere in der Welt des Geistes sucht – sie stimmen überein in der Geringschätzung derer, welche die Unterschiede aus den verschiedenen Beziehungen der Menschen zur Gesellschaft und zum Leben herleiten wollen.

Die Ansichten, welche man sich nach bloßen allgemeinen Annahmen, ohne Philosophie und Analyse, nur gestützt auf die ersten besten Beispiele, über die Natur der Frauen gebildet hat, sind in einem so lächerlichen Grade willkürlich, daß die populären Ideen über sie in den verschiedenen Ländern verschieden sind, je nachdem die Ansichten und gesellschaftlichen Zustände der einzelnen Länder gewisse Eigentümlichkeiten der in ihnen lebenden Frauen zur Entwicklung gebracht oder unentwickelt gelassen haben. Der Orientale hält die Frauen ihrer Natur nach für ganz besonders wollüstig; ich verweise als Beleg dafür auf die heftigen Schmähungen, denen sie aus diesem Grunde in den indischen Schriften ausgesetzt werden. Ein Engländer hält die Frauen gewöhnlich von Natur für kalt. Das Gerede von der Unbeständigkeit der Frauen ist, abwärts und aufwärts von dem berühmten Distichon Franz' des Ersten, hauptsächlich französischen Ursprungs. In England ist das allgemeine Urteil, daß Frauen viel beständiger sind als Männer. Man hat in England seit viel längerer Zeit die Unbeständigkeit als entehrend für die Frau hingestellt als in Frankreich, und außerdem hat auch die Engländerin ihrer innersten Natur nach eine viel größere Achtung vor der öffentlichen Meinung als die Französin. Beiläufig sei hier noch bemerkt, daß die Engländer sich bei der Beurteilung dessen, was, nicht nur bei den Frauen, sondern auch bei den Männern und bei menschlichen Wesen überhaupt, natürlich oder nicht natürlich ist, in einer eigentümlich ungünstigen Lage befinden, wenigstens dann, wenn sie nur englische Erfahrungen haben, von denen sie ausgehen, denn es gibt auf der ganzen Erde keinen Fleck, wo die menschliche Natur so wenig von ihren ursprünglichen Zügen zeigt, wie England.

Die Engländer sind in gutem wie in bösem Sinne weiter vom Naturzustande entfernt als irgendein anderes Volk. Sie sind mehr als irgendein anderes Volk ein Produkt der Zivilisation und der strengen Schulung. England ist dasjenige Land, in dem es der gesellschaftlichen Disziplin am allermeisten gelungen ist, dasjenige, was geneigt sein könnte, mit ihr in Konflikt zu treten, nicht sowohl zu besiegen als zu unterdrücken. Die Engländer handeln nicht nur mehr als andere Völker nach bestimmten Regeln, sondern sie fühlen auch weit mehr als andere Völker danach. Die durch die Erziehung eingeprägten Ansichten und die Forderungen der Gesellschaft mögen in andern Ländern sehr starke Mächte sein, aber die individuelle Natur kommt doch immer darunter zum Vorschein und lehnt sich oft dagegen auf; das Gesetz mag stärker sein als die Natur, aber die Natur ist doch immer noch da. In England ist das Gesetz in einem sehr ausgedehnten Maße an die Stelle der Natur getreten. Man verbringt den größten Teil des Lebens nicht, indem man der Neigung unter der Aufsicht des Gesetzes folgt, sondern indem man keine Neigung hat als die, einem Gesetz oder einer Regel zu folgen. Dies hat ohne Zweifel seine guten, aber auch seine recht beklagenswerten Seiten; aber wie dem auch sei, jedenfalls muß der Engländer dadurch sehr ungeeignet gemacht werden, nach seiner eigenen Erfahrung ein Urteil über die Anlagen der menschlichen Natur zu fällen. Die Irrtümer, denen die Beobachter dieses Gegenstandes unterworfen sind, tragen an verschiedenen Orten einen verschiedenen Charakter. Ein Engländer ist hinsichtlich der menschlichen Natur unwissend, ein Franzose ist vorurteilsvoll. Die Irrtümer des Engländers sind negativ, die des Franzosen positiv. Der Engländer wähnt, die Dinge existierten nicht, weil er sie nicht sieht; der Franzose glaubt, sie müssen notwendigerweise überall existieren, weil er sie sieht. Der Engländer kennt die Natur nicht, weil er sie zu beobachten keine Gelegenheit gehabt hat; der Franzose kennt gewöhnlich ziemlich viel davon, beurteilt sie aber falsch, weil er sie nur immer sophistisch und verzerrt gesehen hat. Beides ist sehr erklärlich; denn der durch die Gesellschaft geschaffene künstliche Zustand entstellt die natürlichen Neigungen des den Gegenstand der Beobachtung bildenden Dinges nach zwei verschiedenen Richtungen: er erstickt sie entweder oder wandelt sie um. In dem ersten Falle ist nur noch ein verkümmerter Rest für das Studium vorhanden, im zweiten ist allerdings mehr da, aber es kann sich eher nach jeder andern Richtung entfaltet haben als nach der, nach welcher es, sich selbst überlassen, freiwillig gewachsen wäre.

Ich habe gesagt, man könne jetzt nicht wissen, inwieweit die existierenden geistigen Verschiedenheiten zwischen den beiden Geschlechtern natürlich, inwieweit sie künstlich oder ob sie überhaupt natürliche Verschiedenheiten wären –

oder auch vorausbestimmen, welche Art von natürlichem Charakter zum Vorschein kommen würde, sobald man alle künstlichen Ursachen der Verschiedenheit entfernte. Ich bin deshalb durchaus nicht gewillt, zu versuchen, was ich soeben als eine Unmöglichkeit bezeichnet habe; wenn man indes Zweifel hegt, so verbietet das immer noch nicht, Vermutungen zu haben, und wo die Gewißheit unerreichbar ist, erscheint es doch vielleicht möglich, zu einem gewissen Grade der Wahrscheinlichkeit zu gelangen. Der erste Punkt, der Ursprung der wirklich beobachteten Verschiedenheiten, ist derjenige, wo die Forschung am besten ihren Hebel ansetzen kann, und ich werde versuchen, mich ihm auf dem einzigen Pfade, auf dem zu ihm zu gelangen ist, zu nähern, nämlich indem ich den geistigen Folgen äußerer Einflüsse nachgehe. Wir können ein Individuum nicht dergestalt von allen seinen Verhältnissen ablösen, um durch Experimente festzustellen, wie und was es von Natur gewesen sein würde; wohl aber können wir in Betracht ziehen, was es ist, wie seine Verhältnisse sind und ob die letztern imstande waren, es zu dem zu machen, was es ist.
Nehmen wir daher den einzigen hervorstechenden Fall, den uns die Beobachtung von der anscheinenden Überlegenheit der Männer über die Frauen liefert, wenn wir von der lediglich durch die Körperkraft bedingten physischen Überlegenheit absehen. Keine Leistung ersten Ranges in Philosophie, Kunst oder Wissenschaft ist das Werk einer Frau. Gibt es nicht noch eine andere Erklärung für diese Erscheinung als die, daß die Frauen von Natur unfähig sind für Leistungen von solcher Höhe?
Zuvörderst dürfen wir wohl mit vollem Recht die Frage aufwerfen, ob die Erfahrung denn wirklich genügende Gründe für einen solchen Schluß liefert. Mit sehr geringen Ausnahmen haben Frauen erst seit drei Generationen angefangen, ihre Fähigkeiten für Philosophie, Wissenschaft und Kunst zu prüfen. Erst in dieser Generation sind diese Versuche zahlreicher geworden, und auch jetzt sind sie, außer in England und Frankreich, noch sehr vereinzelt.

Konnte man, dies ist eine wichtige Frage, erwarten, daß innerhalb dieser kurzen Zeit bloß durch ein günstiges Zusammentreffen der Umstände unter den Frauen, deren Neigungen und persönliche Stellung derartige Beschäftigungen gestatten, sogleich eine oder einige aufstehen und die Welt durch Meisterwerke der Wissenschaft oder der ausübenden Kunst in Staunen setzen sollten? In allen Zweigen, in denen sie mit der Zeit etwas geschaffen, und ganz besonders in demjenigen, in dem sie am längsten tätig sind – die Literatur, Poesie sowohl wie Prosa –, haben die Frauen, wenn sie auch nicht den höchsten Grad der Vollendung erreichten, doch gewiß soviel getan, so hohe und so viele Preise gewonnen, als man von der Länge der Zeit und der Zahl der Bewerberinnen erwarten durfte. Gehen wir zu früheren Perioden zurück, wo nur sehr wenig Frauen derartige Versuche machten, so finden wir doch von diesen wenigen mehrere mit großem Erfolge gekrönt. Die Griechen zählten Sappho stets unter ihre größten Dichter, und wir dürfen wohl annehmen, daß Myrtis, welche Pindars Lehrerin gewesen sein soll, und Corinna, die ihm fünfmal den Preis der Poesie abgewann, zum wenigsten Verdienste genug besessen haben, um einen Vergleich mit diesem berühmten Namen zulässig zu machen. Aspasia hat keine philosophischen Schriften hinterlassen, es ist jedoch eine anerkannte Tatsache, daß Sokrates sich von ihr Belehrung erbat und selbst zugestand, sie empfangen zu haben.

Betrachten wir die Werke der Frauen neuerer Zeit und vergleichen sie mit denen der Männer, so finden wir, daß die erstern den letztern in der Literatur wie in der Kunst nur in einem Punkte, aber allerdings in einem sehr wesentlichen, nachstehen, nämlich in der Originalität. Nicht daß es den Frauen gänzlich an Originalität gebräche, denn jedes Geistesprodukt von irgend selbständigem Werte hat an und für sich eine Originalität – ist aus dem Geiste selbst geboren und nicht die Nachahmung eines andern. Original-Gedanken, in dem Sinne, daß sie nicht gestohlen, sondern aus der eigenen Beobachtung des Schriftstellers hervorgegangen sind, gibt es in den Schriften der Frauen im Überfluß. Aber sie haben noch nicht eine jener großen, erleuchtenden neuen Ideen verkündet, welche eine Ära in der Welt der Gedanken bilden, und ebensowenig in der Kunst neue Grundgesetze gefunden, an die bis dahin niemand gedacht und die nun einen Umschwung in den bisherigen Kunstanschauungen herbeiführen und eine neue Schule gründen. Die Schöpfungen der Frauen gründen sich meistens auf den schon vorhandenen Gedankenschätzen, sie weichen nicht bedeutend von den existierenden Typen ab. Dies ist die Art der Untergeordnetheit, welche ihre Werke bekunden, denn was die Ausführung anbetrifft, so zeigt sich in der detaillierten Anwendung der Gedanken und der Vollendung des Stils keine Untergeordnetheit. Unsere besten Novellisten hinsichtlich der Komposition und des Stils sind meistens Frauen gewesen. In der ganzen neueren Literatur findet sich kein beredterer Ausdruck des Gedankens als der Stil der Frau von Staël, noch kann an rein künstlerischer Vollendung George Sands Prosa übertroffen werden, deren Stil auf das Nervensystem gleich einer Symphonie von Haydn oder Mozart wirkt. Was hauptsächlich fehlt, das ist, wie gesagt, hohe Originalität der schöpferischen Kraft, und nun wollen wir uns klarzumachen suchen, ob dieser Mangel sich auf irgend etwas zurückführen läßt.

Erwägen wir zuvörderst, was die Gedanken anbetrifft, daß während jener Periode in der Existenz der Welt und in den Fortschritten ihrer Entwicklung, in der man mit nur geringem Vorstudium und einem kleinen Vorrat von Kenntnissen durch die bloße Macht des Genius zu großen und fruchtbaren neuen Wahrheiten gelangen konnte, Frauen sich um spekulative Wissenschaften überhaupt nicht kümmerten. Von den Tagen der Hypatia bis zur Reformation war die berühmte Heloïse beinahe die einzige Frau, der eine derartige Beschäftigung überhaupt möglich wurde, und wir wissen nicht, welch eine große Fähigkeit für spekulative Wissenschaften der Welt in ihr durch das Unglück ihres Lebens verlorengegangen ist. Solange Frauen sich nun aber in einer beträchtlicheren Anzahl ernster Gedankenarbeit zugewendet haben, ist die Originalität nicht mehr so leicht möglich. Beinahe alle Gedanken, zu denen man kraft seiner ursprünglichen Fähigkeiten gelangen kann, sind längst gedacht und verkündet worden, so daß Originalität in irgendeinem höhern Sinne des Wortes nur von denen zu erreichen ist, die umfassende Studien gemacht haben und tief eingeweiht in die Resultate früherer Perioden des Denkens sind. Ich glaube, Maurice ist es, der über unser Jahrhundert die Bemerkung gemacht hat, seine originellsten Denker wären diejenigen, welche am gründlichsten mit dem vertraut sind, was ihre Vorgänger gedacht haben, und so wird es auch in Zukunft sein. Jeder neue Stein, der dem Gebäude hinzugefügt wird, kann nur auf dem Gipfel vieler anderer befestigt werden, und derjenige, welcher gegenwärtig an dem Weiterbau mitwirken will, hat erst eine große und beschwerliche Höhe zu erklimmen und eine beträchliche Menge von Material hinaufzuschaffen. Wie viele Frauen gibt es denn jetzt, die einen solchen Prozeß durchgemacht haben? Von allen Frauen, die sich je mit Mathematik beschäftigt haben, weiß vielleicht allein Mrs. Somerville so viel, wie jetzt nötig ist, um irgendeine bedeutende mathematische Entdeckung zu machen; ist es nun ein Beweis für die niedrigere Stufe, auf der die Frauen stehen, daß sie zufällig nicht zu den zwei oder drei Personen gehört, denen es zu ihrer Zeit gelungen ist, ihre Namen mit einem epochemachenden Fortschritt dieser Wissenschaft in Verbindung zu bringen? Seitdem die Volkswirtschaft eine Wissenschaft geworden ist, haben nur zwei Frauen genug davon gewußt, um in einer nützlichen Weise über den Gegenstand zu schreiben, und wie viele von den unzähligen Männern, die während derselben Zeit darüber geschrieben haben, waren denn imstande, mit Wahrheit mehr davon zu sagen? Wenn bis jetzt keine Frau eine große Geschichtsschreiberin gewesen ist, welche Frau hat denn die nötige Gelehrsamkeit dazu gehabt? Wenn es keinen großen weib-

lichen Philologen gibt, welche Frau hat überhaupt Sanskrit oder die slavischen Sprachen oder das Gotische des Ulfilas oder das Persische der Zendavesta studiert? Wir wissen alle, worin selbst in praktischen Dingen der Wert der Originalität und des nicht erlernten Genies besteht. Es heißt dies nichts anderes, als etwas in seiner ursprünglichen Form wieder erfinden, das bereits von mehreren einander gefolgten Erfindern erfunden und verbessert war. Wenn die Frauen erst alle die Vorbereitungen gehabt haben, deren jetzt alle Männer bedürfen, um Arbeiten von wirklich bedeutender Originalität zu liefern, dann wird es, gestützt auf die Erfahrung, Zeit sein, über ihre Fähigkeit für Originalität zu urteilen.
Es kommt unzweifelhaft öfter vor, daß eine Person, welche die Gedanken anderer über einen Gegenstand weder genau noch umfassend studierte, durch natürlichen Scharfsinn eine glückliche Eingebung hat, welche sie vorzubringen, aber nicht zu beweisen vermag, und die doch, wenn sie gereift ist, ein wichtiger Gewinn für die Wissenschaft sein kann. Man kann nun aber einer solchen Entdeckung nicht eher Gerechtigkeit widerfahren lassen, als bis ein anderer, der die erwähnten Studien gemacht hat, sie in die Hand nimmt, sie prüft, ihr eine wissenschaftliche oder praktische Form gibt und ihr unter den vorhandenen philosophischen oder wissenschaftlichen Wahrheiten den richtigen Platz anweist. Ist es nun anzunehmen, daß Frauen solche glückliche Gedanken nicht haben sollten? Ganz im Gegenteil kommen sie Hunderten intelligenter Frauen, aber sie gehen meistens verloren aus Mangel an einem Gatten oder Freunde, der die andern Kenntnisse besitzt, welche ihn befähigen, sie zu würdigen und in die Öffentlichkeit zu bringen; und selbst wenn letzteres geschieht, so erscheinen sie doch als die Idee des Mannes, und die, von der sie ausgegangen sind, bleibt unbekannt. Wer kann wissen, wie viele der originellsten Gedanken, denen wir in den Schriften von Männern begegnen, ursprünglich in Frauenköpfen entstanden und von jenen nur ausgearbeitet und erweitert

worden sind? Wenn ich nach mir selbst urteilen darf, so muß es in der Tat eine große Menge sein.
Wenden wir uns von den spekulativen Wissenschaften zur Literatur im engern Sinne und zu den schönen Künsten, so tritt der Grund, weshalb die Literatur der Frauen in ihrer Konzeption wie in ihren Hauptzügen eine Nachahmung der männlichen ist, sehr klar zutage. Weshalb ist die römische Literatur, wie die Kritiker bis zum Überdruß verkündet haben, keine Original-Literatur, sondern eine Nachahmung der griechischen? Einfach deshalb, weil die Griechen zuerst kamen. Lebten die Frauen in einem andern Lande als die Männer, und hätten sie nie eine ihrer Schriften gelesen, so würden sie auch eine eigene Literatur gehabt haben. Wie die Sache liegt, haben sie keine Literatur geschaffen, da sie bereits eine herrlich entwickelte vorfanden. Hätte die Kunst und Wissenschaft des Altertums durch die nachfolgenden Jahrhunderte keine Unterbrechung erfahren, oder wäre die Renaissance eingetreten, bevor die gotischen Kathedralen gebaut worden waren, diese wären niemals gebaut worden. Wir sehen, daß in Frankreich und Italien die Nachahmung der alten Literatur die bereits begonnene Entwicklung der eigenen aufhielt. Alle schreibenden Frauen sind Schülerinnen der großen männlichen Schriftsteller. Die ersten Bilder eines Malers, und wäre dieser selbst ein Raffael, sind im Stil nicht von denen seines Meisters zu unterscheiden. Selbst ein Mozart entwickelt seine machtvolle Originalität nicht in seinen Erstlingsarbeiten. Was Jahre für begabte Individuen sind, das sind Generationen für die große Menge. Ist die Literatur der Frauen bestimmt, einen durch die verschiedenen natürlichen Anlagen bedingten Gesamtcharakter zu bekommen, so ist eine viel längere Zeit, als bis jetzt verstrichen ist, notwendig, um sie von dem Einfluß der angenommenen Vorbilder zu befreien und nach eigenen Impulsen vorwärtsgehen zu lassen. Wenn aber auch, wie ich glaube, sich keine den Frauen gemeinsamen und ihr Genie von dem der Männer unterscheidenden natürlichen Eigentümlichkeiten werden nachweisen lassen, so hat doch

jede Schriftstellerin ihre individuellen Eigentümlichkeiten, die bisher durch den Einfluß von Vorbildern und Vorschriften unterdrückt sind, und es wird noch mancher Generation bedürfen, ehe die weibliche Individualität genug entwickelt sein wird, um diesem Einfluß die Spitze zu bieten.

Vor allen Dingen sind es aber die vorzugsweise so genannten schönen Künste, welche auf den ersten Blick die stärksten und häufigsten Beweise für den Mangel an schöpferischer Kraft in den Frauen liefern, da die öffentliche Meinung, wenn ich so sagen darf, sie ja davon nicht ausschließt, sondern weit eher dazu ermutigt, und die Erziehung in den vornehmeren Klassen hauptsächlich in der Ausbildung darin besteht. Trotzdem sind die Frauen gerade in diesen Leistungen am weitesten hinter den Männern zurückgeblieben; dieses Zurückbleiben bedarf indes keiner andern Erklärung als der Erwähnung einer allgemein bekannten Tatsache, die aber für die schönen Künste eine noch allgemeinere Wahrheit ist als für irgend etwas anderes – nämlich der hohen Überlegenheit der Künstler vom Fach über Dilettanten. Frauen der gebildeten Klassen werden beinahe ohne Ausnahme in einer oder der andern der schönen Künste unterrichtet, aber nicht, um damit ihr Brot oder eine Stellung in der Gesellschaft zu erwerben. Weibliche Künstler sind alle Dilettanten; die Ausnahmen sind nur von der Art solcher, welche die Regel bestätigen.

Man unterrichtet die Frauen in der Musik, aber nicht damit sie komponieren, sondern nur damit sie ausüben können, und folglich sind in der Musik die Männer den Frauen als Komponisten überlegen. Die einzige unter den schönen Künsten, der sich Frauen in ihrem ganzen Umfange als Beruf und Beschäftigung für das Leben widmen, ist die dramatische Kunst, und darin stehen ihre Leistungen anerkanntermaßen denen der Männer gleich, wenn sie letztere nicht noch übertreffen. Um einen ehrlichen Vergleich zu ziehen, müßte derselbe angestellt werden zwischen den

Leistungen einer Frau in irgendeinem Zweige der Kunst und denen eines Mannes, welcher derselben Kunst nicht als Beruf obliegt. In musikalischen Kompositionen z.B. haben Frauen gewiß ebenso gute Sachen geliefert wie männliche Dilettanten. Es gibt jetzt einige Frauen, eine sehr kleine Anzahl*, welche Malerinnen von Fach sind, und diese beginnen bereits so viel Talent zu zeigen, wie man nur erwarten kann. Selbst männliche Maler (*pace* Mr. Ruskin) haben in den letzten Jahrhunderten kein weltberühmtes Bild geliefert, und es wird auch wohl noch lange dauern, ehe dies wieder geschieht. Die alten Maler waren den modernen deshalb so sehr überlegen, weil eine an wissenschaftlicher Bildung bei weitem überlegenere Klasse von Menschen sich der Kunst widmete.

Die italienischen Maler des vierzehnten und fünfzehnten Jahrhunderts waren die kenntnisreichsten Leute ihrer Zeit. Die größten unter ihnen waren, gleich den großen Männern Griechenlands, Männer von enzyklopädischem Wissen. In ihren Zeiten war aber auch die Kunst für die Gefühle und Vorstellungen der Menschen mit das Erhabenste, nach welchem ein Mensch streben und worin er sich auszeichnen konnte, und sie vermochte ihre Jünger zu den Ehren zu erheben, welche jetzt nur auf dem Felde der Politik oder als Militär zu erwerben sind, nämlich der Gefährte von Königen und der Gleichgestellte der höchsten Aristokratie zu sein. In unserem Jahrhundert finden die Männer von solchem Gehalt für ihren eigenen Ruhm und zum Nutzen der modernen Welt wichtigere Aufgaben zu erfüllen, als Bilder zu malen, und es kommt nur dann und wann vor, daß Männer wie ein Reynolds; ein Turner – über deren relativen Rang unter den bedeutenden Männern ich mir keine Meinung anmaße – sich der Kunst widmen.

Musik gehört in eine andere Kategorie, sie verlangt nicht

*In Deutschland ist die Anzahl der Malerinnen von Fach gar nicht so klein, wie der Katalog der Berliner Kunstausstellung beweist (Anm. d. Ubers.)

dieselbe allgemeine geistige Bildung, scheint aber dagegen mehr von natürlichen Gaben abhängig, und es könnte Staunen erregen, daß es keinen einzigen großen Komponisten weiblichen Geschlechtes gibt. Aber selbst diese natürliche Gabe verlangt, um große Schöpfungen hervorbringen zu können, Studium und berufsmäßige Hingabe an dasselbe. Die einzigen Länder, welche Komponisten ersten Ranges selbst unter dem männlichen Geschlechte hervorgebracht haben, sind Deutschland und Italien, Länder, in welchen die Frauen sowohl hinsichtlich der allgemeinen wie der speziellen Bildung weit hinter Frankreich und England zurückgeblieben sind, indem sie im allgemeinen – es mag dies ohne alle Übertreibung gesagt werden – wenig Erziehung genießen und kaum eine der höheren geistigen Fähigkeiten ausbilden.* In jenen Ländern zählen Männer, welche Generalbaß studiert haben und mit der Kompositionslehre vertraut sind, nach Hunderten oder vielmehr nach Tausenden, während es nur einen so kleinen Kreis solcher Frauen gibt, daß wir auch hier nach der Durchschnittsberechnung nicht erwarten dürfen, mehr als eine bedeutende Frau auf fünfzig bedeutende Männer zu finden, und die letzten drei Jahrhunderte haben weder in Italien noch in Deutschland fünfzig bedeutende Komponisten hervorgebracht.

Außer den bisher angeführten Gründen gibt es nun aber noch andere, die erklären, weshalb die Frauen selbst in den für beide Geschlechter offenen Zweigen der Tätigkeit hinter den Männern zurückgeblieben sind. Zuvörderst haben nur wenig Frauen Zeit dazu. Dies mag paradox klingen, ist aber nichtsdestoweniger ein Faktum. An die Zeit und die

*Bei aller Achtung vor dem Verfasser können wir doch nicht unbemerkt lassen, daß er hier dennoch etwas übertreibt. Für die Erlangung von Fachwissenschaften ist für die Frauen Deutschlands allerdings noch wenig getan, und auch ihre allgemeine Bildung läßt im ganzen noch viel zu wünschen übrig; soviel schlechter als in England ist es aber darum doch nicht bestellt, und Frankreich ist uns darin durchaus nicht überlegen, sondern steht uns mit seiner Kloster-Erziehung weit nach. (Anm. d. Übers.)

Gedanken der Frauen werden für die praktischen Dinge schon früh große Ansprüche gemacht. Da ist erstens die Oberleitung der Familie und des Haushaltes, die in jeder Familie wenigstens *eine* Frau beschäftigt und gewöhnlich die, welche die reifste an Jahren und gesammelter Erfahrung ist, ausgenommen die Familie wäre so reich, daß sie diese Aufgabe einer gemieteten Kraft überlassen und alle daraus unvermeidlich entstehenden Verschwendungen und Unterschleife aushalten könnte. Die Führung des Haushaltes ist aber, selbst wenn in anderer Hinsicht nicht mühsam, doch für die Gedanken einer Frau sehr beschwerlich; dieselbe verlangt unausgesetzte Aufmerksamkeit, ein Auge, dem keine Einzelheit entgeht, und bringt zu jeder Stunde des Tages vorhergesehene und unvorhergesehene Fragen, die erwogen und gelöst werden müssen und welche die dafür verantwortliche Person fast niemals von sich abschütteln kann. Lebt eine Frau in einem Range und in Verhältnissen, welche sie in einem gewissen Maße von diesen Sorgen befreien, so fällt ihr doch wieder die Regelung des Verkehrs ihrer Familie mit andern – die Repräsentation – zu, und je weniger Ansprüche die ersteren Pflichten an sie machen, desto größere Dimensionen wird die letztere annehmen: die Mittags- und Abendgesellschaften, Konzerte, Morgenvisiten, Korrespondenz und was sonst noch dazugehört, und vor allem und über allem dann noch die alles absorbierende Pflicht, welche die Gesellschaft ausschließlich den Frauen auferlegt, nämlich sich reizend zu machen. Eine gescheite Frau aus den höhern Ständen findet beinahe eine hinreichende Anwendung ihrer Talente, indem sie die Anmut des Benehmens und die Künste der Konversation zur Vollendung bringt.
Um nur bei einem äußern Punkte stehenzubleiben: die große und fortgesetzte Aufmerksamkeit, welche Frauen, die Wert darauf legen, sich gut zu kleiden – ich meine nicht kostspielig, sondern mit Geschmack und Berücksichtigung natürlicher und künstlerischer Schicklichkeit –, auf ihre Toilette und vielleicht auch auf die ihrer Töchter verwen-

den müßten, dürfte allein schon hinreichen, wenn sie für Kunst, Literatur oder Wissenschaft aufgewendet würde, achtungswerte Resultate herbeizuführen, während sie jetzt die Zeit und die geistige Kraft, die vielen Frauen sonst dafür zu Gebote stünde, erschöpft.* Wäre es möglich, daß diese unzähligen kleinen praktischen Interessen, die für sie groß gemacht werden, ihnen jemals mehr Kraft und Freiheit des Geistes sowie mehr Muße ließen, sich den Künsten oder Wissenschaften zu widmen, so würden Frauen einen viel größern ursprünglichen Vorrat von ausübendem Talent haben als die große Mehrzahl der Männer. Aber dies ist noch nicht alles. Außer der Erfüllung der einer Frau regelmäßig obliegenden täglichen Sorgen und Pflichten verlangt man auch noch von ihr, daß sie ihre Zeit und geistigen Kräfte stets für jedermann zur Verfügung haben soll. Hat ein Mann selbst keinen Beruf, der ihn vor solchen Anforderungen sicherstellt, so beleidigt er doch niemand, wenn er seine Zeit irgendeiner selbstgewählten Aufgabe widmet; Beschäftigtsein gilt bei ihm immer als eine genügende Entschuldigung für jeden gelegentlich an ihn herantretenden Anspruch. Werden die Beschäftigungen einer Frau, und ganz besonders die selbstgewählten, freiwilligen, jemals als eine Entschuldigung für sie erachtet in allem, was man die geselligen Pflichten nennt? Kaum, daß ihre notwendigen

*Es scheint derselbe richtige Takt, der den Mann befähigt, die *Wahrheit* oder die richtige Idee dessen, was sich gehört, sowohl in den Ornamenten wie in den festeren Prinzipien der Kunst zu finden. Es hat immer dasselbe Zentrum der Vollkommenheit, wenn es auch das Zentrum eines kleineren Zirkels ist. – Dies ist an den Kleidermoden zu illustrieren, in welchen man guten und schlechten Geschmack haben kann. Die einzelnen Teile des Anzuges wechseln beständig von klein zu groß, von kurz zu lang, aber die allgemeine Form bleibt, es ist immer derselbe Hauptanzug, der gewissermaßen feststeht, obschon auf einem sehr schwachen Grunde, und doch ist er es, auf dem die Mode ruhen muß. Derjenige, welcher Anzüge mit dem besten Erfolge und vom besten Geschmack erfinden kann, würde wahrscheinlich, wenn er denselben Scharfsinn auf größere Zwecke verwendete, die höchsten Aufgaben der Kunst mit derselben Geschicklichkeit und demselben richtigen Geschmack ausgeführt haben. *Sir Josuah Reynold's Discourses.*

und als solche anerkannten Pflichten als ein Entschuldigungsgrund angenommen werden. Es bedarf einer Krankheit in der Familie oder sonst etwas Außergewöhnlichen, um sie zu berechtigen, ihrer Arbeit den Vorzug vor dem Vergnügen anderer Leute zu geben. Sie muß immer des Winkes von jemand, gewöhnlich aber von aller Welt, gegenwärtig sein. Hat sie ein Studium oder sonst ein Streben, so muß sie dafür jede sich ihr zufällig bietende, wenn auch noch so kurze Zeit wie im Fluge erhaschen. Eine berühmte Frau bemerkt in einem Werke, das, wie ich hoffe, eines Tages veröffentlich werden wird, sehr richtig: alles, was eine Frau tue, werde zur ungewöhnlichen Zeit getan. Ist es denn nun wunderbar, daß sie es nicht zur höchsten Vollkommenheit in Dingen bringt, welche erfordern, daß wir ihnen die unausgesetzte Aufmerksamkeit zuwenden und in ihnen unsere hauptsächlichsten Lebensinteressen konzentrieren? Dies verlangt die Philosophie, dies verlangt vor allem die Kunst, in welcher außer der Hingabe des Gedankens und Empfindens daran auch die Hand in beständiger Übung erhalten werden muß, um es zur höchsten Geschicklichkeit zu bringen.

Zu allen diesen Betrachtungen tritt nun noch eine andere. Die verschiedenen Künste und intellektuellen Beschäftigungen bringen Geld, um davon zu leben, und wenn sie einen höheren Grad erreicht haben und große Leistungen hervorbringen, so können sie auch den Namen unsterblich machen. Für die Erreichung des ersten Zweckes sind bei allen, die sich irgendeiner Tätigkeit berufsmäßig widmen, die angemessenen Beweggründe vorhanden; der letztere ist aber schwerlich jemals erreicht worden, wo nicht ein glühender Wunsch nach Berühmtheit vorherrscht oder doch wenigstens in einer Periode des Lebens vorgeherrscht hat.

Ebensowenig ist der Trieb, sich langen, mühseligen Arbeiten mit Geduld und Beharrlichkeit zu unterziehen, ein sehr allgemein vorhandener, und doch ist dies, selbst bei der größten natürlichen Begabung, absolut notwendig, wenn man es zu großer Bedeutung in Künsten und Wissenschaften bringen will, in denen die Welt schon die glänzendsten Denkmäler des menschlichen Genius aufzuweisen hat. Die Frauen haben, sei es aus natürlichen oder künstlich erzeugten Ursachen, selten einen heftigen Ruhmdurst. Ihr Ehrgeiz ist gewöhnlich auf engere Grenzen beschränkt. Der Einfluß, nach dem sie streben, erstreckt sich auf ihre unmittelbare Umgebung. Sie wünschen geliebt, bewundert, anerkannt zu werden von denen, die sie mit eigenen Augen sehen, und ihnen genügt meistens das Maß von Kenntnissen und Fertigkeiten, welches ausreicht, ihnen die Erfüllung dieser Wünsche zu bringen. Dieser Zug darf durchaus nicht außer acht gelassen werden, wenn man zu einem annähernd richtigen Urteil über die Frauen, wie sie jetzt sind, gelangen will. Ich glaube keineswegs, daß er ihnen angeboren sei; er ist nur das natürliche Resultat der Verhältnisse, in denen sie leben.

In den Männern wird die Ruhmliebe durch die Erziehung und öffentliche Meinung ermutigt; selbst wenn sie „die Schwäche edler Geister" genannt wird, erklärt man es doch als einen unverkennbaren Zug ihres Wesens, daß sie um ihretwillen „Genuß verschmähen und schwerem Tagewerk leben". Der Ruhm ist ferner für die Männer das sicherste Mittel zur Erlangung aller Dinge, die der Ehrgeiz erstrebt, selbst die Frauengunst miteingeschlossen; kein Wunder also, daß sie ihm eifriger nachjagen als die Frauen, denen alle diese Dinge doch unerreichbar sind und denen die Ruhmliebe immer als unweiblich und für sie unschicklich geschildert wird. Und wie sollten endlich wohl alle Interessen der Frau sich auf etwas anderes konzentrieren können als auf die Eindrücke, die sie auf diejenigen macht, mit denen sie im täglichen Leben in Berührung kommt, da die Gesellschaft bestimmt hat, daß alle ihre Pflichten nur diesen gewidmet sein sollen, und da man alle ihre Freuden und Annehmlichkeiten nur von diesen abhängig gemacht hat?

Der natürliche Wunsch, bei unsern Mitmenschen Geltung zu finden, ist in den Frauen ebenso stark wie in den Männern; die Gesellschaft hat es jedoch so eingerichtet, daß in allen gewöhnlichen Fällen einer Frau öffentlich nur die Geltung zuteil wird, welche die Stellung ihres Gatten oder ihrer männlichen Verwandten ihr verschafft, und daß sie ihre Privatstellung verwirkt, sobald sie persönlich in den Vordergrund oder in einem andern Charakter auftritt, als der Appendix des Mannes zu sein. Wer nur im geringsten befähigt ist, den Einfluß zu würdigen, den die ganze häusliche und soziale Stellung auf den Charakter ausübt, der muß in demselben auch eine vollkommen ausreichende Erklärung finden für beinahe alle anscheinenden Verschiedenheiten zwischen Frauen und Männern, mit Einschluß derer, in denen sich eine geringere Begabung kundgeben soll.

Betrachtet man, getrennt von den intellektuellen Verschiedenheiten, die moralischen Verschiedenheiten der beiden Geschlechter, so fällt der Vergleich gewöhnlich zum Vorteil der Frauen aus. Man erklärt sie für besser als die Männer – ein leeres Kompliment, das jeder Frau von Geist ein bitteres Lächeln entlocken muß, da es kein anderes Verhältnis im Leben gibt, wo es hergebrachte, für recht und naturgemäß gehaltene Ordnung ist, daß diejenigen, welche man für die Besseren erklärt, den Schlechteren gehorchen müssen. Ist dieses müßige Gerede zu irgend etwas gut, so ist es dazu, um als ein Eingeständnis der Männer zu dienen, daß die Gewalt einen entsittlichenden Einfluß hat, denn das ist gewiß die einzige Wahrheit, welche eine solche Tatsache – wenn es überhaupt eine Tatsache ist – beweist oder anschaulich macht. Und es *ist* wahr, daß die Knechtschaft, ausgenommen in den Fällen, wo sie tatsächlich verwildert, obgleich sie einen entsittlichenden Einfluß auf beide Teile ausübt, doch in dieser Hinsicht weniger nachteilig auf die Hörigen als auf die Herren wirkt.

Es ist der sittlichen Natur weniger schädlich, unterdrückt zu werden, und sei dies selbst durch eine Willkürherrschaft, als diese Willkürherrschaft selbst ausüben zu dürfen. Frauen sollen viel seltener den Strafgesetzen anheimfallen, den

Kriminal-Annalen eine viel geringere Anzahl von Verbrechern liefern als Männer. Ich zweifle nicht einen Augenblick, daß sich dasselbe mit ebenso großer Wahrheit auch von den Negersklaven sagen läßt. Wer unter der Herrschaft eines andern steht, kann nicht so leicht Verbrechen begehen, außer auf Geheiß und zum Nutzen seines Herrn. Ich kenne kein eklatanteres Beispiel für die Blindheit, mit welcher die Welt, die studierten Männer mit eingeschlossen, alle Einflüsse der geselligen Verhältnisse auf die Charakterentwicklung ignoriert, als ihre törichte Unterschätzung der intellektuellen und ihr törichter Panegyrikus auf die moralische Natur der Frauen.

Hand in Hand mit der schmeichelhaften Meinung über die moralische Güte der Frau geht die verächtliche Ansicht, welche man über ihre größere Hinneigung zur Parteilichkeit hat. Es heißt, Frauen wären nicht imstande, ihrer persönlichen Vorliebe oder Abneigung zu widerstehen, ihr Urteil in wichtigen Angelegenheiten werde von diesen Nebenrücksichten beeinflußt und gefärbt. Nehmen wir selbst an, dem wäre so, bleibt es doch immer noch zu beweisen, ob Frauen häufiger von ihren persönlichen Gefühlen irregeleitet werden als Männer von ihren persönlichen Interessen.

Der hauptsächlichste Unterschied scheint in diesem Falle darin zu bestehen, daß Männer durch die Rücksicht für ihr persönliches Interesse vom Pfade der Pflicht abgelenkt werden, Frauen dagegen – denen man eigene Privatangelegenheiten zu haben ja nicht gestattet – von der Rücksicht für jemand anders. Ferner darf nicht außer acht gelassen werden, daß die ganze Erziehung, welche die Gesellschaft der Frau angedeihen läßt, in ihr das Gefühl nährt, sie habe keine anderen Pflichten zu erfüllen als gegen die Ihrigen, keine anderen Interessen als eben diese wahrzunehmen. Die Erziehung hält die Frauen fern selbst von den elementarsten Ideen, auf welchen sich intelligente Rücksichten für größere Interessen und höhere moralische Zwecke entwickeln könnten. Man klagt also die Frauen lediglich deshalb an, weil sie die einzige Pflicht, die man sie gelehrt hat, und beinahe die einzige, die man ihnen zu üben gestattet, nur zu gewissenhaft erfüllen.

Die Privilegierten sind selten geneigt, den Nichtprivilegierten irgendein Zugeständnis zu machen aus einem bessern Motive, als weil diese es von ihnen mit Gewalt erzwingen; und so werden auch alle Argumente gegen die Prärogative des männlichen Geschlechtes im allgemeinen nur sehr geringen Anklang finden, solange man sich immer noch bei dem Vorwande beruhigen kann, daß sich die Frauen ja gar nicht darüber beklagen.

Dieser Umstand dient allerdings dazu, den Männern die ungerechten Privilegien noch etwas länger zu erhalten, macht sie aber deshalb nicht weniger ungerecht. Man könnte genau dasselbe von den im Harem eines Orientalen lebenden Frauen sagen: sie beklagen sich auch nicht, daß ihnen die Freiheit der Europäerinnen nicht gestattet ist; sie halten im Gegenteil unsere Frauen für unerträglich keck und unweiblich. Wie selten kommt es doch vor, daß selbst Männer sich über die allgemeine Ordnung der Dinge beklagen; und um wieviel seltener würden diese Klagen sein, wenn sie keine Kenntnisse von anderwärts existierenden andern Einrichtungen hätten. Frauen beklagen sich nicht über das allgemeine Los der Frauen, oder vielmehr sie tun es, denn die Klagelieder darüber kommen in den Schriften der Frauen ziemlich häufig vor und waren noch häufiger, solange man nicht argwöhnen konnte, daß diese Lamentationen möglichweise doch einen praktischen Zweck haben dürften. Die Klagen der Frauen über ihr Los gleichen den Klagen, welche Männer über die allgemeine Unvollkommenheit des Lebens anzustimmen pflegen; sie haben nicht die Absicht, irgendeinen direkten Tadel auszudrücken oder für eine Änderung zu plädieren. Beklagen sich die Frauen aber nicht über die Macht der Männer im allgemeinen, so klagt doch jede über ihren eigenen Mann oder über den Mann ihrer Freundin. Ganz ebenso ist es in allen andern Fällen der Knechtschaft, wenigstens zu Anfang der Bewegung für die Emanzipation. Die Leibeigenen beklagen sich zuerst nicht über die Macht ihrer Herren, sondern nur über deren Tyrannei. Die Nichtadligen begannen, indem sie einige ständische Privilegien für sich beanspruchten, dann forderten sie, daß man sie nicht länger ohne ihre Einwilligung besteuern dürfe, aber sie würden es damals für eine große Anmaßung gehalten haben, auch einen Anteil an der souveränen Gewalt des Königs zu beanspruchen. Der Fall, in welchem sich die Frauen befinden, ist gegenwärtig noch der einzige, in welchem ein Auflehnen gegen einmal bestehende Gesetze mit denselben Augen angesehen wird, wie früher der Anspruch eines Untertanen auf das Recht angesehen wurde, gegen das, was sein König will, Einspruch zu erheben. Eine Frau, die sich irgendeiner Bewegung anschließt, die von ihrem Gatten mißbilligt wird. macht sich zur Märtyrerin, ohne dabei die Möglichkeit zu haben, ein Apostel zu werden, denn ihr Mann kann ihrem Apostelturn einen gesetzlichen Riegel vorschieben. Man kann daher nicht erwarten, daß die Frauen selbst sich der Emanzipation ihres Geschlechtes widmen sollen, ehe nicht eine beträchtliche Anzahl von Männern vorbereitet ist, sich mit ihnen zu dem Unternehmen zu verbinden.

Viertes Kapitel

Es bleibt uns jetzt noch eine Frage, die nicht minder wichtig ist als die bereits erörterten und die von denjenigen Widersachern, deren Überzeugung wir in den Hauptpunkten etwas erschüttert haben, mit um so größerer Dringlichkeit gestellt werden wird: Was haben wir von der für unsere Sitten und Einrichtungen vorgeschlagenen Veränderung Gutes zu erwarten? Würde es besser um die Menschheit stehen, wenn die Frauen frei wären? Und wenn dies nicht der Fall sein sollte, weshalb alsdann die Gemüter beunruhigen und im Namen eines abstrakten Rechtes den Versuch einer sozialen Revolution machen?

Es läßt sich kaum erwarten, daß man diese Frage in bezug auf die vorgeschlagenen Veränderungen hinsichtlich der Ehe aufwerfen werde. Die Unsittlichkeiten, Leiden und Übel aller Art, welche in unzähligen Fällen aus der Unterwerfung der einzelnen Frau unter den einzelnen Mann hervorgehen, sind viel zu schrecklich, um übersehen zu werden. Mögen gedankenlose oder unaufrichtige Personen, welche nur extreme Fälle oder solche, die in die Öffentlichkeit gelangen, zählen, vielleicht sagen, die Übel gehörten zu den Ausnahmen, aber niemand kann blind sein gegen ihre Existenz und gegen ihre Stärke in vielen Fällen. Es liegt aber auf der Hand, daß dem Mißbrauch der Gewalt nicht wirksam gesteuert werden kann, solange man die Gewalt selbst aufrechterhält. Es ist ja eine Gewalt, die nicht vorzugsweise den guten oder den zartfühlenden Männern gegeben oder geboten wird, sondern allen Männern, dem rohesten und dem verbrecherischsten. Die einzige Schranke, welche es hier gibt, ist die öffentliche Meinung; derartige Männer unterliegen aber gewöhnlich nur der Beurteilung solcher Menschen, die mit ihnen auf derselben Stufe stehen. Wenn derartige Männer das einzige menschliche Wesen, das durch das Gesetz gezwungen ist, alles von ihnen zu ertragen, nicht in rohester Weise tyrannisieren sollten, müßte die menschliche Gesellschaft bereits einen paradiesischen Zustand erlangt haben. Wir bedürften nicht länger der Strafgesetze, um die bösen Neigungen und Begierden der Menschen niederzuhalten. Astraea müßte nicht bloß zur Erde zurückgekehrt, sondern das Herz des schlechtesten Menschen müßte ihr Tempel geworden sein. Das Gesetz der Hörigkeit in der Ehe ist ein ungeheuerlicher Widerspruch, ein Hohn gegen alle Prinzipien der modernen Welt wie gegen alle Erfahrungen, durch welche diese Prinzipien langsam und mühsam erworben worden sind. Jetzt, wo die Sklaverei der Neger aufgehoben, ist es der einzige noch existierende Fall, daß ein menschliches Wesen im Vollbesitz seiner geistigen Kräfte der Gnade eines andern Menschen überliefert wird in der Hoffnung, dieser werde die ihm eingeräumte Macht lediglich zum Besten des ihm Unterworfenen anwenden. Die Ehe ist die einzige wirkliche Leibeigenschaft, die unser Gesetz kennt. Es gibt keine Sklaven mehr außer den Herrinnen jedes Hauses.

Nicht von dieser Seite der Angelegenheit dürfen wir daher so leicht die Frage erwarten: *Cui bono?* Man wird uns vielleicht sagen, das Böse werde das Gute überwiegen, aber das Gute selbst wird man ohne Widerrede zugeben. Handelt es sich dagegen um die größere Frage über die Aufhebung der auf den Frauen lastenden Beschränkungen, um ihre Gleichstellung mit den Männern hinsichtlich der bürgerlichen Rechte, um ihre Zulassung zu allen ehrenhaften Beschäftigungen, um eine sie für derartige Beschäftigungen tüchtig machende Erziehung, so werden sich viele Personen finden, denen es nicht genügt, wenn man ihnen sagt, daß diese Ungleichheit durch nichts zu rechtfertigen sei, sondern die auch noch ausdrücklich wissen wollen, welche Vorteile man von der Abschaffung dieser Ungerechtigkeit zu erwarten haben würde.

Der Vorteil, der daraus erwüchse, wäre zuvörderst der, daß die allgemeinste und einflußreichste der Verbindungen der Menschen untereinander fortan durch Gerechtigkeit statt durch Ungerechtigkeit geregelt würde. Es ist kaum möglich, durch irgendeine Erklärung oder Erläuterung den großen Gewinn, welcher der menschlichen Natur daraus erstehen würde, anschaulicher zu machen, als dies bereits durch die einfache Darlegung der Sache für jeden geschehen sein muß, der Worten einen moralischen Sinn beilegt. Alle in der Menschheit vorhandenen selbstischen Neigungen, alle Selbstvergötterung und ungerechte Selbstbevorzugung wurzeln in der gegenwärtigen Verfassung des Verhältnisses zwischen Mann und Frau und ziehen ihre hauptsächlichste Nahrung aus derselben. Man stelle sich vor, was es für einen Knaben sagen will, wenn er in dem Glauben aufwächst, er stehe ohne jedes Verdienst oder jede Anstrengung von seiner Seite, gleichviel ob er der leichtsinnigste und hohlste oder der unwissendste und beschränkteste Mensch auf Gottes Erdboden sei, lediglich durch den Umstand, daß er als Mann geboren ist, dem Rechte nach über jedem Wesen, das einer ganzen Hälfte der Menschheit angehört, und unter denen sich wahrscheinlich eine oder einige finden, deren wirkliche Überlegenheit er täglich und stündlich an sich wahrzunehmen hat.

Welchen Einfluß muß solches Beispiel, solche Lehre auf den Charakter haben? Folgt ein Mann gewohnheitsmäßig in allem seinem Tun der Leitung einer Frau, so ist er entweder ein Narr, und sie denkt, daß sie nicht seinesgleichen ist und nicht seinesgleichen sein kann; und ist er kein Narr, so ist es noch schlimmer – er sieht ein, daß sie ihm überlegen ist, und ist trotzdem gesetzlich ihr Gebieter, kann von ihr Gehorsam verlangen. Kann ein solcher Zustand zur Veredlung der Menschen beitragen? Und Leute aus den gebildeten Klassen wissen oft gar nicht, wie tiefgehend die Wirkung auf eine immense Majorität männlicher Charaktere ist, weil unter gebildeten, feinfühlenden Leuten die Ungleichheit soviel wie möglich unsichtbar gemacht und vor allen Dingen den Kindern verborgen wird. Die Knaben werden zu gleichem Gehorsam gegen ihre Mutter wie gegen ihren Vater angehalten; sie dürfen ihre Schwestern nicht dominieren und sind auch nicht gewohnt, diese ihretwegen zurückgesetzt zu sehen, sondern eher das Gegenteil; kurz, die von dem ritterlichen Gefühl für die Sklaverei gemachte Kompensation ist vorherrschend, und die Sklaverei bleibt im Hintergrund. Wohlerzogene Jünglinge der besseren Stände entgehen daher in ihren Kinderjahren oft den bösen Einflüssen der Situation und lernen sie erst kennen, wenn sie erwachsen der Herrschaft der nackten Wirklichkeit verfallen. Solche Leute lassen sich nicht träumen, wie früh in einem anders erzogenen Knaben das Bewußtsein der angeborenen Überlegenheit über das Mädchen Platz greift, wie es mit ihm wächst und stärker wird, je mehr er an Stärke gewinnt, wie ein Schulknabe es dem andern einimpft, wie früh der heranwachsende Knabe sich seiner Mutter überlegen und ihr vielleicht Schonung, aber keine Achtung schuldig zu sein glaubt, und welches erhabene, sultanartige Gefühl der Überlegenheit der junge Mann endlich vor allen andern Frauen gegen die hat, welcher er die Ehre erweist, sie zur Gefährtin seines Lebens zu machen. Kann man wirklich wähnen, daß alle diese Einwirkungen für das ganze Dasein des Mannes, sowohl als Individuum wie als Mitglied der Gesellschaft, nicht von der höchsten Entscheidung sein müssen? Es ist ganz dasselbe Gefühl wie bei einem König von Gottes Gnaden, er sei durch den Umstand, auf dem Throne geboren zu sein, erhaben über alle andern Menschen, oder wie das Gefühl eines Adeligen, er sei edel, weil er adelig geboren sei. Das Verhältnis zwischen Mann und Frau ist genau dasselbe wie zwischen dem Feudalherrn und dem Vasallen, nur daß der Vasall nicht zu so unbegrenztem Gehorsam verpflichtet war. Mag die Hörigkeit auf den Charakter der Vasallen gut oder böse gewirkt haben: Niemand kann sich der Wahrnehmung verschließen, daß der dadurch auf den Lehnsherrn geübte Einfluß ein überwiegend nachteiliger gewesen ist, mochte er zu der Einsicht gelangen, daß seine Vasallen in Wirklichkeit ihm überlegen waren, oder fühlen, daß er über Leuten, die ebenso gut waren wie er selbst, nicht infolge eigenen Verdienstes

oder eigener Arbeit als Gebieter stand, sondern lediglich weil er, wie Figaro sagt, die Mühe gehabt hatte, geboren zu werden. Die Selbstvergötterung des Monarchen oder des Feudalherrn findet ihresgleichen in der des Mannes.
Wir Menschen können nicht von Kindheit an im Besitze einer unverdienten Auszeichnung aufwachsen, ohne uns damit zu brüsten. Es ist immer nur eine kleine Anzahl Auserlesener, welche Vorrechte, die sie nicht durch ihr eigenes Verdienst erworben haben und die sie als dasselbe übersteigend erkennen, mit dem Gefühl der Demut erfüllen; allen übrigen flößen sie nur Stolz ein, und zwar die schlimmste Art des Stolzes, die es gibt, der sich selbst nach zufälligen und nicht nach selbst errungenen Vorzügen schätzt. Gesellt sich zu dem Gefühle, erhaben über das ganze andere Geschlecht zu sein, die persönliche Autorität über ein Individuum desselben, wie dies in der Ehe der Fall ist, so wird die Situation, wenn sie für Männer, in deren Charakter Gewissenhaftigkeit und Liebe die stärksten Seiten sind, eine Schule der Gewissenhaftigkeit und der liebevollsten Schonung. Für Männer anderer Art bildet sie eine regulär eingerichtete Akademie oder ein Gymnasium der Arroganz und Herrschsucht, welche Eigenschaften, falls sie durch die Gewißheit des Widerstandes im Verkehr mit andern Männern, die ihresgleichen sind, auch niedergehalten werden, doch gegen alle hervorbrechen, die sich in einer Stellung befinden, in der sie gezwungen sind, sie zu dulden. Solche Männer werden sich für den unfreiwilligen Zwang, den sie sich anderwärtig auflegen mußten, an dem unglücklichen Weibe rächen.
Indem man eine den ersten Prinzipien menschlicher Gerechtigkeit widersprechende Verbindung der ganzen Existenz der Familie zugrunde legte, gab man ein Beispiel, bildete man Gesinnungen aus, die der innersten Natur der Menschen nach in einer so ausgedehnten Weise verderblich wirken mußten, daß wir nach unseren jetzigen Erfahrungen uns kaum eine Veränderung vorstellen könnten, die gleichzeitig auch eine soviel größere Verbesserung sein

würde als die Abschaffung dieser Einrichtung. Alles, was Erziehung und Zivilisation getan haben und noch tun, um den Einfluß zu verwischen, welchen die Herrschaft des Gesetzes der Gewalt auf den menschlichen Charakter gehabt hat, und an seine Stelle den Einfluß der Gerechtigkeit zu setzen, wird nur auf der Oberfläche bleiben, solange man den Feind nicht in seiner Verschanzung angreift. Das Prinzip der politischen und moralischen Umgestaltung der Neuzeit ist, daß einzig und allein das Verhalten des Menschen den Grad der Achtung bestimmt, die ihm gebührt; daß nicht, was er ist, sondern was er tut, für die ihm zu zollende Würdigung maßgebend ist, und daß vor allen Dingen das Verdienst und nicht die Geburt den einzigen rechtmäßigen Anspruch auf Macht und Ansehen gibt. Würde keinem menschlichen Wesen über das andere eine Autorität eingeräumt, die nicht ihrer Natur nach temporär ist, so wäre die Gesellschaft nicht beständig am Werke, mit der einen Hand Neigungen zu pflanzen, die sie mit der andern ausrotten muß. Das Kind würde zum ersten Male, solange die Menschheit besteht, durch die Erziehung auf den Weg gewiesen, den es gehen soll, und es wäre die Hoffnung vorhanden, daß es als Mann nicht davon abweichen werde. Solange jedoch das Recht des Starken, über den Schwächern zu herrschen, noch im Herzen der Gesellschaft in vollster Kraft aufrechterhalten wird, bleibt jeder Versuch, das gleiche Recht des Schwächern zum Prinzip ihrer äußern Handlungen zu machen, immer eine Sisyphusarbeit; denn das Gesetz der Gerechtigkeit, das zugleich das des Christentums ist, kann die innersten Gesinnungen der Menschen nicht durchdringen, und sie werden gegen dasselbe arbeiten, selbst wenn sie sich ihm beugen.

Ein anderer großer Vorteil, der zu erwarten stünde, wenn den Frauen der freie Gebrauch ihrer Fähigkeiten gewährt würde, indem man ihnen die ungehinderte Wahl ihres Berufes überließe und ihnen dasselbe Feld der Tätigkeit und dieselben Preise und Ermutigungen wie den Männern öffnete, würde die Verdopplung der dem Dienst der Menschheit zu Gebote stehenden Summe der Intelligenz sein. Wo jetzt eine Person imstande ist, der Menschheit zu nützen und ihre allgemeine Entwicklung als öffentlicher Lehrer oder als Vorsteher und Leiter irgendeines Zweiges der öffentlichen oder sozialen Angelegenheiten zu fördern, würde künftig die Chance vorhanden sein, deren zwei zu haben. Geistige Bedeutendheit ist gegenwärtig in allen Zweigen so sehr unter dem Bedarf vorhanden, daß der Verlust, welcher der Welt zugefügt wird, indem man sich weigert, die eine Hälfte der Talente, die sie besitzt, nutzbar machen zu lassen, sehr schwer ins Gewicht fällt. Geben wir zu, daß diese Summe geistiger Kraft nicht ganz und gar verlorengeht. Ein großer Teile davon findet in der häuslichen Tätigkeit und in den wenigen andern den Frauen offenstehenden Beschäftigungen Anwendung und wird darin stets Anwendung finden, und ein anderer stiftet indirekt Gutes durch den persönlichen Einfluß, den in vielen einzelnen Fällen bestimmte Frauen auf bestimmte Männer ausüben. Diese letzteren Vorteile sind jedoch immer nur sehr teilweise, ihre Ausdehnung ist äußerst begrenzt, und wenn man sie auch von der einen Seite von der Summe der frischen Kraft, welche der Gesellschaft durch das Freigeben der einen Hälfte menschlicher Intelligenz zuströmen würde, in Abzug zu bringen hat, so muß man doch auf der andern Seite hinzurechnen, welcher große Vorteil aus dem Sporn erwüchse, den die Männer durch die Mitbewerbung der Frauen erhielten, oder bezeichnender ausgedrückt: durch die Notwendigkeit, den Vorrang vor diesen zu *verdienen.*

Dieser große Zuwachs zur intellektuellen Kraft des Menschengeschlechtes und zu der Summe der für die gute Führung ihrer Angelegenheiten verfügbaren Geschicklichkeit wäre teilweise zu erreichen durch die bessere und vollkommnere geistige Erziehung des weiblichen Geschlechtes, welches alsdann mit der geistigen Entwicklung des männlichen Geschlechts gleichen Schritt halten würde. Die Frauen würden im allgemeinen erzogen werden zu der gleichen Fähigkeit und dem gleichen Verständnis wie die

Männer aus derselben Gesellschaftsklasse: für Geschäfte, öffentliche Angelegenheiten und höhere wissenschaftliche Studien, hingegen die kleinere Zahl Auserwählter des einen wie des andern Geschlechtes, die nicht nur geschickt wären, die Gedanken anderer zu verstehen, sondern selbst zu denken oder selbst etwas Tüchtiges zu tun, würde, gleichviel ob Mann oder Frau, es in gleicher Weise leicht finden, ihre Talente auszubilden und zu vervollkommnen. Die Erweiterung der Sphäre weiblicher Tätigkeit wirkte in dieser Weise dadurch Gutes, daß sie die Erziehung der Frauen zu dem Niveau derjenigen erhöbe, welche den Männern zuteil wird, und es jenen möglich machte, an allen Fortschritten dieser zu partizipieren. Unabhängig davon würde aber das Niederreißen der Schranken an und für sich schon eine erziehliche Wirkung vom höchsten Werte haben. Schon das bloße Abschütteln der Idee, daß alle größeren Ziele des Denkens und Handelns, alle Dinge, welche der Gemeinsamkeit angehören und nicht lediglich Privatinteressen sind, nur die Männer angehen und daß man Frauen davon zurückzuhalten habe – indem man ihnen die meisten verbietet und sie in den wenigen, die man ihnen erlaubt, kalt und vornehm duldet –, schon das Bewußtsein, das die Frau erfüllen würde, ein Mensch gleich allen Menschen zu sein; die Berechtigung zu haben, sich ihre Lebenszwecke selbst zu wählen; durch dieselben Beweggründe wie jeder andere getrieben und veranlaßt zu sein, sich für das zu interessieren, was menschliche Wesen interessiert; das Recht zu besitzen, denjenigen Teil des Einflusses auf alle die Menschheit betreffenden Angelegenheiten, welche im Bereiche der individuellen Meinung liegen, auszuüben, mag sie nun tätigen Anteil daran nehmen oder nicht – dies allein würde schon die geistigen Anlagen der Frauen in ganz immenser Weise erweitern und einen nicht minder wichtigen Einfluß auf den Standpunkt ihrer moralischen Gesinnungen und Gefühle ausüben.

Außer der bedeutenden Vermehrung des für die Besorgung und Wahrnehmung der Angelegenheiten der Menschheit zur Verfügung stehenden individuellen Talentes, von dem gegenwärtig ganz gewiß nicht ein solcher Vorrat vorhanden ist, daß man die eine Hälfte dessen, was die Natur davon bietet, ungenützt beiseite liegen lassen dürfte, würde auch die Meinung der Frauen alsdann einen viel mehr segensreicheren als größeren Einfluß auf die Hauptsumme des menschlichen Glaubens und der menschlichen Empfindungen ausüben. Ich sage einen viel mehr segensreichern als größern Einfluß, denn der Einfluß der Frauen auf die allgemeinen Ansichten ist immer, oder doch wenigstens seit der frühesten Periode, ein sehr beträchtlicher gewesen. Der Einfluß der Mütter auf die erste Charakterbildung der Söhne und der Wunsch der jungen Leute, sich jungen Frauen gut zu empfehlen, sind in allen Zeiten sehr wichtige Faktoren für diese Charakterbildung gewesen und haben wichtige Momente im Fortschritt der Zivilisation bestimmt. Selbst im Zeitalter Homers wird *αἰδώς* vor den *τρωάδας ελκεσιπεπλους* als ein mächtiges Motiv der Handlungsweise des großen Hektor anerkannt. Der moralische Einfluß der Frauen ist in zwiefacher Weise zur Erscheinung gekommen. Zuvörderst war er besänftigend. Diejenigen, welche am meisten der Gefahr ausgesetzt waren, Opfer der Gewalt zu werden, mußten ganz natürlich bestrebt sein, alles, was in ihrer Macht stand, zu tun, deren Sphäre zu begrenzen und ihre Exzesse zu mildern. Diejenigen, welche in der Kunst des Fechtens nicht erfahren waren, mußten ganz natürlich geneigt sein, jeder andern Art, Streitigkeiten zum Austrag zu bringen, den Vorzug zu geben. Im allgemeinen sind immer diejenigen, welche am meisten von dem rücksichtslosen Gebaren selbstsüchtiger Leidenschaften gelitten haben, auch die eifrigsten Anhänger jedes Moralgesetzes gewesen, das Mittel bot, dieser Leidenschaft Zügel anzulegen. Frauen waren mächtige Werkzeuge für die Bekehrung der nordischen Eroberer zum Christentume, einem Glauben, der den Frauen soviel günstiger war als alle früheren. Man darf die Bekehrung der Angelsachsen und Franken als seit der Zeit der

Gemahlinnen Ethelberts und Chlodwigs beginnend bezeichnen. Die zweite Art, in welcher der Einfluß der weiblichen Ansichten sich bemerklich gemacht, besteht darin, daß sie den Männern ein mächtiger Sporn gewesen ist für die Entwicklung derjenigen Eigenschaften, die in den Frauen selbst nicht ausgebildet wurden und die bei ihren Beschützern zu finden deshalb notwendig für sie war. Mut und kriegerische Tugenden sind zu allen Zeiten zum großen Teil aus dem Wunsche der Römer hervorgegangen, die Bewunderung der Frauen zu erregen, und dieser Sporn wirkt noch weit über diese eine Klasse hervorragender Eigenschaften hinaus, da, wie dies sich aus ihrer Stellung auch ganz natürlich erklären läßt, der beste Freipaß für die Bewunderung und Gunst der Frauen für den einzelnen Mann immer das Ansehen war, in dem er bei den andern Männern stand. Aus der Verschmelzung dieser beiden Arten des durch die Frauen geübten moralischen Einflusses entstand der Geist der Ritterlichkeit. Die Eigentümlichkeit desselben lag darin, daß er bestrebt war, das höchste Maß kriegerischer Eigenschaften mit der Pflege einer gänzlich verschiedenen Klasse von Tugenden zu vereinen – den Tugenden der Sanftheit, Großmut und Selbstverleugnung gegenüber den wehrlosen Klassen im allgemeinen und einer noch ganz besonderen Unterwürfigkeit und Anbetung gegenüber den Frauen, welche von den andern wehrlosen Klassen sich dadurch unterschieden, daß es in ihrer Macht stand, denjenigen freiwillig den höchsten Lohn zu gewähren, die geduldig um ihre Gunst warben, statt ihre Unterwerfung gewalttätig zu erzwingen. Obgleich die Ritterlichkeit in der Ausübung hinter der Theorie derselben noch weit trauriger zurückblieb, als dies schon im allgemeinen zwischen Praxis und Theorie der Fall zu sein pflegt, bleibt sie doch eins der köstlichsten Denkmäler der Sittengeschichte der Menschheit, denn sie ist ein merkwürdiges Beispiel eines von einer im höchsten Grade desorganisierten und zerfahrenen Gesellschaft gemachten übereinstimmenden und organisierten Versuchs, eine ihren sozialen Verhältnissen und Einrichtungen zum größten Vorteil gereichende moralische Idee in Umlauf zu bringen und in die Praxis überzuführen. Die Erscheinung ist um so bemerkenswerter, als sie, obgleich völlig fruchtlos in ihrem Hauptzweck, doch nichtsdestoweniger keineswegs ganz unwirksam gewesen ist, vielmehr einen sehr fühlbaren und zum größten Teile höchst wertvollen Eindruck auf die Ideen und Gefühle aller folgenden Zeiten hinterlassen hat.

Die Ritterlichkeit in ihrer idealen Gestalt ist der höchste Gipfel des Einflusses der weiblichen Empfindungen auf die moralische Veredlung des Menschengeschlechtes, und müßten die Frauen wirklich in ihrer hörigen Stellung verharren, so wäre es sehr zu beklagen, daß uns die Gesetze der Ritterlichkeit verlorengegangen sein sollten, denn sie allein wären imstande, den demoralisierenden Einfluß jener Stellung zu mildern. Die in der allgemeinen Lage der Menschheit vorgegangenen großen Veränderungen machen es jedoch unvermeidlich, ein total anderes Ideal der Sittlichkeit an die Stelle des ritterlichen Ideals zu setzen. Die Ritterlichkeit war der Versuch, moralische Elemente in einen Zustand der Gesellschaft einfließen zu lassen, wo alles, Gutes wie Böses, abhängig war von persönlicher Tapferkeit unter dem sänftigenden Einfluß individuellen Zartgefühls und persönlicher Großmut. In der modernen Gesellschaft werden alle Dinge, selbst diejenigen, welche dem Departement der militärischen Angelegenheiten angehören, nicht durch persönliche Anstrengungen, sondern durch die vereinten Operationen größerer Massen entschieden, während die Hauptbeschäftigung der Gesellschaft jetzt nicht mehr im Fechten und Kämpfen, sondern in Handel und Industrie besteht. Die Anforderungen des modernen Lebens schließen die Tugenden der Großmut so wenig aus wie die des alten, aber es beruht nicht mehr gänzlich darauf. Die hauptsächlichste Begründung des moralischen Lebens der Neuzeit muß Gerechtigkeit und Klugheit sein; die Achtung eines jeden vor den Rechten jedes andern und die Geschicklichkeit eines jeden, für sich selbst sorgen zu können. Die Ritterlichkeit tat keiner von allen Formen des Unrechts, welche die Gesellschaft durchaus ungestraft beherrschten, gesetzlichen Einhalt, sondern ermutigte nur durch die Mittel, welche sie zum Ausdruck des Preises und der Bewunderung wählte, einem lieber Recht als Unrecht zu tun. Das Gesetz der Sittlichkeit muß sich jedoch in Wahrheit immer auf seine Strafverordnungen stützen, auf die Macht, die es besitzt, vom Bösen zurückzuschrecken. Die Sicherheit der Gesellschaft kann nicht darauf beruhen, daß man lediglich die Ehre zum Gesetz macht, denn sie ist ein verhältnismäßig nur in wenigen starkes Motiv und übt auf manche durchaus gar keine Wirkung aus. Die moderne Gesellschaft ist imstande, in allen ihren Schichten und Verhältnissen das Böse zu unterdrücken durch eine zweckmäßige Anwendung der höhern Kraft, die ihr die Zivilisation verliehen hat, und auf diese Weise die Existenz der schwächeren Mitglieder der Gesellschaft, die nun nicht länger wehrlos sind, sondern unter dem Schutze des Gesetzes stehen, erträglich zu machen, ohne sich auf die ritterlichen Gefühle derer verlassen zu müssen, welche vermöge ihrer Stellung tyrannisieren könnten. Dem ritterlichen Charakter bleibt seine ganze Schönheit und Erhabenheit, aber das Recht der Schwachen und das allgemeine Behagen des menschlichen Lebens beruht jetzt auf einem viel sichereren und zuverlässigeren Halt, oder besser, es beruht darauf in jedem Lebensverhältnis mit Ausnahme des ehelichen.

Der moralische Einfluß der Frauen ist gegenwärtig in nicht geringerem Maße vorhanden, er ist jedoch nicht mehr von einem so ausgeprägten und entschiedenen Charakter, sondern verliert sich mehr in den allgemeinen Einfluß der öffentlichen Meinung. Die Gefühle der Frauen tragen sowohl durch die Sympathie, welche sie einflößen, wie durch den Wunsch der Männer, in den Augen der Frauen zu glänzen, sehr viel dazu bei, am Leben zu erhalten, was noch vom ritterlichen Ideal übriggeblieben ist, indem sie die schönen Empfindungen pflegen und die Traditionen der Tapferkeit und Großmut beibehalten. Nach diesen Seiten des Charakters ist ihr Standpunkt höher als der der Männer, in der Tugend der Gerechtigkeit ist er jedoch etwas niedriger. Hinsichtlich der Beziehungen des täglichen Lebens darf man wohl sagen, der Einfluß der Frauen sei im ganzen für die sanfteren Tugenden ermutigend, für die strengeren entmutigend, obgleich diese Schilderung nur mit allen von dem individuellen Charakter abhängigen Modifikationen angewendet werden darf. In den meisten der größeren Prüfungen, welchen die Tugend in den Vorkommnissen des menschlichen Lebens ausgesetzt wird – den Konflikten zwischen Vorteil und Grundsatz –, ist die Richtung des weiblichen Einflusses von sehr gemischtem Charakter. Ist das in Frage kommende Prinzip zufällig eins der sehr wenigen, welche ihnen durch ihre religiöse oder moralische Erziehung sehr tief eingeimpft sind, so sind sie sehr mächtige Verbündete der Tugend, und ihre Gatten und Söhne werden oft von ihnen zu Handlungen der Selbtverleugnung veranlaßt, deren sie ohne diesen Sporn niemals fähig gewesen wären.

Bei der gegenwärtigen Erziehung und Stellung der Frauen bedecken die ihnen eingeflößten moralischen Prinzipien verhältnismäßig nur einen sehr kleinen Streifen des Feldes der Tugend und sind überdies grundsätzlich negativ, indem sie wohl einzelne Handlungen verbieten, aber sich um die allgemeine Richtung der Gedanken und Zwecke wenig kümmern. Ich fürchte, es muß gesagt werden, daß Uneigennützigkeit im allgemeinen Lebensverkehr – die Verfolgung von Zwecken, welche keine Privatvorteile für die Familie versprechen – sehr selten durch den Einfluß der Frauen ermutigt und unterstützt wird. Der Tadel trifft sie jedoch nicht schwer, daß sie Zwecke nicht ermutigen, von denen den Vorteil einzusehen man sie nicht gelehrt hat und welche ihre Gatten ihnen und dem Interesse der Familie entziehen; aber die Konsequenz bleibt deshalb dieselbe: der Einfluß der Frauen ist den Tugenden des öffentlichen Lebens nicht günstig.

Seit die Sphäre ihrer Tätigkeit ein wenig erweitert ist und eine beträchtliche Anzahl von Frauen sich praktisch mit der Erreichung von Zielen beschäftigen, die außerhalb ihrer eigenen Familie und ihres Haushaltes liegen, haben die Frauen um so mehr einen gewissen Anteil an der öffentlichen Meinung. Ihr Einfluß fällt ins Gewicht bei zwei der hervorstechendsten Züge des modernen Lebens in Europa – der Abneigung gegen den Krieg und dem Hange zur Philanthropie. Es sind dies beides gewiß ganz vortreffliche Kennzeichen, aber unglücklicherweise ist der Einfluß der Frauen, wenn auch für die Ermutigung, welche er diesen Gefühlen im allgemeinen gibt, sehr wertvoll, für ihre besondere Anwendung wie für die Richtung, die er ihnen gibt, wenigstens ebenso oft schädlich wie nützlich. Im philanthropischen Bereich sind hauptsächlich die beiden Abteilungen religiöse Proselytenmacherei und Wohltätigkeit von den Frauen kultiviert. Die innere Mission ist aber nur ein anderes Wort für Verschärfung religiöser Animositäten, und die äußere Mission ist gewöhnlich ein blindes Jagen nach einem Ziel, ohne die verhängnisvollen Nachteile zu kennen oder zu beachten – verhängnisvoll sowohl für diesen als für alle andern wünschenswerten Zwecke –, welche durch die angewandten Mittel entstehen können. Bei der Ausübung der Wohltätigkeit wiederum können die dadurch hervorgebrachte augenblickliche Wirkung auf die dabei direkt beteiligten Personen und die sich daraus ergebenden endlichen Folgen für das allgemeine Gute im vollständigen Widerstreit zueinander stehen. Die Erziehung nämlich, die unsere Frauen erhalten – eine Erziehung viel mehr des Gefühls als des Verstandes –, und die ihnen durch ihr ganzes Leben eingeimpfte Gewohnheit, nur auf die augenblicklichen Wirkungen für die Personen und nicht auf die fernerliegenden Wirkungen auf Klassen und Personen zu sehen, macht sie unfähig zu erkennen und abgeneigt zuzugeben, daß irgendeine Form philanthropischer Wohltätigkeit, welche ihrem teilnehmenden Gefühl zusagt, schädliche Resultate haben könne.

Die große und fortwährend steigende Menge unwissender

und kurzsichtiger Wohltätigkeit, welche die Sorge für den Unterhalt den Leuten aus den Händen nimmt und sie von den unangenehmen Folgen ihrer eigenen Handlung befreit, untergräbt recht eigentlich die Grundfesten der Selbstachtung, der Selbsthilfe, der Selbstbeherrschung, also der Hauptbedingungen des individuellen Wohlstandes und der gesellschaftlichen Tugend. Diese Vergeudung der Hilfsquellen und der wohlwollenden Gefühle, die Böses stiftet, wo sie Gutes tun will, wird unendlich durch die Beiträge der Frauen vermehrt und durch ihren Einfluß immer mehr angeregt. Wo Frauen wirklich die praktische Leitung bestimmter Aufgaben der Wohltätigkeit in der Hand haben, werden sie solche Mißgriffe allerdings nicht so leicht begehen. Es kommt zuweilen vor, daß Frauen, welche öffentliche Wohltätigkeitsanstalten verwalten, vermöge der ihnen eigentümlichen Einsicht in vorhandene Dinge und besonders durch jenes Eindringen in das Gemüt und Gefühl der Personen, mit denen sie in unmittelbare Berührung kommen, worin Frauen Männer so weit übertreffen, in der klarsten Weise den demoralisierenden Einfluß der gegebenen Almosen oder der geleisteten Hilfe erkennen und manchen Nationalökonomen über dieses Thema belehren könnten. Wie aber sollte man von Frauen, die nur ihr Geld geben und nicht Angesicht zu Angesicht mit den dadurch erzielten Wirkungen gebracht werden, erwarten, daß sie dieselben vorhersehen könnten? Wie sollte eine zum gegenwärtigen Lose der Frauen geborne und mit demselben zufriedene Frau den Wert der Selbständigkeit schätzen können? Sie ist nicht selbständig; sie hat die Selbständigkeit nicht kennengelernt; ihre Bestimmung ist, alles von andern zu empfangen, und weshalb sollte, was gut genug für sie ist, von Übel für den Armen sein? Der ihr geläufige Begriff von „Gutes empfangen“ bezieht sich auf die Geschnke und Gaben von einem Höhergestellten. Sie vergißt, daß sie unfrei, daß der Arme aber frei ist, daß sie nicht gezwungen werden kann, das zu erwerben, was ihr, ohne daß sie es erworben hat, gegeben wird; daß nicht für jeden von jedem gesorgt werden kann, sondern daß es Motive geben muß, Leute zu veranlassen, für sich selbst zu sorgen, und daß die einzige Wohltätigkeit, die sich bis ans Ende als Wohltätigkeit erweist, die ist, durch welche den Leuten, sofern sie physisch dazu imstande sind, geholfen wird, sich selbst zu helfen.

Diese Erwägungen zeigen, wie nützlich der Anteil, welchen die Frauen an der Bildung der öffentlichen Meinung nehmen, zum Bessern verändert werden würde durch jene erweiterte Kenntnis der Dinge und praktischen Verkehr mit denselben, auf welche ihre Meinung influiert, die notwendigerweise die Folge ihrer politischen und sozialen Emanzipation sein würde. Aber die Verbesserungen, welchen dieselbe durch den Einfluß, den sie, jede in ihrer eigenen Familie, ausüben, hervorbringen würde, dürfte immer noch bemerkbarer sein.

Es wird oft behauptet, daß in den Klassen, welche der Versuchung am meisten ausgesetzt sind, der Mann häufig durch seine Frau und Kinder auf dem Pfade der Redlichkeit und Ehrbarkeit erhalten wird, teils durch den direkten Einfluß, den die Frau auf ihn ausübt, teils durch die Rücksicht für ihre und der Kinder Zukunft. Dies mag wahr sein und verhält sich ohne Zweifel oft so bei solchen, die mehr schwach als verdorben sind, und dieser segensreiche Einfluß würde durch die gleichen Gesetze für beide bewahrt und noch verstärkt werden; er ist nicht abhängig von der Dienstbarkeit der Frau, sondern wird im Gegenteil vermindert durch die Nichtachtung, welche die Männer der niedern Klassen in ihrem Herzen immer gegen diejenigen fühlen, die ihrer Gewalt unterworfen sind. Steigen wir jedoch die Stufenleiter der menschlichen Gesellschaft höher hinauf, so gelangen wir zu einer gänzlich verschiedenen Gattung bewegender Kräfte. Der Einfluß der Frau dient, so weit er reicht, dazu, den Mann davor zu bewahren, daß er nicht unter das Niveau der gewöhnlichen Achtung seines Standes hinabsinkt, er dient aber in ebenso hohem Maße dazu, ihn zu hindern, daß er nicht darüber hinaufsteige. Die Frau ist der Beistand der gewöhnlichen öffentlichen Meinung. Ein Mann, dessen Frau an Bildung tief unter ihm steht, hat an ihr beständig einen Ballast oder, schlimmer noch, einen Hemmschuh bei jeder Regung, die er fühlt, besser zu sein, als die öffentliche Meinung von ihm verlangt.

Für jemand, der in solchen Banden schmachtet, ist es beinahe unmöglich, es zu erhabenerer Tugend zu bringen. Weicht ein Mann in seinen Ansichten von der großen Menge ab – sieht er Wahrheiten, die dieser noch nicht aufgedämmert sind, oder fühlt er in seinem Herzen Wahrheiten, die andere nur mit den Lippen bekennen, während er in gewissenhafterer Weise als die Mehrzahl der Menschen danach handeln will –, so ist für alle solche Gedanken und Wünsche die Ehe das schwerste, unübersteiglichste Hindernis, es sei denn, er habe das seltene Glück, eine Frau zu besitzen, die ebenso hoch wie er selbst über der gewöhnlichen Menge steht.

Denn erstens bedingt ein derartiges Handeln immer Opfer des persönlichen Vorteiles, betreffe dies nun das gesellschaftliche Ansehen oder die pekunikären Mittel, zuweilen kann auch die ganze Existenz auf dem Spiele stehen. Ein Mann mag für seine Person bereit sein, diese Opfer und Gefahren auf sich zu nehmen, aber er wird doch zögern, ehe er sie seiner Familie auferlegt. Und seine Familie bedeutet in diesem Falle soviel wie seine Frau und Töchter, denn von seinen Söhnen hofft er immer, daß sie fühlen werden, wie er fühlt, und daß sie, was er entbehren kann, in gleichem Falle ebenso willig werden zu entbehren wissen. Aber seine Töchter – ihre Heirat hängt vielleicht davon ab – und seine Frau, die nicht imstande ist, die Ziele zu begreifen und zu verstehen, für die diese Opfer gebracht werden sollen – die, wenn sie dächte, daß sie irgendein Opfer wert wären, dies nur in gutem Glauben und um seinetwillen täte –, die keinen Teil hat an dem Enthusiasmus und der Selbstbefriedigung, welche vielleicht seinen Busen schwellt, während die Dinge, die er zu opfern geneigt ist, alles in allem für sie sind! Wird da nicht der beste, der selbstloseste

Mann lange Anstand nehmen, ehe er derartige Konsequenzen über sie bringt? Und steht selbst nicht der Lebensunterhalt und der Komfort des Lebens, sondern nur die gesellschaftliche Geltung auf dem Spiel, so ist die Last für sein Gewissen und Gefühl doch immer noch eine sehr schwere. Wer Frau und Kinder hat, der hat auch Dame „Man sagt" bei sich aufgenommen. Mag er auch ihren Einflüsterungen kein Gehör geben, für seine Frau haben sie eine um so größere Wichtigkeit. Der Mann selbst mag über der öffentlichen Meinung stehen oder hinreichende Entschädigung in der Meinung, die Gleichgesinnte über ihn haben, finden; aber den zu ihm gehörigen Frauen kann er keine Entschädigung bieten.

Der sich beinahe immer gleichbleibende Hang der Frau, ihren Einfluß mit dem gesellschaftlichen Ansehen in eine Waagschale zu werfen, ist den Frauen zuweilen zum Vorwurf gemacht, selbst als ein besonderer Zug von Schwäche und kindischer Unreife in ihrem Charakter hingestellt worden, und ganz gewiß mit großem Unrecht. Die Gesellschaft macht das ganze Leben der Frauen in den bessern Klassen zu einem fortgesetzten Opfer, sie verlangt von ihnen eine unnachläßliche Unterdrückung ihrer natürlichen Neigungen, und der einzige Ersatz, den sie ihnen für das, was oft den Namen Märtyrertum verdient, gewährt, ist Ansehen. Das Ansehen der Frau aber ist untrennbar mit dem ihres Mannes verbunden, und sie fühlt, daß sie, nachdem sie den vollen Preis dafür gezahlt, es für eine Sache verliert, für die sie keine Sympathien haben kann. Sie hat dem gesellschaftlichen Ansehen ihr ganzes Leben zum Opfer gebracht, und ihr Mann will dafür nicht eine Laune, ein Hirngespinst, eine Exzentrizität opfern, etwas, das von der Welt weder anerkannt noch gestattet wird und worin die Welt mit ihr übereinstimmen wird, es für eine Torheit, wo nicht für etwas Schlimmeres zu halten. Dies Dilemma ist am schwersten für jene sehr verdienstliche Klasse von Männern, die, ohne die Talente zu besitzen, welche sie befähigen, unter ihren Meinungsgenossen eine hervorragende Stellung einzunehmen, aus Überzeugung zu ihrer Meinung halten und sich durch Ehre und Gewissen gebunden fühlen, ihr zu dienen dadurch, daß sie ihren Glauben bekennen und mit ihrer Zeit, ihrer Arbeit und ihren Mitteln alles unterstützen, was zu seiner Ausbreitung unternommen wird. Der schlimmste Fall ist der, wenn solche Männer sich in einer Stellung befinden, die an und für sich ihnen weder Zutritt zu der sogenannten besten Gesellschaft gibt, noch sie davon ausschließt, sondern ihre Aufnahme lediglich von der Meinung abhängig ist, die man über sie persönlich hat, daß dagegen Geburt, Lebensgewohnheiten sowie der Umstand, daß sie sich zu einer Meinung bekennen oder einer Partei angehören, die bei denen Anstoß erregt, welche den Ton in der Gesellschaft angeben, sie aus dieser ohne Ausnahme effektiv ausschließen würde. Viele Frauen schmeicheln sich, in neun Fällen von zehn ganz irrtümlich, es würde sie und ihren Gatten nichts hindern, sich in der besten Gesellschaft ihrer Stadt oder ihrer Umgebung zu bewegen, zu der andere Leute ihrer Bekanntschaft, die ja derselben Lebensstellung wie sie angehören, freien Zutritt haben, wenn nur ihr Mann nicht unglücklicherweise ein Dissenter wäre oder in dem Rufe stünde, der radikalsten politischen Partei anzugehören. Das allein ist es, denkt sie, was Georg verhindert, ein Offizierspatent oder eine Stelle zu bekommen, einer guten Heirat für Caroline im Wege steht und ihren Mann und sie um Einladungen, vielleicht gar um Ehren bringt, zu denen sie, nach allem, was sie sieht, ebensogut berechtigt sind wie andere Leute. Ist es mit einem solchen Einflusse in jedem Hause, der entweder offen angewendet oder verdeckt und dadurch nur um so mächtiger in Bewegung gesetzt wird, ein Wunder, daß die Leute im allgemeinen in jener mittelmäßigen Respektabilität niedergehalten werden, die ein so ausgeprägtes Kennzeichen der Neuzeit geworden ist?

Es gibt noch eine andere sehr bedenkliche Seite der Wirkungen, welche durch die ungenügende Bildung der Frauen hervorgebracht wird, und zwar ebenfalls nicht direkt, sondern durch den Unterschied, der dadurch zwischen der Erziehung und dem Charakter eines Mannes und einer Frau geschaffen wird. Das Ideal der Ehe ist innige Übereinstimmung in Gedanken und Neigungen; was könnte aber einer solchen ungünstiger sein als diese Verschiedenheit des Bildungsgrades? Das Ungleichartige mag anziehen, aber nur das Gleichartige vermag festzuhalten, und von dem Verhältnis ihrer Gleichartigkeit hängt es ab, in welchem Grade Menschen einander ein glückliches Leben zu bereiten vermögen. Solange die Frauen den Männern so ungleich sind, ist es gar nicht wunderbar, daß selbstsüchtige Männer die Notwendigkeit fühlen, die unumschränkte Herrschaft in Händen zu haben, um dadurch imstande zu sein, die lebenslangen Konflikte der Neigungen *in limine* aufzuhalten, indem sie dieselben in der ihnen genehmen Weise scheiden. Bei gänzlich verschiedenen Leuten kann es auch keine wirkliche Übereinstimmung der Interessen geben. Sehr oft findet bei Eheleuten gerade über die höchsten Pflichten, über Gewissenssachen, eine tiefgehende Meinungsverschiedenheit statt. Ist, wo dies der Fall ist, wirklich eine Übereinstimmung in der Ehe denkbar? Und doch kommt es nicht selten vor, und gerade da, wo die Frau einen tiefen Ernst des Charakters besitzt; am häufigsten aber ist diese Erscheinung in den katholischen Ländern, wo sie in ihrer abweichenden Ansicht von der einzigen Autorität unterstützt wird, die man sie neben oder über dem Mann anzuerkennen gelehrt hat – vom Priester. Der Einfluß der Priester auf die Frauen wird von protestantischen und liberalen Schriftstellern mit jener Unverschämtheit einer Macht, die nicht gewohnt ist, sie von irgend jemand bestritten zu sehen, angegriffen, weniger deshalb, weil er an und für sich von Übel sei, sondern weil er mit der Autorität des Gatten rivalisiert und eine Empörung gegen seine Unfehlbarkeit heraufbeschwört. In England entstehen auch wohl ähnliche Differenzen, wenn eine evangelische Frau mit einem Manne andern Glaubens verheiratet ist, im allgemeinen ist aber diese Quelle der Nichtübereinstimmung doch verstopft worden, freilich nur dadurch, daß die Charaktere der Frauen zu einer solchen Nichtigkeit herabgedrückt sind, daß sie keine andere Meinung haben als die, welche der sogenannte gute Ton oder ihr Mann sie zu haben lehrt.

Es bedarf aber gar nicht einmal der Meinungsverschiedenheiten, schon stark voneinander abweichende Geschmacksrichtungen können dem Glücke des ehelichen Lebens bedeutenden Eintrag tun, und es führt, mag es auch vielleicht den Liebesneigungen der Männer einen höhern Reiz geben, doch gewiß nicht zum Glücke in der Ehe, daß man durch die Erziehung die vielleicht vorhandenen natürlichen Verschiedenheiten der Geschlechter in einer so künstlichen Weise übertreibt. Sind die Ehegatten wohlerzogen und wohlgesittete Leute, so duldet einer den Geschmack des andern; ist es denn aber ein Zustand gegenseitiger Duldung, den Leute, wenn sie in die Ehe treten, von derselben erwarten? Diese Verschiedenheit der Neigungen wird in allen entstehenden häuslichen Fragen ihre Wünsche, sofern sie dieselben nicht aus Liebe oder Pflichtgefühl unterdrücken, miteinander in Widerstreit bringen. Wie verschieden muß die Gesellschaft sein, welche die beiden Personen zu frequentieren oder bei sich zu empfangen wünschen! Jede wird das Verlangen haben, sich zu denen zu gesellen, die ihre Geschmacksrichtung teilen; Leute, die der einen zusagen, werden der andern vollkommen gleichgültig oder gar unangenehm sein, und doch sind beide gezwungen, einen gemeinschaftlichen Verkehr zu haben, da Eheleute jetzt nicht mehr, wie zur Zeit Ludwigs XV., in verschiedenen Teilen des Hauses leben und jeder seine eigene Visitenliste haben, abgesehen davon, daß dies zu allen Zeiten nur bei einem sehr exklusiven Kreise der Fall sein konnte. Aber nicht bloß in bezug auf den Umgang wird die Verschiedenheit der Wünsche hervortreten, sie wird sich in noch ernsterer Weise bei der Erziehung der Kinder geltend machen, in denen jeder seinen Geschmack und seine Gesinnungen herausgebildet haben möchte, und es bleibt hier nur die Wahl zwischen einem Kompromiß, der

beide Teile nur halb befriedigt; oder die Frau muß – und oft mit recht bittern Schmerzen – verzichten, doch wirkt alsdann, ob mit oder gegen ihre Absicht, ihr Einfluß den Zwekken des Gatten entgegen.
Es wäre natürlich die größte Torheit, wenn man annehmen wollte, diese Verschiedenheit der Gefühle und Neigungen existiere lediglich deshalb, weil die Frauen anders als die Männer erzogen werden, und daß es unter andern, nur irgend denkbaren Verhältnissen nicht auch Verschiedenheiten des Geschmackes und der Neigungen geben müsse; man wird aber dessenungeachtet mit der Behauptung nicht über das Ziel hinausschießen, daß die Verschiedenheit der Erziehung diese Verschiedenheiten unendlich vergrößert und sie ganz unvermeidlich macht. Solange man unsere Frauen so wie jetzt erzieht, werden Mann und Frau schwerlich in ihrem Geschmacke und in ihren Wünschen zu einer wirklichen Übereinstimmung gelangen können, sofern man dabei vielleicht von ganz alltäglichen Dingen absieht. Sie werden es meistens als hoffnungslos aufgeben müssen und auf den Versuch verzichten, in dem nächsten Gefährten ihres Lebens das *idem velle, idem nolle* zu haben, das als das Band einer Vereinigung, die in Wahrheit eine solche ist, anerkannt wird; oder wenn es dem Manne gelingt, es herbeizuführen, so geschieht es nur dadurch, daß er eine Frau wählt, die eine so vollkommene Null ist, daß sie überhaupt kein *velle* oder *nolle* hat und bereit ist, sich in alles zu schicken, was ihr von andern geheißen wird. Aber selbst diese Berechnung ist nicht so ganz untrüglich, Dummheit und Geistlosigkeit sind keineswegs eine Bürgschaft für die Unterwürfigkeit, welche man so zuversichtlich von ihr erwartet. Und wenn sie es nun wirklich wären, ist dies das Ideal der Ehe? Was bekommt der Mann in diesem Falle durch seine Heirat? – eine höhere Magd, eine Wärterin, eine Mätresse! Wenn im Gegenteil jede der beiden Personen, statt ein Nichts zu sein, ein Etwas ist, wenn sie einander lieben und sich nicht zu unähnlich sind, um den Anfang für ein inniges Zusammenleben zu machen, so wird die beiderseitige beständige Teilnahme an den glei-

chen Dingen, unterstützt durch ihre Sympathie, die in dem einen schlummernden Fähigkeiten wecken, sich für Dinge zu interessieren, die zuerst nur für den andern Interesse hatten; so findet eine allmähliche Assimilation der Charaktere und Geschmacksrichungen statt, teils durch eine ganz unmerklich mit jedem vorgehende Veränderung, bei weitem mehr aber dadurch, daß jede der beiden Naturen wirklich bereichert wird, indem jede den Geschmack und die Fähigkeit der andern noch zu den ihrigen hinzubekommt. Dergleichen geschieht häufig bei zwei Freunden desselben Geschlechtes, die viel miteinander verkehren, und es würde ein gewöhnlicher, wenn nicht der gewöhnlichste Fall in der Ehe sein, wenn nicht die gänzlich verschiedene Art und Weise der Erziehung beider Geschlechter das Schließen einer in der Wirklichkeit gut passenden Verbindung beinahe zu einer Unmöglichkeit machte. Ließe man darin nur eine Verbesserung eintreten, so würde, welche Verschiedenheit des individuellen Geschmackes sich alsdann noch ergeben möchte, als allgemeine Regel wenigstens, vollständige Übereinstimmung und Einigkeit in den großen Zwecken des Lebens herrschen. Wenn die beiden Personen nach großen Zielen streben und einander in allem, was sie betrifft, Hilfe und Ermutigung gewähren, so sind die geringeren Dinge, in denen ihr Geschmack voneinander abweichen mag, unwesentlich; sie haben die Grundlage für eine solide Freundschaft von dauerndem Charakter, wie sie nichts anderes zu geben vermag, und während des ganzen Lebens größere Freude durch die, welche dem andern bereitet, als die selbst genossen wird.

Ich habe bisher die Wirkungen in Erwägung gezogen, welche die Ungleichheit zwischen Mann und Frau auf die Freuden und das Behagen des ehelichen Lebens ausübt; diese üblen Wirkungen werden aber noch bedeutend vermehrt, wenn die Ungleichheit Hörigkeit ist. Bloße Ungleichheit, wenn damit nur eine Verschiedenheit an und für sich gleich guter Eigenschaften ausgedrückt wird, kann zum Segen gereichen, indem sie das Mittel zur gegenseitigen

Veredlung wird, und braucht daher noch kein Hindernis des Glückes zu sein. Wenn jeder wünscht und sich bestrebt, die besonderen Eigentümlichkeiten des anderen anzunehmen, so bringt die Verschiedenheit keinen Widerstreit der Interessen, sondern im Gegenteil eine größere Übereinstimmung derselben hervor und macht den einen dem andern nur teurer. Wenn aber der eine an Bildung und Wissen tief unter dem andern steht und nicht tätig bestrebt ist, mit Hilfe des andern sich zu einer gleichen Stufe mit demselben zu erheben, so kann der Einfluß, den diese Verbindung auf die Fortbildung des geistig Höherstehenden ausübt, nur ein schädlicher sein, und zwar noch weit mehr in einer ziemlich glücklichen Ehe als in einer unglücklichen. Der Höherstehende kann nicht ungestraft sich mit einem Niedrigerstehenden zusammenschließen und ihn zum einzigen nächsten Gefährten seines Lebens wählen. Jede Gemeinschaft, die nicht verbessernd auf uns wirkt, wirkt verschlechternd, und dies in um so höherem Grade, je näher und inniger sie ist. Selbst ein wahrhaft bedeutender Mann beginnt sich etwas zu vernachlässigen, wenn er gewöhnlich, wie man zu sagen pflegt, der König der Gesellschaft ist, und ein Mann, der eine weit unter ihm stehende Frau hat, ist dies in der Gesellschaft, die er am häufigsten hat, beständig. Während von der einen Seite seine Selbstbefriedigung unaufhörlich Nahrung erhält, bekommt er von der andern Seite ganz unmerklich eine Art, zu fühlen und die Dinge zu betrachten, welche einem weit niedrigeren oder beschränkteren Gesichtskreise, als er besitzt, angehört. Dieses Übel unterscheidet sich von vielen der bisher besprochenen dadurch, daß es im Steigen begriffen ist. Die Verbindung der Männer und Frauen im täglichen Leben ist enger, als sie je vorher war. Das Leben der Männer ist häuslicher geworden. Früher führten ihre Vergnügungen wie ihre gewählten Beschäftigungen sie meist in die Gesellschaft von Männern, ihre Frauen hatten nur ein Fragment ihres Lebens. Gegenwärtig hat der Fortschritt der Zivlilisation und das Anathema, welches die öffentliche Meinung gegen rohe Vergnügungen und schwelgerische Gelage, wie sie sonst die Männer zu halten pflegten, ausgesprochen hat, verbunden mit den höhern Ansichten, die, das kann nicht geleugnet werden, die Neuzeit von den Pflichten der Gegenseitigkeit hegt, die den Mann an die Frau fesseln, ihn mit seinen persönlichen und geselligen Vergnügungen weit mehr auf das Haus und dessen Bewohner angewiesen, während die Erziehung durch die Art und den Grad der Bildung, die sie der Frau angedeihen läßt, sie allerdings befähigt, in gewissen Ideen und Empfindungen mehr als früher die Gefährtin des Mannes zu sein. Leider wird aber das Werk sehr unzureichend getan, und sie bleibt in den meisten Dingen hoffnungslos unwissend und dem Manne gänzlich unebenbürtig. Sein Wunsch nach einem geistigen Gedankenaustausch wird daher gewöhnlich durch einen Austausch befriedigt, bei dem er nichts lernt. An die Stelle der Gesellschaft ihm geistig Gleichstehender und Gleichstrebender die er vielleicht aufzusuchen genötigt gewesen wäre, tritt nun eine ihn nicht fördernde und nicht anregende Unterhaltung. Wir sehen es oft genug, daß junge Männer, die zu den größten Hoffnungen berechtigten, sobald sie verheiratet sind, stehenbleiben oder vielmehr, da sie nicht vorwärts schreiten, unvermeidlich zurückgehen. Treibt die Frau den Mann nicht vorwärts, so hält sie ihn zurück. Er hört auf, sich um das zu kümmern, um was sie sich nicht kümmert, er beginnt damit, Gesellschaft die seinem frühern Streben zusagte und Bedürfnis war, nicht mehr zu suchen, und kommt dahin, sie unangenehm zu finden und zu vermeiden, weil sie ihn mit einem Gefühl der Beschämung wegen seines Abfalls erfüllt; die höhern Fähigkeiten seines Herzens wie seines Geistes hören auf, tätig zu sein. Dieser Wechsel hängt eng zusammen mit den neuen selbstsüchtigen Interessen, welche die Familie in ihm erstehen läßt, und nach wenigen Jahren ist in keiner materiellen Hinsicht mehr ein Unterschied zwischen ihm und denjenigen, die nie andere Wünsche gehabt, als die sich auf die gewöhnlichen Eitelkeiten der Welt und die gewöhnlichen pekuniären Zwecke beziehen.

Ich will nicht versuchen, zu beschreiben, was die Ehe sein kann zwischen zwei Personen von gebildetem Geiste, übereinstimmend in ihren Ansichten und Zielen, zwischen denen die beste Gleichheit, die es geben kann, besteht, Ähnlichkeit der Kräfte und Fähigkeiten mit gegenseitiger Überlegenheit, so daß jeder abwechselnd sich den Luxus zu verschaffen vermag, zu dem andern emporzusehen, und abwechselnd das Vergnügen haben kann, auf dem Pfade der Entwicklung das Amt des Führenden zu übernehmen oder geführt zu werden. Denjenigen, welche es begreifen können, brauche ich es nicht zu beschreiben, denjenigen, die das nicht vermögen, würde die Beschreibung doch als der Traum eines Enthusiasten erscheinen. Aber ich behaupte aus vollster Überzeugung, dies und dies allein ist das Ideal einer Ehe, und alle Ansichten, Gebräuche und Institutionen, welche eine andere Anschauung davon begünstigen oder die Vorstellungen darüber und das darauf bezügliche Streben nach irgendeiner andern Richtung lenken, mit welchen Vorwänden sie auch herausstaffiert sein mögen, sind doch nichts als die Relikte einer primitiven Barbarei. Die moralische Regeneration der Menschheit wird in Wahrheit erst dann beginnen, wenn die Hauptgrundlage der gesellschaftlichen Beziehungen unter das Gesetz gleicher Gerechtigkeit gestellt ist und Menschen lernen, ihre stärksten Sympathien mit ihnen an Rechten wie an Bildung gleichstehenden Menschen zu kultivieren.

So weit über die Vorteile, welche der Welt daraus erwachsen würden, sobald sie aufhörte, das Geschlecht zu einem Hindernis für Privilegien und einem Kennzeichen individueller und gesellschaftlicher Unterdrückung zu machen.

Diese Vorteile würden bestehen in einer Vermehrung der Hauptsumme an Denk- und Arbeitskraft und in einer großen Verbesserung der allgemeinen Bedingungen der Verbindung zwischen Männern und Frauen. Es würde jedoch eine klägliche Darstellung der Sache sein, wollten wir den direktesten Vorteil mit Stillschweigen übergehen, nämlich den unaussprechlichen Gewinn an besonderer Glückseligkeit für die befreite Hälfte der Menschheit, den Unterschied für sie zwischen einem Leben der Unterjochung unter den Willen anderer und einem Leben vernünftiger Freiheit. Nach den ursprünglichsten Bedürfnissen an Nahrung und Kleidung ist Freiheit die erste und stärkste Notwendigkeit für die menschliche Natur. Solange die Menschen ohne Gesetz sind, hegen sie den Wunsch nach gesetzloser Freiheit; haben sie aber erst die Bedeutung der Pflicht und den Wert der Vernunft verstehen gelernt, so werden sie immer mehr geneigt sein, sich durch diese beiden im Gebrauch der Freiheit leiten und beschränken zu lassen; aber sie lieben deshalb die Freiheit nicht weniger, sie sind deshalb nicht geneigt, den Willen anderer Völker als den Ausdruck und die Auslegung dieser leitenden Prinzipien anzunehmen. Im Gegenteil, die Gemeinwesen, in welchen die Vernunft am meisten ausgebildet worden und in welchen die Idee der sozialen Pflicht am mächtigsten gewesen ist, sind diejenigen, welche die Freiheit der Tat für das Individuum am stärksten gesichert haben – die Freiheit für jeden, sein Verhalten nach seinem eigenen Pflichtgefühl und nach solchen Gesetzen und sozialen Beschränkungen zu regeln, die sein eigenes Gewissen ihm vorschreiben kann.

Um den Wert persönlicher Unabhängigkeit als ein Element des Glückes richtig zu würdigen, sollte jeder erwägen, welchen Wert er ihr als Bestandteil seines eigenen Glückes beimißt. Es ist ein unendlicher Unterschied in dem Urteil, das ein Mensch über eine Angelegenheit fällt, sobald sie ihn selbst, und dem Urteil, das er fällt, sobald sie andere Leute betrifft. Hört man andere sich darüber beklagen, daß die Freiheit ihrer Handlungen gehemmt sei, daß ihr eigener Wille keinen genügenden Einfluß auf die Regelung ihrer Angelegenheiten habe, so ist man sehr geneigt zu fragen, was denn dabei eigentlich ihr Kummer sei? Welchen positiven Schaden sie dabei erleiden? In welcher Hinsicht sie ihre Angelegenheiten gefährdet glauben? Können sie darauf keine bestimmte, genügende Antwort geben, so wendet man sich von ihnen und hält ihre Klagen für Hirngespinste von Leuten, die mit vernünftigen Zuständen niemals zufrieden sein können. Sobald man jedoch für sich selbst zu urteilen hat, nimmt man einen ganz andern Standpunkt ein. Dann fühlt man sich von der untadelhaftesten Verwaltung seiner Angelegenheiten durch einen Vormund nicht zufriedengestellt, denn der Hauptgrund zur Unzufriedenheit liegt darin, daß man selbst von der Bestimmung über sein Wohl und Wehe ausgeschlossen ist, und es erscheint nebensächlich, noch zu erörtern, ob die Verwaltung des andern eine gute oder schlechte sei. Ebenso verhält es sich mit den Völkern. Welcher Bürger eines freien Landes würde Anerbietungen Gehör schenken, die ihm für den Verzicht auf die Freiheit die beste, geschickteste Regierung in Aussicht stellten? Selbst wenn er zu glauben vermöchte, es könnte bei einem Volke, das durch einen andern als seinen Willen regiert wird, eine gute, geschickte Regierung existieren, würde nicht doch das Bewußtsein, daß sein Volk sich das eigene Geschick unter eigener moralischer Verantwortlichkeit bereitet, ihm Ersatz bieten für etwa in seinem Lande bei den Details der öffentlichen Angelegenheiten vorkommende Unebenheiten und Unvollkommenheiten? Was jeder in dieser Beziehung fühlt, das fühlen, dessen mag er versichert sein, die Frauen ebenfalls. Was je seit Herodots Zeiten bis zu den unsrigen gesagt und geschrieben worden ist über den veredelnden Einfluß einer freien Regierung, über die Frische und Elastizität, die sie allen Fähigkeiten gibt, über die größern und höhern Zwecke, die sie dem Geist und dem Herzen bietet, über den selbstloseren Geist, der das öffentliche Leben erfüllt, über das lebendigere Pflichtgefühl, das sie hervorruft, über den höheren Standpunkt, zu dem sie das Individuum in moralischer, geistiger und sozialer Hinsicht erhebt – davon ist jedes Titelchen ebenso wahr für die Frauen wie für die Männer. Sind diese Dinge kein wichtiger Teil individuellen Glückes? Jeder Mann wolle sich ins Gedächtnis zurückrufen, was er empfand, als er, dem Jünglingsalter entwachsen, frei von der Vormundschaft und Aufsicht selbst der geliebtesten und zärtlichsten Eltern, das Mannesalter mit der eigenen Verantwortlichkeit antrat. War es nicht, als sei ihm eine schwere Last abgenommen oder als sei er von hindernden, wenn auch nicht in anderer Weise schmerzhaften Banden befreit worden? Fühlte er nicht noch einmal soviel Leben in sich, fühlte er sich nicht noch einmal soviel Mensch als zuvor? Und glaubt er, daß Frauen solche Gefühle nicht haben?

Es ist aber eine auffallende Erscheinung, daß viele Männer die aus dem persönlichen Stolze entspringenden Genugtuungen und Kränkungen, obgleich sie, sobald es sie selbst betrifft, für die meisten alles in allem sind, bei andern Leuten nicht gelten lassen wollen und ihnen weniger als jedem andern menschlichen Gefühl die Berechtigung einräumen, einer Handlungsweise als Grund oder Rechtfertigung zu dienen; vielleicht deshalb, weil sie sich in ihrem eigenen Falle mit so vielen anderen Eigenschaften schmeicheln, daß sie selten wissen, welchen mächtigen Einfluß gerade diese Gefühle auf ihr Leben ausüben. Wir können uns aber versichert halten, daß ihr Einfluß auf das Leben und Fühlen der Frauen von nicht geringerer Bedeutung ist. Die Frauen sind geschult, sie in der natürlichsten und gesundesten Richtung zu unterdrücken, aber das innerste Prinzip bleibt und äußert sich in einer andern, äußern Form. Verwehrt man einem tätigen, energischen Geiste die Freiheit, so wird er nach Macht suchen; entzieht man ihm die Herrschaft über sich selbst, so wird er seine Persönlichkeit sichern, indem er andere zu beherrschen versucht. Indem man einem menschlichen Wesen keine eigene Existenz gestattet, sondern nur eine in der Abhängigkeit von andern, setzt man es einer gar zu großen Versuchung aus, andere seinen Zwecken dienstbar zu machen.

Wo man auf keine Freiheit, wohl aber auf Macht hoffen kann, wird Macht das große Ziel der menschlichen Wünsche. Diejenigen, denen andere nicht die ungestörte Leitung ihrer eigenen Angelegenheiten gönnen wollen, werden sich, wenn sie irgend können, dadurch zu entschädigen suchen, daß sie sich für ihre eigenen Zwecke wieder in die Angelegenheiten anderer mischen. Daher kommt dann die Leidenschaft der Frauen für persönliche Schönheit, Kleiderpracht und äußern Glanz und alle die Übel, die daraus in der Gestalt von Luxus und sozialer Unsittlichkeit entstehen. Die Liebe zur Macht und die Liebe zur Freiheit sind in einem ewigen Widerstreit. Wo die wenigste Freiheit ist, da ist die Leidenschaft für die Macht am brennendsten und gewissenlosesten. Der Wunsch, Macht über andere zu besitzen, kann erst dann aufhören, eine entsittlichende Wirkung auf die Menschheit auszuüben, wenn jeder Mensch persönlich imstande sein wird, ihrer entbehren zu können, und das kann nur geschehen, wo die Achtung vor der Freiheit jedes andern in seinen persönlichen Angelegenheiten ein feststehender Grundsatz ist.

Die freie Entfaltung und der freie Gebrauch der eigenen Fähigkeiten ist aber nicht nur durch das dadurch erweckte Gefühl der eigenen Würde eine Quelle individuellen Glücks, die Fesselung und Unterdrückung desselben nicht nur durch die Beeinträchtigung der eigenen Würde eine Quelle des Unglücks für menschliche Wesen, also auch für Frauen. Nächst Krankheit, Armut und Schuld ist nichts so verhängnisvoll für den freudigen Genuß des Lebens als der Mangel an einem würdigen Wirkungskreis. Frauen, welche die Sorge für eine Familie haben, besitzen einen solchen Wirkungskreis, und er genügt ihnen im allgemeinen; was aber wird aus der bedeutend anwachsenden Zahl von Frauen, die nicht Gelegenheit haben, den Beruf zu erfüllen, den man ihnen mit grausamem Hohn als ihren einzigen nennt? Was wird aus den Frauen, deren Kinder gestorben oder getrennt von ihnen sind oder die erwachsen, sich verheiratet und einen eigenen Herd gegründet haben?

Es gibt unzählige Beispiele von Männern, die nach einem tätigen Geschäftsleben sich zurückziehen mit der Berechtigung, sich nun dem Genusse der Ruhe hingeben zu dürfen, wie sie hoffen, denen aber, da es ihnen nicht möglich ist, anstelle der alten Interessen und Aufregungen neue zu finden, der Wechsel von einem Leben der Arbeit in ein Leben der Untätigkeit, Langeweile, Melancholie und einen vorzeitigen Tod bringt. Jedermann findet dergleichen ganz natürlich, aber niemand denkt an den gleichen Fall, in dem sich so viele brave, pflichttreue Frauen befinden, die das, was man ihre Schuld an die Gesellschaft nennt, bezahlt haben, indem sie Söhne und Töchter tadellos erzogen, die einen Haushalt führten, solange ein Haus da war, das ihrer Sorge bedurfte; denen nun die einzige Beschäftigung, für die sie sich tüchtig gemacht hatten, abhanden gekommen ist, und die für ihren unverminderten Tätigkeitstrieb keine Verwendung mehr haben, wenn nicht vielleicht eine Tochter oder Schwiegertochter geneigt ist, zu ihren Gunsten von der Leitung ihres jungen Haushaltes abzudanken. Gewiß, ein hartes Los für das Alter derer, die sich in würdiger Weise der Pflichten entledigt haben, solange es solche Pflichten zu erfüllen gab, welche die Welt als die einzigen bezeichnet, die sie gegen die Gesellschaft haben. Für solche Frauen und für jene andern, denen eine solche Pflicht überhaupt nicht zuteil geworden ist – von welchen viele das Leben vergrämen im Bewußtsein einer verfehlten Bestimmung und einer ungenutzten Kraft, der man nicht gestattet hat, irgendwo tätig einzugreifen –, für diese sind, im allgemeinen, die einzigen Hilfsquellen Religion und Wohltätigkeit. Ihre Religion, mag sie auch eine Religion des innigsten Gefühls und der Beobachtung der äußern Gebräuche sein, kann niemals eine Religion der Tat werden, es sei denn mit Hilfe der Wohltätigkeit. Zur Wohltätigkeit sind viele Frauen von Natur wunderbar befähigt; um sie jedoch praktisch nützlich auszuüben, ja um dadurch kein Unheil zu stiften, bedarf es der Erziehung, mannigfaltiger Vorbereitung, der Kenntnis und der Denkkraft eines geschickten Administrators.

Es gibt wenig Verwaltungsposten in der Regierung, für die eine Person, die befähigt ist, Wohltaten nützlich zu verteilen, nicht geeignet wäre. In diesem wie in jedem andern Falle,

vorzugsweise in dem der Kindererziehung, können die einer Frau gestatteten oder übertragenen Pflichten nicht in geeigneter Weise erfüllt werden, ohne daß sie auch zu den Pflichten erzogen wird, die sie zum großen Schaden für die Gesellschaft jetzt nicht als die ihrigen betrachten darf. Und hier möchte ich noch eine Bemerkung einflechten über die eigentümliche Weise, in welcher die Untüchtigkeit der Frauen für gewerbliche und wissenschaftliche Beschäftigung häufig von denen hingestellt wird, die es leichter finden, von dem, was ihnen nicht behagt, ein komisches Bild zu entwerfen, als Argumenten dafür entgegenzutreten. Wenn darauf hingewiesen wird, daß die exekutiven Fähigkeiten der Frauen und ihre klugen Ratschläge sich in Staatsangelegenheiten zuweilen sehr nützlich erweisen dürften, so erregen diese Spaßvögel das Gelächter der Welt, indem sie ein ergötzliches Gemälde von dem Kabinett oder dem Parlament entwerfen, in dem junge Mädchen von sechzehn bis achtzehn Jahren oder Frauen Anfang der Zwanziger sitzen, angetan, als seien sie, wie sie gehen und stehen, aus dem Ballsaal in das Haus der Gemeinen transportiert worden. Sie vergessen, daß Männer in so jungen Jahren gewöhnlich nicht ins Parlament gewählt oder zu einem wichtigen Staatsamt berufen werden. Der gesunde Menschenverstand müßte ihnen sagen, daß, wenn solche Vertrauensposten Frauen übertragen würden, dies solche wären, die keinen besondern Beruf für die Ehe fühlten, derselben eine andere Anwendung ihrer Fähigkeiten vorzögen – wie ja selbst jetzt viele Frauen einen der wenigen ihnen offenstehenden Berufszweige der Ehe vorziehen – und die besten Jahre ihrer Jugend darauf verwendet hätten, sich für die von ihnen gewählte Laufbahn vorzubereiten; oder noch häufiger wahrscheinlich Witwen und Frauen von vierzig oder fünfzig Jahren, welche die Kenntnisse vom Leben und die Fähigkeit für die Regierung, die sie in ihren Familien erlangt hätten, mit Hilfe geeigneter Studien nun auf einem größeren Felde nützlich machen könnten.
Es gibt kein Land in Europa, in dem die gescheitesten Män-

ner nicht häufig erfahren und freimütig bekannt haben, welch hohen Wert für sie der Rat und die Hilfe einsichtsvoller Frauen für Erreichung öffentlicher wie Privatzwecke gehabt hat, und es gibt wichtige Zweige der öffentlichen Verwaltung, für die wenige Männer so geeignet sind wie solche Frauen, unter anderm die detaillierte Kontrolle der Ausgaben. Doch wir haben es jetzt nicht mit dem Bedürfnis der Gesellschaft für die Dienste der Frauen in öffentlichen Angelegenheiten zu tun, sondern mit dem öden, hoffnungslosen Leben, zu welchem eben diese Gesellschaft sie so oft verdammt, indem sie ihnen verbietet, die Fähigkeiten, die zu besitzen viele von ihnen sich bewußt sind, auf einem weiteren Felde zu üben als auf dem einen, das vielen gar nicht geöffnet ward und für andere schon wieder geschlossen ist.

Eine der wichtigsten Bedingungen für das Glück der Menschen ist, daß sie an ihrer gewöhnlichen Beschäftigung Geschmack finden. Dieses Erfordernis eines erfreulichen Lebens ist einem großen Teil der Menschheit nur sehr unvollkommen gewährt oder ganz und gar versagt, und sein Mangel macht manches Leben zu einem verfehlten, das allem Anschein nach mit allen Bedingungen ausgestattet war, um ein erfolgreiches zu werden. Wenn aber Verhältnisse, die zu bewältigen die Gesellschaft jetzt noch nicht geschickt genug ist, das Vorhandensein solcher verfehlter Existenzen oft unvermeidlich machen, so sollte die Gesellschaft sie sich doch nicht noch selbst schaffen. Die Ungerechtigkeit der Eltern, die eigene Unerfahrenheit des Jünglings oder der Mangel äußerer Gelegenheiten für einen zusagenden Beruf, während sie für einen nicht zusagenden vorhanden sind, verurteilt genug Männer, ihr Leben bei einer Beschäftigung zu verbringen, die sie widerstrebend und schlecht machen, während es andere Dinge gibt, die sie gut gemacht hätten und wobei sie glücklich gewesen wären. Den Frauen wird aber ein solches Los durch ein bestimmtes Gesetz und durch Gebräuche, die ebenfalls als Gesetz gelten, aufgezwungen. Was inmitten unaufgeklärter Gemeinwesen für manche Männer Farbe,

Rasse, Religion oder in dem Falle, wo es sich um ein besiegtes Land handelt, Nationalität, das ist ihr Geschlecht für alle Frauen: eine unbedingte Ausschließung von beinahe allen ehrenhaften Tätigkeitszweigen mit Ausnahme derer, die nicht von andern ausgefüllt werden können oder denen sich zu widmen andern nicht der Mühe wert scheint. Die aus Ursachen dieser Natur entstehenden Leiden erfahren gewöhnlich so wenig Sympathie, daß selbst jetzt noch wenig Personen eine Vorstellung von der Summe des Unglücks haben, das aus dem Gefühl eines verfehlten Lebens entspringt. Und diese Fälle werden immer häufiger werden, je mehr die zunehmende Kultur größere und größere Mißverhältnisse zwischen den Ideen und Fähigkeiten der Frauen einerseits und dem ihnen von der Gesellschaft gewährten Spielraum für ihre Tätigkeit andererseits schafft!
Erwägen wir die positiven Übel, welche für die für so viele Dinge untüchtig gemachte Hälfte der Menschheit aus dieser Untüchtigkeit erwachsen, erstens den Verlust der am meisten belebenden und erhebenden Art des persönlichen Genusses, und dann die Müdigkeit, die Täuschung und das tiefere Unbefriedigtsein vom Leben – so fühlt man, daß von allen Lehren, deren die Menschen für den Kampf mit den unvermeidlichen Unvollkommenheiten ihres Erdenloses bedürfen, keine notwendiger ist als die: Sie mögen sich wohl hüten, zu den Übeln, welche die Natur auferlegt, durch ihre eifersüchtigen, vorurteilsvollen Beschränkungen einer dem andern noch mehr Übel zu schaffen. Ihre törichte Furcht setzt andere und schlimmere Übel an die Stelle derer, denen sie vorbeugen wollen. Jede Beschränkung der freien Bewegung eines ihrer Mitmenschen – mit Ausnahme derer, die man für ein von ihnen verursachtes Übel zur Rechenschaft ziehen muß – trocknet *pro tanto* den Hauptquell der menschlichen Glückseligkeit aus und macht die Menschheit in einem sehr beträchtlichen Grade ärmer an allem, was dem einzelnen Menschen das Leben wertvoll und lebenswert erscheinen läßt.